REISEN UM GLÜCKLICH ZU SEIN

Henry James

IN ENGLAND UM GLÜCKLICH ZU SEIN

Aus dem Englischen von
Nikolaus Stingl

List Verlag

Die Originalausgabe »English Hours« erschien 1905 in den USA
bei Houghton Mifflin & Co. und in England im Verlag
William Heinemann.

Umschlagentwurf: Design Team, München
Umschlagmotiv: Edward Wilkins Waite (1854–1924),
In einem englischen Dorf in Sussex
(The Terrace, Fittleworth).
Foto: Bridgeman – Artothek.

ISBN 3-471-78873-5

Inhalt

In Oxford über etwas anderes als Oxford zu schreiben, erfordert von seiten des empfindsamen Touristen keine geringe Kraft zu geistiger Abstraktion. Doch es liegt mir am Herzen, gegenüber drei, vier anderen, unlängst besuchten Schauplätzen die Schuld für einen Genuß zu begleichen, der kaum weniger tief war als mein Vergnügen an diesem gelehrten Paradies. Zu diesen zählt zunächst die Kathedralenstadt Lichfield – die Stadt, sage ich, denn Lichfield besitzt abgesehen von seinem großen, kirchlichen Hauptmerkmal einen ganz eigenen Charakter. In der Mitte seines kleinen Marktplatzes – fadester und verschlafenster aller provinziellen Marktplätze – erhebt sich ein mächtiges Standbild von Dr. Johnson, dem *genius loci*, der menschlicherweise in nahezu ebenso kühner Architektur aufgeführt wurde wie die große Abteikirche. Des Doktors Statue, die aus irgendeinem wohlfeilen, glänzend braun gestrichenen Gemisch besteht und von geringem gestalterischem Wert ist, füllt die leere Fadheit des kleinen Platzes in ganz ähnlicher Weise aus, wie seine wuchtige Persönlichkeit – mit einem ganz kleinen Rand für Garrick* – die Chronik seiner Geburtsstadt besetzt hält. In einem der Bände von Crokers *Boswell* findet sich ein Stahlstich des alten Johnsonschen Geburtshauses, und mit Hilfe einer verschwommenen Erinnerung daran entdeckte ich die Wohnung unter seiner neu gestalteten Vorderfront. Sie trägt keine Wandinschrift und scheint – bis

---

* David Garrick (1716–1779), engl. Schauspieler. (Anm. d. Verl.)

auf eine Andeutung von Alter in Gestalt des nach hinten versetzten Erdgeschosses mit Pfeilern, die das darüberliegende Stockwerk abstützen – mit Johnsons Zeit oder Ruhm nicht sonderlich in Einklang zu stehen. Lichfield schien mir in der Tat ganz allgemein wenig zu seinem großen Sohn zu sagen zu haben, außer der Tatsache, daß die Kleinheit, Eintönigkeit und Fadheit, inmitten derer es so leicht ist, sich vorzustellen, wie ein großer Geist an Auszehrung erkrankt, dazu beitragen mag, des Doktors spätere, beinahe unbändige Liebe zu London zu erklären. Ich spazierte durch die stillen Straßen und wollte sie wieder mit Perücken und Kniehosen bevölkern; während ich bei der Kathedrale verweilte, bemühte ich mich zu erraten, was ihre gotischen Zierden dem gewichtigen Klassizismus Johnsons mitzuteilen hatten. Doch ich gelangte bestenfalls zu einer farblosen Vorstellung, und das lebhafteste Bild vor meinem geistigen Auge war das der nach Temple Bar gewandten Londoner Kutsche, von deren billigstem Platz der junge Autor des *Rasselas* kurzsichtig-finstere Blicke wirft. Mit ihm verschwindet das Interesse an der Stadt. Der Ort ist schal, ohne altehrwürdig zu sein. Es ist, als hätte dieses ungeheure Temperament seine ursprüngliche Lebhaftigkeit aufgesogen und sich angeeignet.

Wenn indes jede fade Provinzstadt nur einen Gürtel von Ruhe um eine Kathedrale, so reich wie die von Lichfield, bildete, so wäre man ihr dankbar dafür, daß sie einen in Ruhe ließe. Die Kathedrale von Lichfield ragt hervor unter den Kirchen und erfüllt brav die oberste Pflicht von Objekten ihres Ranges – nämlich die, (einem von architektonischer Bildung unverdorbenen Geist) für den Augenblick als das insgesamt schönste aller solchen Objekte zu erscheinen. Sie ist eigenartig gelegen, auf dem Hang eines Hügels, wobei ebendieser Ort meines Wissens deshalb gewählt wurde, weil er durch die Leiden bestimmter frühchristlicher Märtyrer geheiligt ist; aber es ist schön zu sehen, wie ihre oberen Teile alles Verwachsene ihrer Gestalt überwinden und ihre großen Türme in der freien Luft die Voraussetzungen vollendeter Symmetrie nachholen. Die Domfreiheit ist außerordentlich reizvoll; eine lange Wasserfläche breitet sich hinter ihr und leistet, außer daß sie den Blick in eine liebliche, grüne Landschaft zieht, noch den unschätzbaren Dienst, die drei Turmspitzen zu spiegeln, wie sie sich über den großen Bäumen erheben, die den Palast und die Dekanei verhüllen. Diese hehren Wohnstätten säumen die Nordseite des Hanges, und hinter ihren mächtigen Torpfosten und eng geschmiedeten Toren scheint die Atmosphäre der georgianischen Zeit fortzudauern. Vor ihnen erstreckt sich eine Reihe mächtiger Ulmen, die schon alt gewesen sein müssen, als Johnson jung war; und zwischen ihnen und der durch lange Strebepfeiler verstärkten Mauer der Kathedrale kann man inmitten einer Mischung von Einflüssen hin- und herschlendern, die (denke ich mir) so erfreulich ist wie nur eine in England. Auch kann man hier weiter als in vielen Fällen von der Westfront zurücktreten und in aller Behaglichkeit ihre verschwenderische Ausschmückung mustern. Vielleicht fühlt man sich ein klein wenig zu behaglich; denn bald entdeckt man, was ein flüchtiger Blick vielleicht nicht enthüllen würde, daß nämlich die riesige Fassade mit Putz und Farbe bedeckt ist, daß ein Bildnis Charles' II., in Perücke,

9

Federbusch und Pluderhose, von geradezu gotischer Groteskheit das Mittelfenster überragt; daß die verschiedenen anderen Statuen von Heiligen und Königen erst unlängst in ihre Nischen gestiegen sind; und daß die ganze weite Fläche kurz gesagt ein Schwindel ist. All das wurde vor einigen fünfzig Jahren und hinsichtlich der Restaurierung im Geschmack jener Zeit verbrochen; doch mindert es nur teilweise das Eindrucksvolle der hohen Fassade mit ihrer Verstrebung von Spitztürmen und der großartigen, durch Rundstäbe gegliederten und von Bildwerk durchbrochenen Oberfläche, der die Niedrigkeit der Portale (der allzu häufige Mangel englischer Abteikirchen) eine luftigere Höhe zu verleihen scheint. Unter einem dieser niedrigen Portale ging ich hindurch und bestaunte die Innenansicht einer Kirche, wie man sie sich edler nicht wünschen kann. Die Kathedrale ist von großartiger Länge; der Lettner zwischen Mittelschiff und Chor wurde entfernt, so daß sie, sozusagen vom Vorder- bis zum Achtersteven des großen Schiffes der Kirche, eine einzige, mächtige Allee aus zahlreichen, schlanken Säulen bildet, endigend in etwas, das wie ein großer Schirm aus Rubinen, Saphiren und Topaz anmutet – eines der schönsten Ostfenster in England. Die Kathedrale ist schmal im Verhältnis zu ihrer Länge; sie ist das langgezogene Kirchenschiff eines vollkommenen Künstlers, und die von der unverstellten Durchsicht erzeugte, einheitliche Wirkung hat etwas grandios Elegantes. Der Zauber wird durch eine einzigartige architektonische Laune noch verstärkt. In der Mitte des Toreingangs stehend stellt man fest, daß die Ostwand einem nicht unmittelbar gegenüber liegt und daß das Hauptschiff nach hinten zu ab dem Beginn des Chores leicht nach links abweicht, wie es heißt in Gemahnung an das gebeugte Haupt des Erlösers am Kreuze. Auch hier hat sich Mr. Gilbert Scott* wieder mit nicht geringem Erfolg, so möchte es scheinen, um Beseitigung bemüht – um Beseitigung der Missetaten des vergangenen Jahrhunderts. Diese außergewöhnliche Periode wandte unermeßlich viel Phantasie für den Beweis auf, daß sie keine besaß. Allenthalben übliche Tünche war noch das geringste ihrer Vergehen. Doch die hat man abgekratzt und das wuchtige Mauerwerk für sich selbst sprechen lassen, die zarten Kapitelle und Gesimse abgeklopft und behutsam nachgemeißelt; so hat das ganze Gotteshaus seine ästhetische Weihe zurückgewonnen. Sein schönstes Merkmal bedurfte glücklicherweise nicht der Instandsetzung, denn seine vollendete Schönheit war sein Schutz. Das große Chorfenster von Lichfield ist die herrlichste Glasarbeit, vor deren Bann das Gemüt schlicht wurde. Ich entsinne mich nirgendwo so keuscher und gedämpfter und doch so satter und getreuer Farben oder einer Anhäufung so fromm dekorativer und doch so belebter Entwürfe. Ein solches Fenster scheint mir der heiligste Schmuck einer großen Kirche; nicht, wie Gewölbe, Lettner und Altar, die dunkle, ungewisse Verheißung an den Geist, sondern geradezu die Einlösung aller Gelübde zu sein. Dieses Glasfenster von Lichfield ist um nichts weniger interessant, als es sichtlich ausländischer Herkunft ist. Indem es so augenfällig über die Spannweite englischer Schöpferkraft auf

* Sir George Gilbert Scott (1811–1878), Architekt und Exponent des »Gothic Revival«, leitete u. a. die Restaurierungsarbeiten an der Lichfield Cathedral. (Anm. d. Verl.)

11

diesem Gebiet hinausgeht, deutet es immerhin an, welche himmlischen Schätze in Kirchen auf dem Kontinent lagern. Es stammt aus dem frühen sechzehnten Jahrhundert und wurde vor sechzig Jahren aus einer verfallenen, belgischen Abteikirche hierher verbracht. Das ist allerdings noch nicht alles von Lichfield. Man hat die Kathedrale erst gesehen, wenn man auf jeder Seite wieder und wieder die Freiheit entlangspaziert ist und zugesehen hat, wie die drei Türme fortwährend ihr Verhältnis zueinander ändern, während man geht und innehält. Nichts könnte schöner sein als die Verbindung der beiden kleineren, die sich vorn gleich hoch erheben, mit dem dritten, der der großartig durchgehaltenen Dachlinie mächtig aufsitzt. Aus einer gewissen Entfernung scheint dieser lange First vor dem Himmel etwas Unendliches zu sein und der große Turm rittlings darauf zu sitzen wie ein Riese auf einem Mastodon. Der Eindruck von der gewaltigen Masse des Gebäudes wird dadurch vertieft, daß man den mittleren Turm, wenngleich er doppelt so hoch ist wie die anderen, von manchen Stellen aus in einer Perspektive zurückweichen sieht, die ihn auf deren halbe Statur verkürzt und sie ins Unermeßliche erhöht. Aber es bräuchte lange, alles zu erzählen, was man auf einem gemächlichen Gang um eine so große Kirche sieht, sich vorstellt und denkt.

Irgendein Objekt aufzusuchen, von dem man mehr oder weniger zärtlich geträumt hat, sich zurechtzufinden, sich leise an es heranzustehlen, endlich, sei's Kirche oder Schloß, die Turmspitzen über Ulmen oder Buchen lugen zu sehen – plötzlich vorwärts zu drängen, davor zu stehen, innezuhalten und den ersten, langen

Atemzug zu tun, der der Kompromiß zwischen so vielen Empfindungen ist: das ist ein Vergnügen, das dem Touristen bleibt, selbst nachdem der dreiste Blick der Photographie so viele süße Geheimnisse des Reisens gelüftet hat; selbst zu einer Jahreszeit, da er fatalerweise leicht einem Dutzend vom Schrein zurückkehrender Mitpilger begegnet, jeder sozusagen ein so aufgeblasener Narr wie nur je, oder ein Dutzend weiterer einholt, die bei der Ankunft ihre Eindrücke nach hinten durchgeben. Ein solches Vergnügen genoß ich unlängst geradezu in Vollkommenheit auf einem Spaziergang nach Haddon Hall, auf einem Wiesenpfad am Wye entlang, in jenem endlosen englischen Zwielicht, das mit der Uhr in der Hand zu bewundern ich niemals müde werde. Haddon Hall liegt in den Hügeln von Derbyshire, in einer, so wollte ich schreiben, von Amerikanern überlaufenen Gegend. Doch ich vollbrachte meine Pilgerfahrt in vollkommener Einsamkeit; und als ich die grauen Mauern zwischen den von Krähen heimgesuchten Ulmen gewahrte, fühlte ich mich nicht wie ein staubbedeckter Tourist, sondern wie ein erfolgreicher Abenteurer. Gewiß habe ich als staubbedeckter Tourist wenig bezauberndere Augenblicke erlebt als einige – wie sie zu erleben wohl jedem freisteht –, die ich auf einer kleinen, verfallenen grauen Brücke zubrachte, die mit ihrem einzigen, schmalen Bogen ein Rinnsal am Fuße der Anhöhe überspannt, von der diese Mauern und Bäume herabschauen. Das Zwielicht vertiefte sich, die zerklüfteten Zinnen und die niedrigen, breiten Erker blickten düster aus dem Laubwerk, die Krähen kreisten und lärmten am glühenden Himmel; und hätte es ein Gespenst auf dem Anwesen gegeben, so hätte ich es gewiß sehen müssen. Tatsächlich habe ich es gesehen, so wie wir heutzutage Gespenster sehen. Ich spürte den nicht mitteilbaren Geist des Schauplatzes mit der letzten, der richtigen Intensität. Das alte Leben, die alten Sitten, die alten Gestalten schienen wieder gegenwärtig. Der große *coup de théâtre* der jungen Frau, die einem die Hall zeigt – er wird von ihrer Seite recht schwach dargeboten –, besteht darin, auf eine kleine, düstere, von einem Türmchen auf eine rückwärtige Terrasse hinausgehende Tür als die Öffnung hinzuweisen, durch die Dorothy Vernon mit Lord John Manners durchbrannte. Mir war diese Episode unbekannt, denn ich sollte den Ort erst am nächsten Morgen betreten, und ich bin immer noch unbewandert in der Geschichte der handelnden Personen. Doch als ich in der leuchtenden, die Romantik der Stelle ausmachenden Dämmerung stand, erkannte ich die Unvermeidlichkeit einer Dorothy Vernon und verstand einen Lord John völlig. Natürlich fand das romantische Ereignis an einem ebensolchen Abend statt, und wenn ich nur mit rechter Leichtgläubigkeit lauschte, würde ich auf den Steinplatten des Schloßhofes sicherlich geisterhafte Schritte hören und in ihren Bewegungen das damalige Herzklopfen spüren können. Der einzige Schritt jedoch, den ich auf Ehre und Gewissen beschwören kann, ist der alles andere als gespensterhafte Gang des Fräuleins, das mich im prosaischeren Licht des nächsten Vormittags durch den Herrensitz führte. Haddon Hall ist, glaube ich, einer der Anblicke, von denen ›enttäuscht‹ zu sein der Mode entspricht; was sich großenteils aus dem Fehlen einer gehörigen Zufahrt zum Haus erklärt, das seine niedrige, graue Front jedem zeigt, der auf der Landstraße daherkommt. Aber der Zauber der Stelle ergibt sich soviel weniger aus Erhabenheit denn aus Melancholie, daß er durch diese Haltung augenfälligen Überdauerns und Verfallens eher vertieft denn gemindert wird. Und was dies betrifft, so scheint, wenn man durch die ungeheure Dicke des niedrigen Tors den steilen, kleinen Außenhof betreten hat, die Gegenwart wirksam aus-, und die Vergangenheit eingeschlossen, gleichwie ein Toter in einer Grabstätte. Er ist an einem schönen Junimorgen sehr tot, der Genius von Haddon Hall; und die schweigenden Höfe und Kammern mit ihren aschgrauen und fahlbraunen Tönen wirken von der Zeit gebleicht wie die trockenen Gebeine jeder vermodernden sterblichen Hülle. Der Vergleich ist seltsam, aber Haddon Hall erinnerte mich wunderlicherweise an einige der größeren Häuser von Pompeji. Das Privatleben der Vergangenheit wird in beiden Fällen mit nahezu gleicher Deutlichkeit und in einem Maßstab enthüllt, der klein genug ist, um die Vorstellungskraft nicht zu überwältigen. Diese alte Behausung hat in der Tat so wenig von der Masse und Ausdehnung des klassischen, feudalen Schlosses, daß sie einen beinahe an jene Miniaturmodelle großer Gebäude gemahnt, die in düsteren Ecken von Museen schlummern. Aber sie ist groß genug, um vollkommen zu sein und einen unermeßlichen Schatz der Poesie grasbewachsener Höfe zu enthalten, in die man aus breiten, vorspringenden Fenstern hineinsieht und aus denen man auf buckligen Steintreppen herausklettert, die an den Mauern zu kleinen, hochgelegenen Türen hinaufsteigen. Der ›Ton‹ von Haddon Hall, all seiner Mauern, Türme und

Steinmetzarbeiten, ist das Grau unpolierten Silbers, und den Leser, der schon in England war, wird man kaum an den – für Auge und Geist gleichermaßen – lieblichen Zwieklang zu erinnern brauchen, der zwischen allen, von den fahlen Zersetzungen der Zeit bedeckten, steinernen Oberflächen und dem tiefen, lebendigen Grün des kräftigen Efeus besteht, der sich von ihrem langsamen Verfall zu nähren scheint. Von diesem und hundert anderen Eindrücken – angefangen bei denen, die mit anspruchslosen, steingepflasterten, leeren Räumen verbunden sind, wo das Leben schwer und die Atmosphäre dicht war, bis hin zu denen, die man wahrnehmen mag, wo die dunkle Turmtreppe endlich, auf einer Höhe mit den höchsten Buchenwipfeln, vor der geborstenen, sonnengedörrten Brustwehr herauskommt, die die Schloßstandarte über die Schloßwälder wehen ließ –, von jeder Form trauriger Überlebtheit und pittoresken Verfalls enthält Haddon Hall irgendein Beispiel. Sein schönstes Merkmal ist zweifellos ein ganz bestimmter Hof, aus dem eine stattliche Treppenflucht zu der Terrasse emporsteigt, wo jene Tochter der Vernons, die ich erwähnt habe, so trefflich für unser Bedürfnis nach einem, wie es so schön heißt, Bezugspunkt Sorge trug. Diese Treppe bildet nebst der Terrasse mit ihrer von großen, efeuumhüllten Steinknäufen gekrönten Balustrade und ihrem hohen Hintergrund aus dichten Wäldern das ideale *mise en scène* für Teile von Shakespeares Komödien. »Es ist richtig elisabethanisch«, sagte mein Begleiter. Hier mag die Gräfin Olivia dem überspannten Malvolio gelauscht oder Beatrice, herrlichste aller Koketten, hergekommen sein, um Benedikt zum Essen zu rufen.

Die Glanzpunkte von Chatsworth, das nur wenige Meilen von Haddon entfernt liegt, dienen als deutlicher Ausgleich für dessen schwerer wahrzunehmende Verdienste, genau wie sie, glaube ich, in den Augen des Touristen durch den Gegensatz zu dessen bezaubernder, dessen beinahe italienischer Schäbigkeit noch gewinnen sollen. Aber die Glanzpunkte von Chatsworth wurden, so unbestreitbar sie sind, ein paar Tage später in meinem Gedächtnis so nachhaltig in den Schatten gestellt, daß ich künftig, wenn ich an ein englisches Herrenhaus denke, nur noch an Warwick, und wenn ich an einen englischen Park denke, nur noch an Blenheim denken werde. Die Zugfahrt durch die sanfte Landschaft von Warwickshire trägt viel dazu bei, einen auf das großartige Schauspiel des Schlosses vorzubereiten, das kaum mehr als so etwas wie wuchtiges Symbol und Synthese des über diese große, pastorale Weite ausgegossenen, umfassenden Wohlstandes, Friedens und Müßigganges zu sein scheint. Die Wiesen von Warwickshire sind für die übliche englische Landschaft, was diese für die der übrigen Welt ist. Meile um Meile sieht man nichts als weitläufige, abfallende Weiden aus samtenem Rasen, beweidet von Schafen von bizarrster Zottigkeit und geziert von Hecken, aus deren üppig rankendem Grün sich mit so etwas wie architektonischer Regelmäßigkeit efeuumwirrte Eichen und Ulmen erheben. Die Landschaft sündigt in der Tat durch das Unmaß, mit dem sie Vorstellungen von Ernährung weckt; sie hat einen Beigeschmack von Speisekammer und Futterkrippe; sie ist zu schafsmäßig, zu rindsmäßig, sie ist beinahe eselsmäßig; und sollte man glauben, was man vor sich sieht, so wäre dieser zerklüftete Erdball eine Art knochenlose Kugel, bedeckt mit einer plüschartigen Hülle, wie sie etwa der Flaum auf der Wange eines Pfirsichs darstellt. Aber ein großer Gedanke leistet einem auf der Fahrt Gesellschaft und verleiht der Szenerie Charakter. Warwickshire – man sagt es wieder und wieder – war Shakespeares Land. Wer meint, ein großes Genie sei etwas überaus Reifes, Gesundes und Menschliches, mag darin Trost finden. Es trägt sehr dazu bei, meine eigene, verschwommene Vorstellung von Shakespeares Temperament zu beleben, das gezwungenermaßen mit Gedanken an Hammel- und Rindfleisch in Verbindung zu bringen ich nicht sehr bestürzend finde. Die Weiden von Warwickshire haben etwas ebenso Endgültiges, von Illusionen über die romantischen Schrecken von Fels und Forst Befreites, zutiefst auf menschliche Bedürfnisse Abgestimmtes wie die zugrunde liegende Moral des Dichters.

Mit menschlichen Bedürfnissen im allgemeinen mag Warwick Castle nicht sehr in Einklang stehen, doch gibt es nur wenige Orte, die für den empfindsamen Touristen zufriedenstellender sind. Es ist die einzige Residenz, die er als Zuhause begehrt haben mag. Der große Brand, von dem wir letzten Winter in Amerika so viel hörten, scheint nur einen unbeträchtlichen und leicht zu verschmerzenden Teil des Hauses zerstört zu haben, und die großen Türme erheben sich mit ebensolcher Würde wie zuvor über die großen Bäume und die Stadt. In pittoresker Hinsicht gewinnt Warwick dadurch, daß es nicht, der allgemeinen Gepflogenheit entsprechend, abgeschieden in Morgen von Parklandschaft liegt. Die Dorfstraße windet sich um die Gartenmauern, wenngleich ihr Summen erstirbt, ehe sie Zeit gehabt hat, sie zu erklimmen. Dafür, wie Steinmauern, wenn sie nicht zwangsläufig ein Gefängnis ergeben, gelegentlich einen Palast ergeben können, kann es kein besseres Beispiel geben als die solcherart gewahrte, erstaunliche Ungestörtheit eines Herrensitzes, dessen Fenster und Türme das Hauptmerkmal eines geschäftigen Städtchens bilden. In Warwick reicht die Vergangenheit der Gegenwart so wacker die Hand, daß man kaum sagen kann, wo die eine beginnt und die andere aufhört; man vermißt die Ritzen und Lücken dessen, was ich eben die italienische Schäbigkeit von Haddon nannte, ziemlich. Es gibt einen Caesar-Turm und einen Guy-Turm und noch ein halbes Dutzend weitere, aber sie sind in ihrer gewichtigen Altehrwürdigkeit so wohlerhalten, daß man unsicher ist, ob man sie als Teile eines wieder aufgefrischten alten oder eines pittoresk gealterten neuen Hauses betrachten soll. Doch so wie sie sind, steil abfallend in die gras- und kiesbedeckten Höfe, von wo ihre Zinnen wirklich mittelalterlich wirken, und in Gärten, groß genug für jedes Vergnügen und, wie es sich gehört, zu klein, um erstaunlich zu sein; und mit langgestreckten, großen Zimmerfluchten dazwischen, an deren in gewaltigen Nischen sitzenden Fenstern man sich von Van Dyck und Rembrandt abwenden kann, um an der klippenartigen Gebäudemasse hinab in den Avon zu blicken, der mit seiner Brücke, seinen Bäumen und seinen Erinnerungen ihren Fuß umspült wie ein hochherrschaftlicher Burggraben, so machen sie geradezu den Inbegriff eines großen Erbsitzes aus – eines, der die Vorstellungskraft vollauf zufriedenstellt, ohne das demokratische Gewissen zu irritieren. Die Bilder in

Warwick erinnerten mich aufs neue an eine ehedem in diesem Punkt gewonnene Überzeugung; daß das günstigste Geschick für gute Bilder nicht darin besteht, in öffentliche Sammlungen gepfercht zu werden – nicht einmal in die relative Zurückgezogenheit der Salons Carrés und Tribunes –, sondern in großen Abständen im halben Dutzend an den Wänden schöner Häuser zu hängen. Hier ist die historische Atmosphäre, wie man es nennen könnte, beinahe ein Ausgleich für das häufig unvollkommene Licht.

Gilt dies für die meisten Bilder, so gilt es besonders für die Werke Van Dycks, bei dem man, wo immer man ihn antreffen mag, meint, er habe mit seiner durch und durch feinen Lebensart, die das Kennzeichen seiner Manier ist, in seiner Malerei den örtlichen Gegebenheiten Rechnung getragen und sein Bild genau für die Stelle ausersehen, an der es hängt. Das ist freilich eine Illusion, was die Van Dycks in Warwick anbelangt, denn keiner von ihnen stellt Angehörige des Hauses dar. Vielleicht das allerschönste nächst dem großartigen, melancholischen, pittoresken Charles I. – der Tod, oder zumindest die Vorahnung des Todes auf dem Falben – ist ein Porträt aus dem Palazzo Brignole zu Genua; eine wunderschöne, vornehme Matrone in Schwarz, mit ihrem kleinen Sohn und Erben. Die letzten Van Dycks, die ich gesehen hatte, waren die vornehme Gesellschaft, die diese Dame in dem Genueser Palast zurückgelassen hatte, und während ich sie betrachtete, dachte ich an die gewaltige Veränderung ihrer Lebensverhältnisse. Hier sitzt sie im milden Licht des innersten England; dort könnte man sie sich beinahe vorstellen, wie sie in das vom Mittelmeer abgestrahlte, grelle Funkeln blinzelt. Intensität gegen Intensität – bei bestehender Intensität der Situation weiß ich kaum, welche ich wählen soll.

Betrachtet man die Reise über den Atlantik als ausgesprochenen Tiefpunkt seiner besseren Erfahrungen – was man gewiß auch bei leidlich guter Laune des Ozeans kann –, so sieht sich der in dieser ehrwürdigen Stadt eintreffende amerikanische Reisende ohne merklichen Übergang vom Rand der Neuen Welt mitten ins Herz der Alten befördert. Vielleicht ist es beinahe ein Unglück, daß Chester so dicht an der Schwelle Englands liegt; denn es ist ein so rares und vollkommenes Exemplar einer altehrwürdigen Stadt, daß die später kommenden Wunder seiner Schwestern im Ruhme – Shrewsbury, Coventry und York – vergleichsweise ein wenig leiden und der Appetit des Touristen auf das Pittoreske an Heftigkeit einbüßt. Doch die ersten Eindrücke eines aufmerksamen Amerikaners in England – unseres alten Freundes, des empfindsamen Touristen – rufen eine solche Wolke von Empfänglichkeit in ihm wach, daß er, solange der Zauber ungebrochen ist, sich geistig vielleicht ebensogut der größeren wie der geringeren entledigen kann. Ich habe mich zum zweitenmal ein wenig an ersten Eindrücken versucht und das Spiel gegen einen zynischen Widersacher gewonnen. Ich bin wieder und wieder die alte – in ihrer Altehrwürdigkeit so vollkommene – Mauer, die diese gedrängte kleine Stadt in ihren steinernen Kreis einschließt, mit einem ganz bestimmten Freund entlangspaziert, der mir mit einem bitteren Lamento über das Nachlassen seines Gefallens am Pittoresken aufwartete. »Ich bin über die Jugend hinaus«, geht seine unaufhörliche

Klage; »ich hatte es geargwöhnt, aber nun weiß ich es – nun, da mein Herz nur einmal schlägt, wo es früher ein dutzendmal schlug, und da ich, wo ich in Steinen Lehre und Bilder in Wiesen, köstliche Enthüllungen und unaussprechliche Andeutungen fand, nichts als die harte, schwere Prosa der britischen Zivilisation finde.« Doch nach und nach gewöhnte ich mich an das traurige Klagelied meines Freundes, ja fühle mich ihm als Warnung gegen wohlfeile Vernarrtheiten halb zu Dank verpflichtet.

In jedem Falle wußte ich genau, daß seine Einwände gegen die Wirkung der braven kleinen Mauern von Chester nichts verschlugen. Es könnte kein besseres Beispiel für jene in England so erfreulich häufige Erscheinung geben – eine alte, liebevoll wieder angeeignete und irgendeiner modernen Annehmlichkeit geweihte Liegenschaft oder Einrichtung. Die guten Leute von Chester dürfen sich ohne den Schatten eines geheimen Vorbehalts hinsichtlich moderner Bequemlichkeit, die so häufig der für das Romantische zu entrichtende Preis ist, ihrer Mauern rühmen; und ich kann mir leicht vorstellen, daß, wenngleich die meisten modernen Städte bequem ohne diesen steineren Gürtel auszukommen vermögen, diese Menschen den ihren als grundlegende Notwendigkeit zu betrachten gelernt haben. Denn durch ihn dürften sie ihre Stadt gewiß gründlicher kennen als ihre unumgürteten Nachbarn – sie so oft am Tage, wie es ihnen beliebt, überschauen, sie empfinden, sich an ihr ergötzen. Der Bürgersinn, der sich so auf dem Stadtrand sonnt und das kleine, wimmelnde, betürmte und giebelige Städtchen darinnen und dann die blauen, wellenförmigen Erhebungen der nahen Waliser Grenze betrachtet, mag sich leicht zu köstlichem Behagen vertiefen. Die Mauer umfaßt den Ort mit einem ununterbrochenen Ring, der, indem er unzählige, pittoreske Wechselfälle durchläuft, oft zu zerspringen droht, die Verbindung aber nie so recht unterbricht; so daß einen, wenn man sich an einem beliebigen Punkt aufmacht, ein einstündiger, leichter Spaziergang zum Ausgangspunkt zurückbringt. Ich habe mein Herz völlig an diese bezaubernde kleine Schöpfung verloren, und es gibt soviel dazu zu sagen, daß ich kaum weiß, wo beginnen. Die Hauptsache ist, so nehme ich an, daß sie einen römischen Unterbau enthält, in ihrem Verlauf weitgehend auf Fundamenten ruht, die von jenem Volk von Baumeistern gelegt wurden. Doch trotz ihrer derben Herkunft, die zum größten Teil unter der vielbegangenen Erde der Jahrhunderte begraben liegt, ist sie der allerfreundlichste und am wenigsten mißfällige Festungswall; sie vollendet ihre Rundung ohne Stirnrunzeln oder Drohung auf ihrer ganzen, in aufgelöster Schlachtordnung befindlichen Länge. Tatsächlich ist der irdische Bodensatz der Zeit um ihre Basis mancherorts so angestiegen, daß sie auf nicht viel mehr als einen Damm von bescheidenen Abmessungen hinausläuft. Sie hat jedoch überall eine schroffe, äußere Brustwehr und einen breiten, eingesunkenen Plattenbelag, der zwei Spaziergängern nebeneinander Platz bietet. So ausgestattet , durchwandert sie ihre abenteuerliche Runde; bald sich senkend, bald sich krümmend, bald sich zu einer Terrasse verbreiternd, bald sich zu einem Gartenweg verengend, bald sich zu einem Bogen wölbend, bald zu Stufen abfallend, bald an dornenbeschirmten Gärten vorbeiziehend, bald durch das Aufragen eines schroffen, efeu-umhüllten Turmes daran gemahnend, daß sie ehedem etwas Ernsterzunehmendes war. Ihre äußerste, alters-graue Demut wird in der eigenen Einbildung noch durch die Leichtigkeit verstärkt, mit der man sich ihr von jedem Punkt der Stadt aus nähern kann. Beim Gehen sieht man alle paar Schritte einen kleinen Hof oder ein Gäßchen, die zwischen den dichtgedrängten Häusern hindurch auf sie zu dringen. Sie ist erfüllt von dem köstlichen Element des Krummen, Zufälligen, Unvorhergesehenen, das für amerikanische, an unsere ewigen geraden Linien und rechten Winkel gewöhnte Augen das hervorstechende Merkmal europäischer Stadtansichten ist. Ein Amerikaner, der sich in den Straßen von Chester ergeht, findet ein vollkommenes Labsal von Krummheit vor – von jenen willkürlichen Ecken, Vorsprüngen und Nischen, eigenartigen, be-zaubernd bewahrten oder verlorenen, häuslichen Zwi-schenräumen, jenen unzähligen architektonischen Überraschungen, Kapricen und Fantasien, die einem von braunen Sandsteinfassaden betäubten Blick so er-frischende Übung verschaffen. Ein Amerikaner wird mit dem Gedanken geboren, daß er auf seinen Spazier-gängen im Ausland beständig ebene Wände vor sich hat, und eine solche Offenbarung von unendlichem Zufall und unendlichem Effekt, wie er sie hier vorfin-det, verleiht dem Gebrauch seiner Augen einen ganz neuen Reiz. Sie bewirkt außerdem die – vielleicht oberflächliche und irreführende – Überlegung, daß das Leben inmitten all dieses Chiaroscuro seines *mise en scène* mehr von einer gewissen heimeligen Unterhal-tung haben muß. Es ist zumindest kein Trugschluß zu behaupten, daß die Kindheit – oder die spätere Erinnerung an die Kindheit – von einem solchen Hintergrund eine Art anekdotischen Reichtum borgen muß. Wir wissen alle, wie sich die Ereignisse der frühen Jugend im Rückblick späterer Stimmungen sichtbar ›zusammensetzen‹, ein jedes als einzelnes Bild, mit einem Zauber, für den die größten Maler keine entsprechende Kunst haben. Auf den ersten Seiten von Dickens' *Copperfield* und George Eliots *Mill on the Floss* findet sich ein lebhafter Abglanz dieses Zaubers, denn die Schriftsteller hatten das Glück, unter alten, alten Dingen aufzuwachsen. Zwei, drei Abschnitte dieser verschachtelten Mauer gehören besonders zu den Dingen, an die man sich liebevoll erinnert. An einer Stelle streift sie den Rand des Friedhofs der Kathedrale und zieht sich unter dem großen, viereckigen Turm und hinter dem ehrwürdigen Ostfenster des Chors entlang. Von der Kathedrale gibt es mehr zu sagen; doch genau die Stelle, von der ich spreche, ist der beste Standort für die Empfindung, welch vortrefflichen Einfluß auf die architektonische Kontur – wo, zumindest theoretisch, Einflüsse groß sind – der wuchtige, die Häuser der Menschen beherrschende Turm einer Abteikirche hat; und die Betrachtung des wirbelnden Fluges der Schwalben läßt die großen, ruhigen Flächen der Steinmetzarbeit für das Auge noch riesiger erscheinen. An einer anderen Stelle bilden zwei mitgenommene und zerbröckelnde, in ihren Sterbehemden aus Efeu verfallende Türme eine wunderbar ausgeführte Zerstreuung. Einer ins Gefüge der Mauer eingepaßt und der andere durch einen kurzen, zerbröckelnden Grat aus Mauerwerk mit ihr verbunden, tragen sie zu einem ausgesprochenen Mischmasch an Lokalkolorit bei. Ein schattiger Promenadenweg verläuft am Fuße des Festungswalls; neben ihm fließt ein schmaler Kanal mit Schleusen und Kähnen und Fährleuten in Kitteln und Kniehosen vorüber; während das ehrwürdige Paar von Türmen, deren alte, rote Sandsteinwände durch die Lücken in ihren grünen Mänteln lugen, auf dem weichen Gras eines jener eigenartig bruchstückhaften, öffentlichen Gärten ruht, eines krummen, gemeinschaftlich genutzten Bodenstreifens, wie man sie in England offenbar auf Schritt und Tritt antrifft – ein Tribut an die Bedürfnisse der ›Massen‹. *Stat magni nominis umbra.** Das Zitat ist hier doppelt angemessen, denn diesen kleinen Gartenstreifen zieren bemooste Fragmente römischer Steinmetzarbeit, aus dem hiesigen Boden ausgegrabene Stücke von Pflaster, Altären, Bädern. England ist das Land der sparsamen Wirtschaft, und die derzeitige versäumt es nicht, den Krimskrams der Vergangenheit einem nützlichen Verwendungszweck zuzuführen. Diese beiden altersgrauen Mauergerippe sind daher in ›Museen‹ verwandelt, Sammelkästen für die staubigsten und schäbigsten aller geschmacklosen Hinterzimmer-Kuriositäten. Hier präsidiert, à la Dickens, ein Paar jener grotesken Geschöpfe, wie man sie in jede Ritze der englischen Zivilisation hineingequetscht findet, und fristet ein kärgliches Leben, wie Milben in einem schimmeligen Käse.

Nächst seiner Mauer – möglicherweise sogar vor ihr – schätzt Chester seine Rows, eine architektonische Idiosynkrasie, die man gesehen haben muß, um sie zu

* = Da steht der Schatten eines großen Namens. (Anm. d. Übers.)

28

würdigen. Es handelt sich um eine Art gotische Ausgabe der seligen Arkaden und Säulengänge Italiens und besteht, grob gesprochen, aus einer durchgehenden, als Tunnel unter dem zweiten Stockwerk der Häuser hindurchgeführten öffentlichen Passage. Das Unterparterre liegt so unmittelbar am Fahrtweg, auf den in häufigen Abständen Treppenfluchten von der obenauf liegenden Veranda herabführen. Der obere Teil der Häuser springt bis zur äußeren Begrenzungslinie der Galerie vor, wo sie von Säulen, Pfeilern und Brüstungen gestützt werden. Die Ladenfassaden gehen auf die Arkaden hinaus und gewähren Zutritt zu kleinen Handelshöhlen, die je nach ihren Beleuchtungsmöglichkeiten im hinteren Teil mehr oder weniger düster sind. Mißt man das Pittoreske an seiner Gegnerschaft zu unseren modernen Vorstellungen von Bequemlichkeit, so ist Chester vermutlich die romantischste Stadt der Welt. Dieses Gebilde ist unendlich reich an Gelegenheiten zu amüsanten Wirkungen, aber der ganze Zauber der Architektur, von der sie ein so wesentlicher Bestandteil sind, muß von der Straße darunter studiert werden. Chester ist immer noch eine altehrwürdige Stadt, und das mittelalterliche England verharrt tapfer unter seinen Giebeln. Jedes dritte Haus ist ein ›Prachtstück‹ – versehen mit Giebeln und Gitterwerk, Fach- und Schnitzwerk, und seine Jahre mehr oder weniger leicht tragend. Diese alten Häuser bieten jeden Farbton und Grad historischer Farbe und Ausdruckskraft. Manche sind dunkel vor Verwahrlosung und Verunstaltung, und der waagrechte Schlitz, der Licht in die verdeckte Row einläßt, scheint auf seinen verschobenen Stützen wie ein zahnloser alter Kiefer zusammen-

zuklappen. Andere stehen breitschultrig und unbeugsam da, die Balken gestrichen und gerichtet, den Putz
gekalkt, das Schnitzwerk poliert und das niedrige, sich
über die ganze Breite der Vorderfront ziehende Flügel-
fenster mit Vorhängen und Blumentöpfen geschmückt. Es ist beachtlich, daß die eigentlichen Stadt-
bewohner die von der Vergangenheit ererbte Sachlage
tapfer hingenommen haben, und die große Zahl der
prächtig und verständig restaurierten, alten Fassaden
stellt einen wirkungsvollen Mischmasch ihrer Pietät
und ihrer Klugheit dar. Diese kunstvollen und ge-
schickten Instandsetzungen zeugen von einem bestens
unterrichteten Bewußtsein des malerischen Wertes der
Stadt. Tatsächlich habe ich viel von dieser wiederbeleb-
ten Unschuld im Verdacht, eine Frische, die sie niemals
gehabt haben kann, wiedererlangt zu haben, aus Geld-
gier restauriert worden zu sein. Über die echten altehrwürdigen Gebäude gäbe es mit Recht sehr viel zu sagen,
denn sie sind recht eigentlich ein Thema für den
Philosophen; aber das Thema ist zu schwer für meine
Feder, und ich kann ihnen nur den flüchtigen Tribut
eines Seufzers zollen. Sie sind grausam wunderlich,
schrecklich ausdrucksvoll. Man fasse eines ins Auge,
und es scheint geradezu nach Vergänglichkeit zu rie-
chen. Jeder Fleck und Spalt scheint irgendeine menschliche Chronik herzustammeln – eine Chronik dumpfer,
unerleuchteter Leben. Ich habe mir große Mühe gegeben, sie mir belebt von den Kindern des ›gemütlichen,
lustigen England‹ auszumalen, aber ich sehe mich ganz
und gar außerstande, sie mir anders vorzustellen als
bevölkert von den Opfern bedrückender, altweltlicher
Leiden und Ängste. Freilich kann menschliches Leben,

eingepfercht hinter jenem undurchdringlichen Gitterwerk aus Blei und Flaschenglas, über dem der äußere Balken unmittelbar die erstickende Nähe der Decke markiert, sich zu spärlicher Freiheit entfaltet haben und zu kleinem Glück erblüht sein.

Nichts ist mir bei meinen Spaziergängen entlang der Row stärker aufgefallen als die Tatsache, daß auch die eifrigste Beobachtung nur ungleichmäßig mit den feinen Unterschieden in den Sitten des Landes Schritt zu halten vermag. Einige der spürbarsten Unterschiede sind gleichwohl so subtil und unbestimmbar, daß man den Versuch aufgeben muß, sie in Worten auszudrükken, wenngleich die Auslassung nur eine grobe Skizze hinterläßt. Während man in dem geschäftigen Treiben von Laden zu Laden schreitet, spürt man von allen Seiten örtliche Bräuche und Gepflogenheiten – einen anderen Ton der Dinge – auf einen eindringen. Der Ton der Dinge ist irgendwie schwerer als bei uns; Sitten und Formen sind bestimmter und entschiedener; sie scheinen die Atmosphäre um einen herum zu durchströmen und zu verdichten. Moralisch und physisch ist die Luft dichter als bei uns. Verglichen mit den Engländern, bei denen jedermann mit genauer Not in seinen Platz hineingeht, scheinen wir zu Hause lose zusammenzuhängen. Es ist keine gefolgerte, sondern eine augenfällige Tatsache, daß England ein übervölkertes Land ist. Es gibt Stille und Raum – grasigen, von Eichen bestandenen Raum – in Eaton Hall, wo der Marquis von Westminster wohnt (oder, so glaube ich, es sich leisten kann, sich seiner Vorstellung hinzugeben, er wohne nicht dort), aber in Chester herrscht Gedränge und Tumult. Wohin man auch geht, die Bevölkerung hat sich darüber ergossen. Man spaziert zur Abendzeit auf den Mauern und findet kaum Ellbogenfreiheit. Man sucht das Dämmerlicht der Kathedrale auf, und ein Dutzend Sterbliche beeinträchtigen die Einsamkeit. Man blickt eine Gasse oder Seitenstraße hinauf, und entdeckt dichtbevölkerte Fenster und Haustürtreppen. Man rollt über Landstraßen und sieht zahllose, bescheidene Fußgänger die grünen Wegränder tüpfeln.

Die englische Landschaft ist stets eine ›Landschaft mit Figuren‹. Und überall, wohin man geht, wird man begleitet vom vagen Bewußtsein des britischen Kindes, das einem nackt, schmutzig und unheilvoll um Knie und Jackenschöße streicht. Mit so etwas wie körperlicher Erleichterung denkt man über Australien, Kanada, Indien nach.

Wo es viele Menschen gibt, gibt es natürlich auch viele Bedürfnisse; was für den philosophischen Fremden dazu beiträgt, die riesige Anzahl und unwiderstehliche Koketterie der kleinen Läden zu rechtfertigen, die diese unbedarften Rows zieren. Die Ladenfronten schienen mir immer das Eleganteste in England zu sein; und ich vergeude mehr Zeit, als einzugestehen mir lieb sein dürfte, mit begehrlichen Blicken auf die riesigen, klaren Scheiben, hinter denen die niederen Hüllen des Gentleman zierlich an schimmernden Messingstäben hängen. Das Benehmen der Verkäufer dieser bequemen Waren verfehlt selten, den angenehmen Eindruck zu bestätigen. Für eine Ausgabe von zwei Penny wird einem überschwenglich gedankt – eine für den wahrhaft analytischen Geist tief bedeutsame Tatsache, die mir außerdem stets wie ein verschwommener Nachhall aus gewissen, in der Kindheit verschlungenen Romanen von Miss Edgeworth* erscheint. Denkt man an die kleinen Gewinne, die kleinen Eifersüchteleien, das lange Warten und die knappen Überschüsse für schlechte Zeiten, die sich aus dieser Überfülle an Läden und Ladeninhabern ergeben, so hört man aufs neue das stete Grollen jenes tiefen, so oft und mit so süßer Lockung von schöneren Wohlklängen übertönten, aber niemals erstickten Grundtons der englischen Sitten – des wirtschaftlichen Kampfes ums Dasein.

Die Rows sind so ›malerisch‹, wie man es sich nur wünschen könnte, und es ist ein Jammer, daß es – ehe ihre Modernheit bewußt geworden war – keinen englischen Balzac gegeben hat, der sie in einen realistischen Roman mit psychologischen Anmerkungen eingebaut hätte. Doch die Kathedrale ist noch besser, so bescheiden sie sich auf der Liste der englischen Abteikirchen auch ausnimmt. Sie ist von mäßigem Umfang und in Form und Schmuck eher mager; doch für den Amerikaner bezeichnet und verkörpert sie die englische Kathedrale schlechthin; deshalb erzeugt sie auch die angemessenen Gefühlsschwingungen. Zu diesen gehört ein gewisses unwiderstehliches Bedauern darüber, daß so viel von ihrer altersgrauen Substanz dem schönen, frischfarbenen Mauerwerk weichen soll, mit dem Mr. Gilbert Scott, rücksichtsloser Neuerer, sie so verständig ausstattet. Der rote, von der Zeit gedunkelte und verzehrte Sandstein des ursprünglichen Baus ist, in stirnrunzelndem Spott über die unterstellte Notwen-

---

* Maria Edgeworth (1767–1849), irische Romanschriftstellerin. (Anm. d. Verl.)

digkeit des Flickwerks, an vielen Stellen erhalten geblieben. Der große Turm indes – vollständig restauriert – erhebt sich hoch genug, um, wie es sich für Kathedralentürme ziemt, vermeintlich der weitentfernten Luft, die vom Glockengeläut und den Schwalben durchzittert wird, anzugehören und seine mit Rundstäben und Hohlkehlen geschmückten Seiten heiter nach Osten, Westen, Süden und Norden auszurichten. Im Innern neigen englische Kathedralen dazu, zunächst blaß und kahl zu wirken; doch wenn die Proportionen ansehnlich und die Räume großzügig angeordnet sind, wenn man wahrnimmt, wie das Licht sanft vom kalten Obergaden herabfällt, und das Auge liebkosend die Größe der Säulen und die Wölbung der Bögen ermißt und auf den alten, vornehmen Inschriften marmorner und bronzener Wandtafeln verweilt; und vor allem wenn man sich jener süßen, kühlen Modrigkeit in der Luft bewußt wird, die als eigentliches Klima des Episkopats diese Orte zu schwängern scheint, so mag einen nach einer Weile die Empfindung beschleichen, daß sie weniger die leeren Hülsen eines dahingeschiedenen Glaubens als vielmehr die Stätten eines Glaubens sind, der sich immer noch behaupten und einen Widerhall hervorrufen kann. Der Katholizismus ist verschwunden, doch der Anglikanismus hat die zweitbeste Musik zu bieten. So schien es mir zumindest, als ich vor ein, zwei Sonntagen im Chor von Chester saß und einer Predigt des Kanonikus Kingsley harrte. Der anglikanische Gottesdienst war meinem profanen Gemüt nie so sehr als eine Angelegenheit großartiger liturgischer Gesänge und Kadenzen – bombastischer klanglicher und melodischer Effekte – erschienen. Der riesige, eichene Bau des Chorstuhls, in dem wir es uns – etwas steif und in gebührender Furcht vor geprellten Rippen und Knien – gemütlich machten und der vergebens gegen die schwindelerregendere Höhe der Säulen anklomm; die wunderschönen englischen Stimmen bestimmter, den Gottesdienst leitender Kanoniker; die kleinen, rosigen ›King's Scholars‹, die aufgereiht unter der Kanzel sitzen, in weißflügeligen Chorhemden, durch die ihre Köpfe über den Bankrändern wie Reihen schläfriger Putten wirken: jedes Element der Szene verlieh ihr eine große, schauspielhafte Schönheit. Sie gemahnen außerdem daran, woran man in England auf Schritt und Tritt gemahnt wird, daß nämlich der Konservativismus hier allen Zauber besitzt und den Dissentern*, der Demokratie und anderen vulgären Abweichungen nichts als ihre schmucklose Logik läßt. Der Konservativismus hat die Kathedralen, die Colleges, die Schlösser, die Parks, die Traditionen, die Verbände, die edlen Namen, die besseren Manieren, die Dichtkunst; die Dissenter haben die düsteren Ziegelstein-Bethäuser in ländlichen Seitenstraßen, die Namen aus Dickens, die unsichere Beherrschung des *h* und ein ärmliches *mens sibi conscia recti.*** Unterschiede, die in anderen Ländern gering und schwankend, ja beinahe, so könnte man sagen, metaphysisch sind, sind in England durch eine Kluft gekennzeichnet. Nirgendwo sonst zieht die Rangstufe so handfeste Folgen nach sich, und es wundert mich gewiß nicht, daß das sakramentale Wort, das bei uns (und, soweit sie Entsprechendes

---

* Dissenter = einer, der sich weigert, die englische Staatskirche anzuerkennen. (Anm. d. Verl.)
** Bewußtsein recht zu haben. (Anm. d. Verl.)

besitzen, mehr oder weniger bei allen Völkern des Kontinents) leicht und heiter und als Zitat aus den Philistern verkündet, hier mit vollkommen ernster Miene geäußert wird. Den Mut zu haben, stets seinen bloßen Überzeugungen gemäß zu handeln, heißt kurzum, ungeheuer viel Mut zu haben, und ich denke, Dissenter zu sein, erfordert davon bestimmt ebensoviel, wie es Geduld erfordert, kein Herzog zu sein. Vielleicht vermögen die Dissenter (um die Frage auf sie zu beschränken) der Kirche fernzubleiben, indem sie alles von der Predigt abhängig machen. Der Vortrag des Kanonikus Kingsley war ein weiterer Beleg für die vertraute Wahrheit – nicht ohne Bedeutung für Geister, die auf die gute, alte Gepflogenheit des ›Sich-Mühe-Gebens‹ bedacht sind –, daß es einen eigenartigen Zusammenhang zwischen großen Formen und geringen Ausstrahlungen gibt. Die Predigt unter der dreifach geweihten Kuppel hätte von wohlgebauter Majestät sein sollen. Sie war es nicht; und ich bekenne, daß eine zarte Erinnerung an alte Verpflichtungen gegenüber dem Verfasser* von *Westward Ho!* und *Hypatia* mir verbietet, mehr darüber zu sagen. Ein Amerikaner, so glaube ich, ist nicht unfähig, insgeheim Genugtuung über eine Unstimmigkeit dieser Art zu empfinden. Er stellt mit Erleichterung fest, daß selbst Sterbliche, die gleichsam in der Manege eines unaufhörlichen Zirkus aufgezogen worden sind, nur Sterbliche sind. Seine fortwährende Empfindung der wunderschönen, malerischen Eigenheiten des englischen Lebens erzeugt leicht die Gewohnheit melancholischer Rückbesinnung

* James Kirke Paulding (1778–1860), amerik. Schriftsteller. (Anm. d. Verl.)

auf die totenblanke Mauer unseres eigenen Lebensdramas; und indem er in dieser wunderlichen Stimmung daran zweifelt, ob wir auch nur jenen bescheidenen Wert auf der Stufenleiter der Schönheit aufweisen, den er sich bisweilen liebevoll erhofft hat, verfällt er in einen schwermütigen Skeptizismus, was unseren Platz auf der Stufenleiter der ›Bedeutung‹ überhaupt angeht, und fragt sich mit einemmal verschwommen, ob dies nicht ein reicheres Volk, wie auch ein herrlicheres Land sei. Das geht natürlich keinesfalls an; so daß, wenn der den Gottesdienst leitende Kanonikus, nachdem er von dem Diakon in weißem, purpurn abgesetzten Gewand und Meßdienern mit silbernen Stäben in einer vom amerikanischen Standpunkt aus beinahe prunkvollen kirchlichen Prozession den wunderschönen Chor hinabgeleitet wurde, in eine prächtige, mit einem Baldachin und Fialen überdachte Kanzel aus gotischer Steinmetzarbeit steigt und sich – nicht als ›bühnenreifer‹ Jeremy Taylor erweist, unser armer, empfindsamer Tourist allmählich wieder den Kopf hoch trägt und sich überlegt, daß, soweit wir Anlässe *haben*, wir uns ihnen meist gewachsen zeigen. Ich bin nicht einmal sicher, daß er im Übermaß seiner Reaktion nicht versucht ist, seine englischen Nachbarn zu beschuldigen, sie seien unempfänglich und uninspiriert, und zu behaupten, sie nähmen ihr glückliches Geschick nicht annähernd wahr und es brauche inbrünstige Pilger, undurchsichtige Ausländer und andere benachteiligte Menschen, um die ›Punkte‹ dieses bewunderungswürdigen Landes zu schätzen zu wissen.

Für jene schwärmerischen Betrachter, für die England ganz allgemein im wesentlichen die Vollendung des Ländlich-Pittoresken bedeutet, bedeutet Devonshire die Vollendung Englands. Ich zumindest hatte hier so selbstgefällig sämtliche Tugenden englischer Landschaft als selbstverständlich vorausgesetzt, so kühn auf ihre völlige Unverfälschtheit gebaut, daß ich, schon ehe wir recht die Grenze überquerten, nach der veritablen Landschaft in Aquarellfarben Ausschau zu halten begann. Devonshire kommt einem in all seiner Reinheit prompt entgegen, denn binnen zehn Minuten kann man die grüne Flucht von einem Dutzend Devonshire-Feldwegen entlangblicken. Auf riesigen, unter Wildblumen begrabenen und mit dem schönsten Spitzenbesatz aus rankendem Bodenefeu verzierten Böschungen von Moos und Rasen erheben sich dichte Wände aus blühendem Weißdorn, gleißender Stechpalme, goldenem Ginster und mehr kräftigem, heimeligem Gesträuch, als ich aufzählen kann; sie schleudern ihr Blütengewirr in einen Himmel, der stellenweise nur aus einem Dutzend Zoll von Blau zwischen ihnen herabzusehen scheint. Sie sind übersät mit lieblichen kleinen Blumen, mit Namen so zart wie ihre Blütenblätter aus Gold und Silber und Azur – Pfauenauge und Königslilie und Pfennigkraut –, und ihr Boden, ein prächtiges Dunkelrot, kommt hie und da einem Karmin so nahe, daß man ihn sich beinahe als phantastisches, beim Drogisten erstandenes und hier zum Schmucke ausgestreutes Präparat vorstellt. Der gemischte Widerschein dieser reichgetönten Erde und des dämmrigen, grünen Lichtes, das durch die Hecke sickert, ist ein Meisterstück künstlicher Schönheit. Eine Devonshire-Kate ist kein weniger eindrucksvolles Ergebnis der Jahrhunderte, der Jahreszeiten und der Sitten. Erdrückt unter der Bürde seines Strohdachs, mit einem groben weißen Putz von einem Ton beworfen, der einen Maler entzücken würde, in dichtem Laubwerk nistend und an Haustürstufe und Wegesrand mit verschiedenen Formen pausbäckiger Kleinkinder geschmückt, scheint es zu keinem anderen, offensichtlichen Zweck hierher versetzt worden zu sein, als ein Versprechen an die Phantasie einzulösen, wenngleich es wohl nicht wenig von der garstigen Seite des Lebens verbirgt, über die die Phantasie gern hinweggeht.

An Feldwegen und Katen vorbei rollte ich nach Exeter, wo ich auf die Kathedrale gesetzt hatte. Wenn man vom Vergnügen der Jagd auf Kathedralen leidlich gekostet hat, so verleiht die Annäherung an jeden neuen, möglichen Fang der Neugierde einen eigenartig angenehmen Reiz. Man legt eine Sammlung großer Eindrücke an, und ich glaube, das Verfahren ist in keinem Falle so herrlich, wie wenn man es auf Kathedralen anwendet. Von einem schönen Bild zum nächsten zu schreiten ist gewiß gut; aber die schönen Bilder dieser Welt sind schrecklich zahlreich und haben die unangenehme Eigenschaft, sich im Gedächtnis zu drängeln und einander anzurempeln. Die Anzahl der Kathedralen ist klein, und die Masse und Ausstrahlung jedes Exemplars groß, so daß sie, indem sie in einzigartiger Majestät in der Erinnerung aufragen, alle gewöhnlicheren Eindrücke von kalkulierter Wirkung verkümmern lassen. Sie bilden in der Tat nur eine Galerie größerer Bilder; denn wenn die Zeit das Erinnerungsvermögen für Einzelheiten getrübt hat, behält man ein einzelnes, unscharfes Bild des riesigen grauen Gebäudes zurück, mit Kopf und Schultern, Schiff und Türmen, Farbton und immer noch grüner Domfreiheit. All das gilt vielleicht besonders für unser Empfinden von englischen Sakralbauten, die darin, daß sie als Bilder einen geräumigen und stimmigen Hintergrund besitzen, beinahe einzig dastehen. Die Kathedrale ist von höchstem Rang, aber die Domfreiheit macht stets die *Szene* aus. Exeter gehört nicht zu den grandiosesten, hat aber, wie alles Große und Kleine, bestimmte Züge, die der Lokalaugenschein begünstigt. Exeter erweist sich wirklich einen schlechten Dienst mit einer niedrigen, dunklen Front, die nicht nur die offenkundige Höhe des Hauptschiffes mindert, sondern auch, wenn man westwärts blickt, zwei stattliche normannische Türme verbirgt. Die Front indes, die etwas düster Eindrucksvolles hat, wird durch zwei schöne Züge gerettet: eine großartige Fensterrose, deren riesiges, steinernes Stabwerk (das eine sehr blasse Verglasung aus dem letzten Jahrhunderts einfaßt) mit höchst bezaubernder Verschlungenheit gegliedert ist; und einen langen, herausgemeißelten Fries – eine Art steinernes Band von Bildern –, der sich von einer Seite zur anderen über die Fassade zieht. Die kleinen Standbilder von Heiligen und Königen und Bischöfen mit zerbrochenen Antlitzen, entlang dieser altehrwürdigen Wand in Nischen übereinander angeordnet, sind im Ausdruck ungemein finster, wunderlich und primitiv; und während man sie mit dem beschaulichen Zartgefühl, das einem in der

41

Fron des hart arbeitenden Touristen noch zu Gebote
stehen mag, betrachtet, bildet man sich ein, sie seien
sich ihrer Namen, Geschichten und Mißgeschicke
grüblerisch bewußt; sie spürten, empfindsame Opfer
der Zeit, den Verlust ihrer Nasen, ihrer Zehen und ihrer
Kronen; und begännen, wenn das lange Juni-Zwielicht
endlich zu tieferem Grau und die Ruhe der Domfreiheit
zu tieferer Stille wird, aus ihren engen Nischen seit-
wärts zu lugen und sich in einer seltsamen Form von
Altenglisch, so steif und doch so unbefangen wie ihre
Züge und Posen, zu unterhalten, stöhnend, wie eine
Gesellschaft betagter Armer um einen Spitalkamin,
über ihre Leiden, Gebrechen und Schäden, und das
Elend, so schrecklich alt zu sein. Die riesigen, viereckigen Türme am Querschiff der Kirche scheinen mir die
gleiche Art persönlicher Melancholie zu besitzen.
Nichts in der ganzen Architektur drückt meiner Vorstellung nach besser das Elend des Überdauerns, die
Entsagung hartnäckigen, stofflichen Fortwährens aus
als ein wuchtiges Gebilde aus normannischer Steinmetzarbeit, grob geschmückt mit seinem Basrelief aus
niedrigen Säulen und runden Bögen und fast barbari-
schem Bildhauerwerk und hoch in jenes milde, englische Licht erhoben, das mit seiner stumpfen, grauen
Oberfläche so gut in Einklang steht. Das besondere
Geheimnis der Eindrücklichkeit eines solchen normannischen Turmes entdeckt zu haben, kann ich nicht
behaupten. Es liegt weitgehend in dem Anschein be-
gründet, daß der Turm stolz und unbeugsam erbaut
worden ist – als seien die Steinmetze von Trompetenge-
schmetter angefeuert und die Steine mit der Streitaxt
behauen worden. Er sticht ab von der bloßen Trägheit

des Altehrwürdigen, vom teilnahmslosen Verfall ins Wunderliche. Ein griechischer Tempel in seiner konzentrierten Vergeistigung und eine gotische Kathedrale in ihrem abenteuerlichen Überschwang wahren eine Art frischer Unsterblichkeit; doch ein normannischer Turm steht aufrecht da wie ein schlichter, kräftiger Mann in seiner Macht, der mit melancholischer Miene auf eine Zeit herabblickt, die fordert, daß Stärke List zu sein habe.

Die Küste von Nord Devon, wohin ich nach meiner Ankunft in Exeter weiterzureisen beabsichtigte, hat den hauptsächlichen Vorzug, bislang jungfräulicher Boden zu sein, was Eisenbahnen angeht. Folglich begab ich mich, nach der Art früherer Zeiten, auf dem Dach einer Kutsche von Barnstaple nach Ilfracombe; und vermochte dank meines Platzes die Landschaft trotz der beiden ehrenwerten Einheimischen vor mir zu genießen, die mit einer natürlichen Heiterkeit, die als unmenschliche Boshaftigkeit hätte durchgehen können, gemeinsam laut den quälend anschaulichen Bericht des *Daily Telegraph* über die Niederlage der Mannschaft der Atalanta lasen. Es erschien mir, so entsinne ich mich, wie eine Art Unterpfand und Zeichen für die Unbesiegbarkeit englischer Muskelkraft, daß ein Zeitungsbericht über ihre Heldentaten die Macht hatte, den Blick meiner Reisegefährten von den buschigen Flanken der Talschluchten Devonshires abzulenken. Das kleine Seebad Ilfracombe liegt am unteren Rand eines dieser meerwärts steil abfallenden Täler, zwischen ein paar großartigen Landzungen, die es in einer hohlen Senke bewahren und sicher der Liebkosung des Bristol-Kanals darbieten. Es ist ein höchst vollendetes kleines

43

Exemplar seiner Gattung, und ich glaube, daß ich während meines kurzen Aufenthalts dort ebensoviel Aufmerksamkeit auf seine Sitten und Gebräuche und seine gesellschaftliche Physiognomie gewandt habe wie auf seine Klippen, seinen Strand und seinen herrlichen Küstenblick. Meine Hauptschlußfolgerung aus alledem lautet vielleicht, daß die schreckliche ›Sommerfrage‹, die alljährlich in so vielen amerikanischen Haushalten Qualen zeitigt, weniger verheerend wüten würde, wenn wir ein paar entlang unserer Atlantikküste verstreute Ilfracombes hätten; und ferner, daß die Engländer Meister in der Kunst sind, im Trachten nach dem pastoralen Leben die Behaglichkeit und Bequemlichkeit nicht aus den Augen zu verlieren – anders als unsere Landsleute, die, wenn sie ländlichen Zeitvertreib suchen, leicht nur eine der Natur neu hinzugefügte Roheit vorfinden. Es ist durchaus möglich, daß in Ilfracombe Behaglichkeit und Bequemlichkeit die Waagschale überlasten; so überaus beträchtlich sind sie, so überaus eilfertig und geschäftsmäßig. Links von der Stadt (um ein Beispiel zu geben) ragt in ein paar wuchtigen Spitzen eine der großen Klippen auf, die ich erwähnt habe, und bietet dem Meer ein beinahe senkrechtes, ganz in goldene Ginster- und mächtige Farnbüschel eingemummtes Gesicht dar. Man ist noch keine fünfzig Meter vom Hotel weggegangen, da trifft man schon auf ein halbes Dutzend kleiner Schilder, die die Schritte zu einem die Klippe hinaufführenden Pfad lenken. Man folgt ihren Anweisungen und gelangt zu einem kleinen Torhäuschen, bei dem Photographien und diverser örtlicher Plunder feilgeboten werden. Ein höchst ehrbarer Mensch erscheint, verlangt einen

Penny und gestattet einem nach dessen Erhalt mit großer Höflichkeit, mit der Natur Zwiesprache zu halten. Man entdeckt indes mehrere kleine, einer vollkommenen Zwiesprache feindliche Einflüsse. Man wird von einem weiteren Schild begrüßt, das gerichtliche Verfolgung androht, falls man versucht, die Zahlung des geheiligten Penny zu umgehen. Der Pfad, der sich in hundert Verästelungen über die Klippe windet, ist peinlich solide und gepflegt, und in Abständen von zehn Metern mit ausgezeichneten Bänken ausgestattet, in die mit Messer und Stift die Namen derjenigen Besucher eingraviert sind, die zufällig nicht die altjüngferlichen Damen gewesen sind, die sie heute hauptsächlich einnehmen. All das ist prosaisch, und man muß es in Bausch und Bogen vom Gesamteindruck abrechnen, ehe das Gefühl der Berückung durch die Natur deutlich wird. Hat man diese Abrechnung vorgenommen, bleibt sicherlich eine ganze Menge; durchaus genug, wie ich feststellte, um mir einen Tag lang ausgiebig Erquickung zu verschaffen; denn wie die meisten anderen englischen Güter übersteht und vergilt die englische Landschaft vertrauliche Nutzung. Die Klippen sind prachtvoll, das Spiel von Licht und Schatten auf ihnen ist ein unerschöpfliches Studienfach und die Luft eine ganz eigene Mischung aus dem Hauch der Hügel und Moore und dem Hauch der See. Ich war am Ende meiner Klettertour sehr dankbar dafür, eine gute Bank zu haben, auf die ich mich setzen konnte – wie man es sich in England überhaupt zweimal überlegen muß, ob man sich der Länge nach auf den grasigen Boden fallen lassen soll; ich war ebenso froh, dank des ebenen Fußpfades in einer Viertelstunde zum Hotel zurückgelangen zu können. Aber mir kam der Gedanke, daß, wenn ich ein Engländer der heutigen Zeit wäre und sich mein Sinn nach zehn Monaten rührigen Londoner Lebens auf einen Urlaub, auf Ruhe, Abwechslung und Vergessen der schweren, gesellschaftlichen Bürde richtete, er im Anblick der kleinen Pfade von Ilfracombe, der Schilder, des Penny-Obolus und der von alten Damen und Schafen beeinträchtigten Einsamkeit eher weniger Anregung als notwendig finden dürfte. Ich fragte mich, ob eine Abwechslung, so vollkommen, daß sie heilsam wirkt, nicht etwas Pfadloseres, Müßigeres, dem tiefen Busen der Natur, an den der überarbeitete Geist mit leidenschaftlicher Sehnsucht zurückkehrt, weniger Abgerungenes voraussetzt; etwas schließlich, das in mäßiger Entfernung von New York oder Boston aus erreichbar ist. Ich muß hinzufügen, daß ich es auch aus den ästhetischsten Gründen nicht übers Herz bringe, Einwände gegen das sehr schöne und ausgezeichnete Gasthaus von Ilfracombe zu erheben, wo man, was diejenigen meiner Leser, die zufällig gerade tatsächlich mit der Frage des ›Wohin bloß‹ ringen, interessieren mag, zu einem Preis von zehn Shilling pro Tag, und das sehr gut, *en pension* wohnen kann. In diesem Hause schloß ich Bekanntschaft mit jener seltsamen Frucht der Zeit, dem insularen *table d'hôte*, aber ich bekenne, daß ich getreu der Gewohnheit eines für den *arrière-pensée* aufgeschlossenen Touristen einen lebhafteren Eindruck von den Gesprächen und Gesichtern als von unseren Braten und Beilagen zurückbehalten habe. Hier stellte ich, wie schon oft, fest (die Wahrheit wurde vielleicht nie gebührend anerkannt), daß kein Volk sich die vorübergehende Aufhebung eines ungeschriebenen gesellschaftlichen Gesetzes so eifrig zunutze macht wie die Engländer. Ein *table d'hôte*, als etwas gleichsam Anormales und Experimentelles, endete offenkundig in einer völligen Umkehrung der vermeintlichen nationalen Charakterzüge. Das Gespräch war allumfassend – beinahe tumultuarisch; alten Legenden und ironischen Bemerkungen über das insulare Leichenhaus schien der Boden wegzubröckeln. Welches gesellschaftliche, welches psychologische Erdbeben hatte sich in unserer Zeit ereignet?

Dies sind indes magere Erinnerungen verglichen mit denen, die sich um jenen Ort der Lieblichkeit ranken, der hier als Lynton bekannt ist. Ich fürchte, daß ich vielleicht wie ein bloßer berufsmäßiger Schwärmer anmute, wenn ich erkläre, wie abgedroschen mir beinahe jeder, in beschreibender Absicht auf Lynton angewandter Begriff erscheint. Das kleine Dorf thront auf der Flanke einer der großen Bergklippen, die die ganze Küste zieren, und am Rande einer wunderschönen Schlucht, durch die ein breiter Wildbach von den großen Mooren, deren mit Heidekraut bekrönte Wellen sich purpurn am Binnenhimmel erheben, herabschäumt und -stürzt. Darunter, dicht neben dem Strand, wo der kleine Bach auf die See trifft, liegt das Schwesterdorf Lynmouth. Während ich auf der Brücke stand, die den Strom überspannt, und auf die steinernen Rücken und Grundmauern und das überwuchernde Gartengrün bestimmter kleiner, grauer, alter Häuser sah, die ihre Füße hineintauchen, und dann hinauf zu dem zarten Grün von Zwergeiche und Farn, auf die Farbe von Stechginster, Besenginster und Adlerfarn, die die Flanken der Hügel erklimmen und sie wie

Miniaturberge barhäuptig der Sonne überlassen – deutete ich eine unnatürliche Bläue in die Nordsee hinein, und das Dorf darunter nahm die Anmut eines der hundert Weiler der Riviera an. Das kleine Schloßhotel zu Lynton ist ein dem höchsten Frieden so geweihter Ort – dem Frieden, mit einem Buch im Terassengarten zwischen blühenden Pflanzen von aristokratischer Größe und Rarheit zu sitzen und dem schönsten Farbenspiel der ganzen Natur, dem leuchtenden Rot und Grün der großen Klippen jenseits der kleinen Hafenmündung zuzusehen, wie sie den lieben langen Tag von Schattierung zu Schattierung und unbeschreiblichem Ton zu Ton wechseln und übergehen und verschmelzen –, daß mir ist, als würde ich ihm eher einen schlechten als einen guten Dienst erweisen, indem ich ihm zu Bekanntheit verhelfe. Es ist fürwahr ein sehr tiefer und sicherer Schlupfwinkel, und ich habe nie einen gekannt, wo bezahlte Gastlichkeit ein uneigennützigeres Lächeln zur Schau trug. Lynton ist natürlich ein hervorragender Ausgangspunkt für Ausflüge, von denen ich nur für zwei oder drei Zeit hatte. Keiner ist schöner als ein schlichter Spaziergang entlang der durchlaufenden Wand der Klippen zu einer einzigartigen, felsigen Erhebung, deren merkwürdige Säulen und Gewölbepfeiler aus Stein ihr den Namen ›das Schloß‹ eingebracht haben. Es hat eine phantastische Ähnlichkeit mit einer altersgrauen, mittelalterlichen Ruine, mit von Seevögeln bewohnten, zerbröckelnden Türmen und klaffenden Kammern. Das Licht des Spätnachmittags hatte zu dieser Jahreszeit die Eigenart, bis einige Stunden vor Mitternacht zu verweilen; und von den zauberischen Momenten des Reisens in England sind mir keine erinnerlich, die einen lebhaft poetischeren Anflug gehabt hätten als ein paar Abende, die ich in Gesellschaft der langsam hereinbrechenden Dunkelheit und der kurzen, durchdringenden Schreie der Seemöwen auf dem Gipfel dieser beinahe legendären Felsmasse verbrachte. Es gibt Orte, deren bloßer Anblick eine Geschichte oder ein Lied ist. Diese zerklüftete, von Zinnen gekrönte Küstenwand mit dem felsübersäten Tal dahinter, die dumpfe Ruhe der ungebrochenen Gezeiten am furchteinflößenden Fuß der Klippen (wo sie sich in niedrige Seehöhlen aufteilen und Pfeiler und Sockel für das phantastische Bildwerk ihrer Gipfel bilden) bewog einen zu übermütigen Erinnerungen und Ausbrüchen, zur Besinnung auf irgendeine Zeichnung von Gustave Doré (aus seiner guten Zeit), die eine Vorahnung dieser Stelle war und einen unter einem Stein nach seiner Signatur suchen ließ, oder besser noch – vor lauter Begeisterung und Erlösung – zum neuerlichen Deklamieren irgendeiner idyllischen Zeile von Tennyson, die einem in der eigenen, verarmten Vergangenheit im Sinn herumspukte und von den Verhältnissen zu sprechen schien, obgleich sie ihnen geographisch nicht entspricht.

Das letzte Stadium meines Besuches von Nord Devon war die lange Fahrt den wunderschönen Rest der Küste entlang und durch die reiche, pastorale Landschaft von Somerset. Das ganze umfassende Schauspiel, das in einem fremden Land zur anheimelnden Musik der Peitsche eines Postillons zu sehen man sich erträumt, erblickte ich auf dieser herrlichen Fahrt – luftiges Hochland, in das warme Blau-Braun von Heidekraut-Büscheln gekleidet wie in rostrote Mäntel,

49

kleine Baien und Buchten, die sich in sanftem Bogen vor die Türen zusammengedrängter Fischerhütten schwingen, tiefe Weiden und ausgedehnte Wälder, Dörfer, strohgedeckt und von Spalieren umstanden, wie um einen Preis für Unwahrscheinlichkeit davonzutragen, Herrenhaus-Dächer, die über von Krähen heimgesuchte Alleen lugen. Ich sollte besonders eine Stunde erwähnen, die ich zu Mittag in dem Dorf Porlock in Somerset zubrachte. Hier wirkte das Dachstroh steiler und schwerer, die gelben Rosen an den Katenwänden dem bröckelnden Putz geschickter angepaßt, die dunklen Innenräume mit den offenen Türen wunderlich malerischer als anderswo; und während ich, solange die Pferde ruhten, in der kleinen, kühlen, mit einem alten Fachwerkturm versehenen, von Eiben beschatteten Kirche zwischen der hochlehnigen herrschaftlichen Bank und dem lädierten Grab eines Kreuzritters und seiner Dame umherschlenderte und dem einfältigen Geplapper eines blauaugigen, alten Sakristans zuhörte, der mir zeigte, wo er als Junge in ärmlichen Kordhosen seinen Namen in die Brust der ruhenden Dame eingeritzt hatte, schien es mir, daß dies endlich das alte England sei und daß ich im nächsten Moment Sir Roger de Coverley* den Mittelgang heraufmarschieren sehen würde. Freilich bräuchte ich, um dies alles angemessen zu schildern, nichts geringeres als die Feder von Mr. Addison.**

---

* Mitglied eines imaginären Clubs im *Spectator*. Sir Roger ist der typische Landedelmann zur Zeit der Herrschaft von Queen Anne. (Anm. d. Übers.)
** Joseph Addison (1672–1719), engl. Staatsmann und Schriftsteller. (Anm. d. Verl.)

Das Erfreulichste im Leben ist ganz zweifellos das Erfreuliche, das einen überrumpelt – obschon ich bei meiner Ankunft in Wells überhaupt nur infolge eines leichtfertigen Mangels an Kenntnissen hatte überrumpelt werden können. Ich wußte ganz allgemein, daß diese alte, kleine Stadt eine große Kathedrale vorzuweisen hatte, doch ich war weit davon entfernt, die Intensität des Eindrucks zu ahnen, der mich erwartete. Das ungeheuer Beherrschende der beiden Münstertürme, während man sie aus dem herannahenden Zug über den zu ihren Füßen zusammengedrängten Häusern sieht, vermittelt einem in der Tat eine Andeutung ihres Charakters, gibt zu verstehen, daß die Stadt überaus geheiligt ist; aber ich kann dem Reisenden kein größeres Glück wünschen, als am frühen Abend mit einem ebenso großen Vorrat an Unkenntnis wie dem meinen loszuschlendern und sich eine Stunde voller Entdeckungen zu gönnen. Ich logierte am Rande des Kathedralenrasens und mußte nur durch eines der drei Prioreitore, die ihm umgeben, hindurchgehen und das grasige Oval überqueren, um vor einer Münsterfassade zu stehen, die zu den ersten drei oder vier in England zählt. Die Kathedrale von Wells ist insofern ungemein vom Glück begünstigt, als man sich ihr über diese weite, grüne Fläche nähert, auf der der Betrachter nach Herzenslust verweilen, hin- und herschlendern und seinen Standort wechseln kann. Der Betrachter, der nicht zögert, von seinem Privileg auf grenzenlose Verwöhnheit Gebrauch zu machen, könnte sie freilich für

51

zu abgesondert erklären, um vollendet pittoresk zu sein – zu unkontrastiert mit der profanen Architektur der menschlichen Behausungen, für die sie zum Himmel fleht. Aber Wells ist genaugenommen keine Stadt mit einer Kathedrale als Hauptmerkmal; es ist eine Kathedrale, um deren Fuß sich eine kleine Stadt schart, die kaum mehr als eine Erweiterung ihrer geräumigen Einfriedung bildet. Allenthalben spürt man die Gegenwart der wunderschönen Kirche; der Ort scheint stets einen Beigeschmack von Sonntagnachmittag zu haben; und man stellt sich jedes Haus als von einem Kanonikus, Pfründner oder Kantor bewohnt vor, mit ›Hinterkammern‹, die für Chorknaben und Küster Sorge tragen.

Die große Fassade ist nicht so sehr wegen ihrer Ausdehnung als wegen ihrer kunstvollen Eleganz bemerkenswert. Sie besteht aus zwei großen, abgestumpften Türmen, auseinandergerückt durch ein breites Mittelstück, das neben seinem reichen Gitterwerk von Statuen drei schmale Lanzettfenster aufweist. Die Statuen dieser riesigen Front sind der ganze Stolz der Kathedrale. Sie zählen mit den seitlichen Figuren der Türme nicht weniger als dreihundert; es wirkt wie mit dem Meißel dicht bestickt. Die Figuren sind in aufeinanderfolgenden Nischen entlang von sechs senkrechten Säulenschäften angeordnet; die Mittelfenster werden von schmaleren Schäften eingerahmt und unterteilt, und die Wand über ihnen steigt zu einem von Spitztürmen bekrönten Maßwerk auf, das von zwei prächtigen, waagrechten Leisten gequert wird. Man füge ihnen ein dicht gewirktes Gesims von Bildern entlang der dem Scheitel der Seitenschiffe entsprechenden Linie und die

Schichtung hinzu, die den Schmuck der Türme zu beiden Seiten vervollständigt, und man erhält ein von einer wunderlichen theologischen Ordnung bestimmtes und in seiner Vollständigkeit beeindruckendes Bildergefüge. Viele der kleinen, hoch untergebrachten Standbilder sind verstümmelt, und nicht wenige der Nischen sind leer, doch die Unbilden der Zeit reichen nicht aus, der vornehmen Gelassenheit des Gebäudes Abbruch zu tun. Die Unbilden der Zeit werden freilich tatkräftig beseitigt, denn die Vorderseite wird zum Teil durch ein schlankes Gerüst verdeckt. Die Stützpfähle und Laufstege sind von zierlichstem Bau und sehen tatsächlich so aus, als sollten sie keine schwerere Arbeit als das Anpassen von Nasen für entstellte Bischöfe und das Neuordnen der Gewandfalten sittenstrenger, von den Jahrhunderten aus der Fasson gebrachter Königinnen erleichtern. Das Allerschönste an der Kathedrale von Wells ist meiner Ansicht nach nicht der mehr oder weniger sichtbare Detailreichtum, sondern ihr einzigartig bezaubernder Farbton. Vom Scheitel bis zur Sohle bekleidet sie ein gleichmäßiges, nüchternes, mausfarbenes Grau, das sich nirgendwo zum melancholischen Schwarz der vielgepriesenen, wahrhaft romantischen Gotik vertieft, doch bislang auch noch nichts von der fleckigen Helligkeit der Erneuerung aufweist. Es ist wunderbar, daß die großen Türme von ihrer luftigen Warte nirgendwo einen Fabrikschornstein sehen – jene wolkenballenden Säulen, die so oft den Zauber der sanftesten englischen Horizonte zunichte machen; und die allgemeine Atmosphäre von Wells schien mir aus irgendeinem Grunde eigentümlich leuchtend und lieblich. Die Kathedrale ist nie von der moralischen Malaria einer Stadt mit einem eigenständigen weltlichen Leben verfärbt worden. Wenn man von ihrem Portal zurückweicht und über den offenen Rasen davor blickt, der von der sanftgrauen Dekanei und den anderen, kaum weniger stattlichen Behausungen gesäumt wird, die mit ihren behaglichen Fronten die reiche Achtbarkeit der Kirche widerzuspiegeln scheinen, und dann wieder auf zu der der schönen, klargetönten Gebäudemasse, so mag man sie sich weniger als Tempel für die Bedürfnisse des Menschen denn als Monument seines Stolzes vorstellen – weniger als Hürde für die Schäflein denn für die Hirten; als sichtbares Zeichen dafür, daß außer der eigentlichen Auswahl himmlischer Throne stets auch ein ›volles Sortiment‹ gepolsterter Kathedralenstühle vorrätig ist. In der Kathedrale wird dieser Eindruck nicht geschmälert. Das Innere ist riesig und wuchtig, aber es fehlt ihm an Beiwerk – das Beiwerk von Grabmälern, Reliquienschreinen und Kapellen –, und es ist zu strahlend erleuchtet, um von pittoreskem – im Unterschied zum streng architektonischen – Reiz zu sein. In letzterem Punkt hat es, glaube ich, große Bedeutung. Was mich selbst angeht, so kann ich es mir nur so vorstellen, wie ich es eines heißen Sonntags während der Nachmittagsandacht von meinem Platz im Chor aus sah. Der Bischof saß mir gegenüber, in einem stattlichen, gotischen Alkoven thronend und angetan mit seinem karminroten Beffchen, seinen Batistärmeln und seinen lavendelfarbenen Handschuhen; die Kanoniker lehnten, in wieder anderen priesterlichen Gewändern, dem Range nach in den geschnitzten Kirchenstühlen, und die spärliche Gemeinde säumte den breiten Mittelgang. Aber wiewohl spärlich, war die

Gemeinde erlesen; sie war ausnahmslos schwarz gewandet, behaubt und behandschuht. Sie hatte kurzum einen intensiven Beigeschmack jener unerbittlichen Vornehmheit, die die Engländer mit ihren Hauben und Kastorhüten aufsetzen und die mich – der ich bloß künstliche Geschmacksrichtungen koste – mit so etwas wie liebevoller, rückschrittlicher Erinnerung an jene beseelten Lumpenbündel erfüllte, die man in den Kirchen Italiens knien sieht. Doch selbst hier kam ich als Schmecker von Geschmäcken auf meine Kosten. Das kommt man immer, wenn man sich in England vertrauensvoll genug auf das Gebiet des Nebensächlichen wirft. Vor und neben mir saß eine Reihe schicklichster junger Männer, gekleidet in schwarze Gewänder und auf den Schultern lange, mit weißem Pelz abgesetzte Kapuzen tragend. Wer und was sie waren, weiß ich nicht, denn ich zog es vor, es nicht zu erfahren, aus Furcht, daß sie zufällig doch nicht so mittelalterlich waren, wie sie aussahen.

Noch mehr kam meine Phantasie bei der einzigartigen Wunderlichkeit des als Vicar's Close bekannten Bereichs auf ihre Kosten. Er schließt sich unmittelbar an den Cathedral Green an und man betritt ihn durch eines der massiven alten Torhäuser, die ein so auffälliges Element der kirchlichen Ausstattung von Wells bilden. Er besteht aus einem schmalen, länglichen Hof, der auf jeder Seite von dreizehn Wohnungen begrenzt wird und mit einer baufälligen kleinen Kapelle abschließt. Hier wohnte früher eine Kongregation minderer Priester, die im dreizehnten Jahrhundert gegründet wurde, um für die Kanoniker Kuratenarbeit zu leisten. Die kleinen Häuser sind sehr modernisiert; doch haben sie ihre hohen Schornsteine mit gemeißelten Tafeln an der Vorderseite, ihre altehrwürdige Gedrängtheit und Gefälligkeit und ein gewisses leicht weihevolles Gepräge, wie von Klosterzellen, beibehalten. Der Ort ist auf allerliebste Weise von einer anderen Welt und Zeit, und als ich mich ihm im ersten Dämmer des Zwielichts näherte, wirkte er auf mich in seiner übertriebenen Perspektive wie eine jener herkömmlichen, auf der Bühne dargestellten Straßen, durch deren unmögliche Fluchten die Helden und Konfidenten romantischer Komödien Arm in Arm einherstolzieren und mit Heldinnen, die in Fenstern im zweiten Stock sitzen, verliebte Gespräche führen. Doch wenngleich Vicar's Close eine durchaus merkwürdige Geschichte ist, ist der ganze Stolz von Wells sein Bischofspalast. Der Palast verliert nichts, wenn man ihn zum erstenmal im freundlichen Zwielicht sieht und sich ihm unvorbereiteten Sinnes nähert. Um ihn zu erreichen, tritt man (es sei denn, man geht vom Inneren der Kathedrale durch den Kreuzgang) durch einen weiteren, alten Torweg vom Anger auf den Marktplatz, und von dort durch sein eigenes, eigentümliches Portal wieder zurück. Mein erster, flüchtiger Eindruck davon hatte die ganze Glückseligkeit eines *coup de théâtre*. Ich sah im dunklen Bogengang eine gleichzeitig von Baumschatten verdunkelte und von Wasserglitzern hervorgehobene Einfriedung. Das Bild war dieser liebenswürdigen Verheißung wert. Sein Hauptmerkmal ist die kleine, von grauen Mauern umgebene Insel, auf der der Palast steht, der im feudalen Stil aus einem breiten, klaren Burggraben aufragt, von runden Türmen flankiert wird und über eine richtige Zugbrücke zugänglich ist.

Entlang der Außenseite des Grabens verläuft ein kurzer Weg unter einer Reihe pittoresk verwachsener Ulmen; Schwäne und Enten tummeln sich auf dem Bach und kräuseln die Schatten der aus den bischöflichen Gärten herüberwuchernden Pflanzen und der auf den altehrwürdigen Zinnen sitzenden Unmengen von Goldlack. Am Abend meines Besuches waren auf einem großen, abfallenden Feld hinter dem Palast die Heumacher bei der Arbeit, und der süße Duft des geschnittenen Grases in der dämmrigen Luft schien alles zu sein, was noch fehlte, um die Szene für immer im Gedächtnis festzuhalten. Jenseits des Grabens und innerhalb der grauen Mauern residieren Seine Bischöfliche Gnaden im allerschönsten Sitz seiner Art. Das Herrenhaus stammt aus dem dreizehnten Jahrhundert; doch so stattlich es als Wohnsitz auch ist, nimmt es auf seinem eigenen Grund und Boden doch nur einen untergeordneten Platz ein. Dessen großer Schmuck ist die wuchtige Ruine eines von einem schwelgerischen, mittelalterlichen Bischof errichteten und während der Reformation mehr oder weniger zerstörten Bankettsaals. Mit seinen immer noch vollendeten Türmen und schönen, wohlgeformten, mit jenen vom englischen Klima so kräftig gewobenen, grünen Gobelins verhangenen Fenstern bildet es ein Relikt, das es wert ist, hinter einer befestigten Mauer weggeschlossen zu sein. Ich habe unter meinen Eindrücken von Wells neben diesem Bild des vom Graben umgebenen Palastes ein halbes Dutzend Erinnerungen der romantischen Art, die zu umschreiben mir der Raum fehlt. Der klarste Eindruck ist vielleicht der der schönen Kirche St. Cuthbert, aus der gleichen Zeit wie die Kathedrale und in weitgehend dem gleichen, elegant gemäßigten, frühenglischen Stil. Sie trägt einen der hoch emporstrebenden Türme, für die Somersetshire zu Recht berühmt ist, wie man vom Zugfenster aus sehen kann, wenn man an seinen beinahe kopflastigen Weilern vorbeirollt. Die schöne, alte Kirche, umgeben von ihrem grünen Friedhof und groß genug, um eindrucksvoll zu sein, ohne zu groß zu sein (nach meinem Empfinden ein beträchtlicher Vorzug), um von einem beklagenswert unarchitektonischen Blick leicht erfaßt zu werden, trug einen ursprünglichen, englischen Ausdruck, dem gewisse ärmliche Gestalten im Vordergrund ein zusätzliches Glanzlicht aufsetzten. Am Rande des Kirchhofs stand ein Haus mit niedrigem Giebel, vor dem vier alte Männer zur Abendzeit schwatzten. In die Vorderseite des Hauses war ein alter Alkoven aus Stein eingelassen, der in drei flache, kleine Sitze unterteilt war, deren zwei von außergewöhnlichen Exemplaren der Hinfälligkeit eingenommen wurden. Einer dieser betagten Armen hatte eine gewaltige, vorspringende Stirn und saß mit gedankenvoller Miene da, den Kopf mühsam zwischen die verkrümmten Schultern gezogen und die Beine über seiner Krücke liegend. Der andere war rosig, mit trüben Augen und fürchterlich mit Schnupftabak besudelt. Ihre Stimmen waren so schwach und greisenhaft, daß ich sie kaum verstehen konnte und nur eben die Antwort auf meine Frage, wer und was sie seien, zu vernehmen vermochte – »Wir sind aus Still's Armenhaus, Sir.«

Nachgerade eine der Hauptsehenswürdigkeiten von Wells (und nur fünf Meilen davon entfernt) ist die Ruine der berühmten Abtei von Glastonbury, über die

Heinrich VIII., um es mit heutigen Worten auszudrükken, so fürchterlich hergefallen ist. Die altehrwürdige
Pracht der Architektur hat nur in verstreuten und
spärlichen Fragmenten zwischen Einflüssen von recht
unstimmiger Art überdauert. Es war Viehmarkt in der
kleinen Stadt, als ich die Hauptstraße hinaufging, und
ein Geruch nach Huftier und Fell schien mich durch das
einfache Labyrinth der alten Bögen und Pfeiler zu
begleiten. Sie nehmen einen großen Hinterhof dicht
hinter der Straße ein, in den man höchst prosaisch von
einer jungen Frau eingelassen wird, die ein Pförtchen
hütet und Eintrittskarten verkauft. Das Fortbestehen
der Tradition ist indes nicht gänzlich unterbrochen,
denn die kleine Straße von Glastonbury hat ein recht
altertümliches Aussehen, und mindestens eines der
Häuser muß den letzten Abt auf seinem Maultier haben
ausreiten sehen. Das kleine Gasthaus hat ungemein viel
Charakter, und während ich unter seinem niedrigen,
dunklen Bogengang auf den Pferdebus wartete (möglicherweise in etwa in der Stimmung, in der einmal in
Coventry ein Zug erwartet wurde) und zusah, wie das
Schankmädchen aus der finsteren Küche und zwischen
den herumlümmelnden jungen Bewunderern von Foh-
len, Stieren und Schankmädchen hindurch hin- und
herflatterte, hätte ich mir einbilden können, das lustige,
gemütliche England der Tudors sei nicht völlig vergan-
gen. Ein wunderschönes England muß es zudem gewesen sein, wenn es viele solcher Abteien wie Glastonbury
enthielt. Was von den verfallenen Säulen, Portalen und
Fenstern noch geblieben ist, ist von bewunderungswürdiger Gestalt und Ausführung. Die Torwege sind
reich an Randornamenten – und zwar häufig Ornamen-

ten innerhalb von Ornamenten; denn die zierlichen Kräuter und Wildblumen umklöppeln das altwehrwürdige Flechtwerk mit ihren hellen Arabesken und vertiefen das Grau der Steinmetzarbeit, wie jenes sie heller blühen läßt. Die tausend Blumen, die in englischen Ruinen wachsen, verdienen ein Kapitel für sich. Als Betrachter schulde ich ihnen viel Genugtuung, aber ich bin zu wenig Botaniker, um es ihnen in ihrer Münze zu vergelten. In England schien es mir oft, daß die reinste Freude an Architektur sich in den Ruinen großer Gebäude einstellte. Im erhaltenen Gebäude ist man selten sicher, daß der Eindruck schlicht architektonisch ist: er ist mehr oder weniger malerisch und romantisch; er hängt teils von Gedankenverbindungen und teils von verschiedenen Zutaten und Einzelheiten ab, die, wie stimmig sie auch in den architektonischen Gedanken eingewoben sein mögen, nicht zu seinem Wesen und seinem Geist gehören. Doch insofern bauliche Schönheit Schönheit von Linie und Kurve, Gleichgewicht und Stimmigkeit von Massen und Abmessungen ist, habe ich sie selten so tief genossen wie auf dem grasigen Boden eines verfallenden Kirchenschiffs, vor einsamen Säulen und leeren Fenstern, wo die Wildblumen ein Gesims und die vorbeiziehenden Wolken ein Dach bildeten. Die Künste hängen gewiß darin zusammen, was sie für uns tun. Die altersgrauen Überreste von Glastonbury erinnerten mich in ihrer gebrochenen Beredtheit an eine der anderen, großen Ruinen der Welt – *Das letzte Abendmahl* von Leonardo. Ein wunderschöner Schatten ist in beiden Fällen alles, was geblieben ist; aber dieser Schatten ist die Seele des Künstlers.

Die Kathedrale von Salisbury, zu der ich nach meiner

Abreise aus Wells pilgerte, ist das genaue Gegenteil einer Ruine, und man findet sein Vergnügen dort aus ganz anderen Gründen, als ich sie gerade zu umreißen versuchte. Sie ist dank ihres wohlgeformten Turmes vielleicht die berühmteste, typische Kirche der Welt; doch der Turm ist so schlicht und augenfällig makellos, daß man, hat man ihn respektvoll zur Kenntnis genommen, die ästhetische Analyse vorweggenommen hat. Ich hatte ihn schon einmal gesehen und bewunderte ihn von Herzen, und vielleicht hätte ich ebensogut daran getan, meine Bewunderung ruhen zu lassen. Ich bekenne, daß er mir bei nochmaliger Besichtigung ein kleines bißchen *banal* erscheinen wollte, ja sogar *bête,* wenn ich schon französisch rede, und ich begann zu überlegen, ob er nicht der gleichen Klasse von Kunstwerken angehört wie der Apollo von Belvedere oder die Mediceische Venus. Ich neige zu der Ansicht, daß, wenn ich in Sichtweite einer Kathedrale leben und bei meinem täglichen Kommen und Gehen auf sie treffen müßte, ich der schroffen Fassade von Exeter weniger überdrüssig würde als der lieblichen Vollkommenheit von Salisbury. Es gibt vom Temperament her Menschen, die sich an besonders makellosen Schönheiten leicht übersättigen, und die architektonische Wirkung der Kathedrale von Salisbury entspricht der physiognomischen von flachsblondem Haar und blauen Augen. Die anderen Sehenswürdigkeiten von Salisbury, Stonehenge und Wilton House, besuchte ich neuerlich mit ungeschmälertem Interesse. Stonehenge ist ein recht abgenutzter Pilgerschrein. Bei meinem früheren Besuch brachte eine Picknick-Gesellschaft auf den furchtgebietenden Altarstätten Trankopfer in Gestalt von

Bier dar. Aber das mächtige Geheimnis des Ortes ist durch gaffende Blicke noch nicht in Verlegenheit gekommen; und da diesmal keine Picknick-Teilnehmer da waren, blieb es uns überlassen, in tiefen Zügen seine Vieldeutigkeiten und Eindrücklichkeiten aufzunehmen. Es steht so einsam in der Geschichte, wie es auf der großen Ebene steht, deren vielfach abgetönte grüne Wellen, während sie sich davon wegwälzen, die Ebbe der Jahrhunderte zu symbolisieren scheinen, die es so einzigartig im Geheimnis zurückließen. Man mag hundert Fragen an diese roh behauenen Riesen richten, während sie sich in grimmiger Betrachtung ihrer gestürzten Gefährten vorbeugen; doch die Neugier erstirbt in der weiten, sonnigen Stille, die sie umhüllt, und das seltsame Monument wird mit seinen unausgesprochenen Erinnerungen schlicht ein herzergreifendes Bild in einem Land voller Bilder. Es ist freilich ungeheuer verschwommen und ungeheuer tief. Aus der Entfernung sieht man es in einer flachen Einbuchtung der Ebene stehen, und es wirkt kaum größer als eine Gruppe Kegel auf einer Bowling-Bahn. Ich kann mir vorstellen, einen ganzen Sommertag lang dazusitzen und zuzusehen, wie seine Schatten kürzer und wieder länger werden, und einen köstlichen Vergleich zwischen der Dauer der Welt und der geringen Spanne individueller Erfahrung zu ziehen. Stonehenge hat etwas geradezu Nervenberuhigendes; falls man zu der Auffassung neigt, daß das Leben des Menschen eine recht dünne Oberfläche hat und daß wir den Dingen bald auf den Grund kommen, mögen die unvordenklich alten grauen Säulen für einen die pfadlosen Gewölbe unter dem Haus der Geschichte darstellen. Salisbury ist in der Tat reich an Altertümern. Wilton House, eine herrliche alte Residenz der Earls of Pembroke, enthält eine edle Sammlung griechischer und römischer Marmorbildwerke. Sie sind um einen bezaubernden Kreuzgang herum aufgestellt, der die Mitte des Hauses einnimmt, das auf höchst großzügige Weise vorgezeigt wird. Vom Kreuzgang geht eine Reihe Salons ab, behängt mit Porträts, hauptsächlich von Van Dyck und sämtlich von höchstem Wert. Unter ihnen nimmt, als der Van Dyck *par excellence,* die berühmte und groß-artige Gruppe der ganzen Familie Pembroke aus der Zeit James' I. den höchsten Rang ein. Dieses prächtige Werk hat jeden malerischen Vorzug – Gestaltung, Farbgebung, Eleganz, Kraft und Vollendung, und ich frage mich bis zur Stunde vergebens, was es braucht, um das schönste Stück Porträtmalerei der Welt zu sein, da es doch gewiß eines der anspruchsvollsten ist. Was ihm charakteristischerweise an einer gewissen unnach-giebigen Wahrhaftigkeit fehlt, macht es durch die wunderbare Würde seiner Stellung wett – ungerührt von dem stattlichen Haus, in dem sein Schöpfer ver-weilte und arbeitete, und vertraut den Nachkommen seiner edlen Modelle.

Ein englisches Ostern

I

Über die Engländer läßt sich – genau wie über den Kriegsrat in Sheridans Farce *Der Kritiker* von einem der Zuschauer der Probe – sagen, daß, wenn sie einmal einer Meinung sind, ihre Einmütigkeit wunderbar ist. Sie sind sich derzeit gerade höchst uneins, was die Machenschaften Rußlands, die Versäumnisse der Türkei, die Verdienste des Reverend Arthur Tooth, das Genie von Mr. Henry Irving* und viele andere Fragen angeht; aber weder jetzt noch zu irgendeiner anderen Zeit verfehlen sie, sich jenen gesellschaftlichen Regeln zu fügen, denen die Achtbarkeit ihr Siegel aufgedrückt hat. England ist ein Land merkwürdiger Anomalien, und das hat viel damit zu tun, daß es für ausländische Betrachter so interessant ist. Der nationale, der individuelle Charakter ist sehr ausgeprägt, sehr eigenständig, sehr anfällig für verblüffende Verschrobenheiten; und doch besitzt er gleichzeitig mehr als jeder andere die besondere Gabe, sich mit Brauch und Sitte in Einklang zu bringen. In keinem anderen Land, denke ich mir, finden sich soviele Menschen, die gleichzeitig auf gleiche Art das gleiche tun – und dabei die gleiche Ausdrucksweise benutzen, die gleichen Hüte und Krawatten tragen, die gleichen Porzellanteller sammeln, das gleiche Tennis oder Polo spielen, die gleiche Bühnenschönheit bewundern. Die Eintönigkeit eines solchen

* Sir Henry Irving (1838–1905), engl. Schauspieler. (Anm. d. Verl.)

Schauspiels würde bald bedrückend werden, wäre der ausländische Betrachter sich nicht der in den Darstellern schlummernden Fähigkeit zu großer Handlungsfreiheit bewußt; er findet sehr viel Unterhaltendes in der Überlegung, wie sie die herkömmliche Insularität des Privatmenschen mit diesem unaufhörlichen Tribut an die Gepflogenheit versöhnen. Natürlich wird der Gepflogenheit in allen zivilisierten Gesellschaften ständig Tribut gezollt; wenn das in Amerika weniger augenfällig ist als anderswo, so liegt es, glaube ich, nicht daran, daß die Unabhängigkeit des einzelnen größer ist, sondern daran, daß Gepflogenheiten sich spärlicher herausgebildet haben. Wo Sitte festzustellen ist, folgen die Menschen ihr gewiß; doch auf einen eindeutigen Präzedenzfall im amerikanischen Leben kommen fünfzig im englischen. Ich bin weit davon entfernt, das Geheimnis entdeckt zu haben; ich habe nicht im mindesten erfahren, was aus jener explosiven, persönlichen Kraft im englischen Charakter wird, der von gesellschaftlicher Anpassung zusammengepreßt und eingezwängt wird. Ich betrachte einige Äußerungen des Geistes der Anpassung mit einer gewissen Ehrfurcht, doch die gärenden Eigenarten darunter sind meinem Blick verborgen. Das auffälligste Beispiel für die Macht der Sitte in England ist in den Augen des Ausländers gewiß der allgemeine Kirchgang. Der Anblick, wie der Engländer sonntags morgens von Tee und Toast aufsteht, seinen Hut abbürstet, seine Handschuhe anzieht, seine Frau beim Arm nimmt, seine Sprößlinge vorausmarschieren läßt und sich so, um des Anstandes, der Achtbarkeit, der Schicklichkeit willen, zu einer Stätte der vom Staat festgelegten Gottesverehrung begibt, in der er die Formeln eines Glaubens nachspricht, dem er keinen bestimmten Sinn zuordnet, und einer Predigt lauscht, über deren Länge er ausgiebig schimpft und murrt – diese Schaustellung hat für einen Fremden etwas sehr Eindrucksvolles, etwas, von dem er kaum weiß, ob er es als große Stärke oder große Oberflächlichkeit einschätzen soll. Alles in allem neigt er dazu, das Schauspiel für erhaben zu erklären, denn es vermittelt ihm das Gefühl, daß, wann immer es für ein in diesen Manövern geschultes Volk nötig werden sollte, zusammen nach einer gemeinsamen Richtschnur vorzugehen, es das Zeug dazu hat, dies mit ungeheurem Nachdruck und Zusammenhalt zu tun. Wir hören sehr viel davon, wie das preußische Militärsystem dazu beigetragen hat, das deutsche Volk zu festigen und für einen bestimmten Zweck verfügbar zu machen; doch ich halte es wirklich nicht für abwegig zu behaupten, daß die militärische Pünktlichkeit, die die englische Observanz des Sonntags charakterisiert, in gleicher Weise beurteilt werden sollte. Eine Nation, die eine so harte Schule durchgemacht hat, wird gewiß davon geprägt worden sein. Und hier handelt es sich, wie beim deutschen Militärdienst, wirklich um die ganze Nation. Wenn ich gerade vom Paterfamilias und seiner *entourage* sprach, so wollte ich die Feststellung damit nicht auf ihn beschränken. Die jungen, unverheirateten Männer gehen zur Kirche, die fröhlichen Junggesellen, die unverantwortlichen Mitglieder der Gesellschaft. (Das letzte Epitheton darf nicht so wörtlich genommen werden. Niemand in England ist buchstäblich unverantwortlich; so läßt sich vielleicht am bündigsten das Gefühl ihres Zusammenhalts ausdrücken, das ein

Fremder, und gewiß ein Amerikaner, empfindet. Anzugeben, was es denn sei, dem die Menschen verantwortlich sind, ist natürlich eine beträchtliche Erweiterung der Frage: kurz gesagt, den gesellschaftlichen Erwartungen, der Schicklichkeit, der Moral, der ›Position‹, dem herkömmlichen englischen Gewissen, das schließlich ein so mächtiger Faktor ist. Bei uns gibt es unendlich weniger Verantwortung; aber es gibt, glaube ich, auch weniger Freiheit.)

Wie das Beispiel der wohlhabenderen Klassen sich den weniger wohlhabenden aufdrängt, läßt sich natürlich an unbedeutenderen Dingen als dem Kirchgang feststellen; an sehr vielen Dingen, die zu erwähnen trivial erscheinen mag. Ist man auf Beobachtung aus, ist allerdings nichts trivial. Und so darf ich die Gewohnheit anführen, die Dienstboten beim Frühstück aus dem Zimmer zu verbannen. Das ist der Brauch, und dementsprechend fügt sich ihm in England landauf, landab jeder, der den geringsten Anspruch erhebt, hoch genug zu stehen, um zu spüren, woher der gesellschaftliche Wind weht. Er ist für die bei Tisch Sitzenden lästig, unnatürlich, beschwerlich, er hat zur Folge, daß man sich ungemein vorbeugen und strecken, warten und umherlaufen muß, und er hat genau den Fehler, gegen den sich alle großen Bewegungen der englischen Geschichte richteten – er ist willkürlich. Aber er blüht trotz alledem, und alle vornehmen Leute, die einander mit der Verzweiflung der Vornehmen in die Augen sehen, ertragen ihn um der Vornehmheit willen. Mein Beispiel mag dürftig erscheinen, und ich bin aufrichtig, wenn ich sage, daß ich andere anführen könnte, die zu einem gewaltigen Kodex verbindlicher Gepflogenheiten gehören, dem eine Gesellschaft, der nach Temperament wie nach Erziehung in höchstem Maße das Gefühl für die ›unveräußerlichen‹ Rechte und Bequemlichkeiten des einzelnen eigen ist, sich anzupassen vermag. Ich will damit nicht sagen, die Gepflogenheit sei in England stets unbequem und willkürlich. Ganz im Gegenteil dürften nur wenige Fremde mit der (höchst angenehmen) Empfindung unvertraut sein, die darin besteht, in der Starrheit einer Tradition, die einen zunächst mechanisch anmutete, eine im historischen ›gesunden Menschenverstand‹ der Engländer vorhandene Vernunft zu erkennen. Die Empfindung ist häufig, obschon ich mit dieser Aussage nicht andeuten möchte, daß auch nur oberflächlich betrachtet etwas gegen die Gepflogenheiten der englischen Gesellschaft spräche. Es spricht beispielsweise nicht unbedingt etwas gegen die Sitte, von der ich beim Schreiben dieser Zeilen vornehmlich zu sprechen vorhatte. In London wird der Fremde vorgewarnt, daß zu Ostern alle Welt die Stadt verlasse und er, falls er nicht die Absicht habe, einem Schicksal überlassen zu bleiben, dessen allumfassender Schrecken seine Neugier halb reizt, halb abschreckt, auch besser Vorkehrungen für eine zeitweilige Abwesenheit treffe. Man muß einräumen, daß diese prompte, neuerliche Auswanderung eines Gemeinwesens, das erst eine Woche zuvor augenscheinlich viel Energie darauf verwendete, sich für die Saison einzurichten, etwas Unerwartetes hat. Die Hälfte davon ist erst unlängst vom Lande zurückgekehrt, wo sie den Winter verbrachte; sie hatte, so darf man annehmen, gerade nur Zeit, die verstreuten Fäden des Stadtlebens aufzunehmen. Gleich darauf jedoch werden die Fäden fallen gelassen, und die Gesellschaft zerstreut sich, als hätte sie einen Frühstart gehabt. Sie reist ab, während die Karwoche sich dem Ende zuneigt, und bleibt die folgenden zehn Tage fort. Wo sie hingeht, ist ihre Angelegenheit: ein Gutteil geht nach Paris. Von meinem dortigen Aufenthalt im vergangenen Winter entsinne ich mich noch, wie ich, als ich am Ostermontag erwachte und aus meinem Fenster sah, die Straße über Nacht von einer Art Schneefall von Bord gekommener Engländer bedeckt fand. Sie bereiteten anderen Menschen eine ungemütliche Woche. Der gewohnte Tisch im Restaurant, der ständige Platz im Théâtre Français, die übliche Droschke am Kutschenstand neigten sehr dazu, Entfremdung erlitten zu haben. Ich glaube, die Pilgerfahrt nach Paris nahm dieses Jahr die üblichen Ausmaße an; und man darf sicher sein, daß Leute, die nicht den Kanal überquerten, nicht ohne Einladungen in ruhige alte Häuser auf dem Lande waren, wo die blassen, frischen Himmelsschlüssel den dunklen Rasen aufzuhellen und der Purpurhauch der kahlen Baummassen sich hie und da grün zu tüpfeln begannen. In England ist das Landleben die Vorderseite, das Stadtleben die Kehrseite der Medaille, und wenn sich eine Gelegenheit ergibt, London zu verlassen, gibt es nur wenige Angehörige der von den Franzosen so genannten ›sorglosen Klasse‹, die nicht unter einer Sammlung fader, feuchter, grünender Erholungsorte auswählen können. Fade nenne ich sie, und ich bilde mir ein, nicht ohne Grund, wenngleich ihre Fadheit zu dem Zeitpunkt, von dem ich spreche, wohl von der ununterbrochenen Gegenwart des schneidendsten und lebhaftesten Ostwindes abgemildert wird. Selbst in den freundlichen englischen Landhäusern ist die Osterzeit eine Spanne der Rauheit und atmosphärischen Schärfe – der Moment, da die offene Feindseligkeit des Winters, der das Spiel endlich aufgeben muß, sich in Verdrießlichkeit und Bosheit verwandelt. Genau deshalb ist es, wie ich gerade sagte, willkürlich von den ›sorglosen‹ Menschen, sich zu den windgezausten Rasen und schaudernden Parks aufzumachen. Aber nichts ist für einen Amerikaner auffälliger als die Häufigkeit englischer Ferien und die Ausgiebigkeit, mit der man von Gelegenheiten zu einer ›kleinen Abwechslung‹ Gebrauch macht. All das zeugt für Amerikaner von dreierlei, das sie in spärlicherem Maße zugeteilt zu sehen gewohnt sind. Die Engländer haben mehr Zeit als wir, sie haben mehr Geld, und sie finden sehr viel mehr Gefallen an tätiger Muße. Muße, Vermögen und die Liebe zum Sport sind Segnungen, die man in der englischen Gesellschaft auf Schritt und Tritt antrifft. Das Parlament war erst wenige Wochen vor Ostern zusammengetreten, und dennoch war, vom verschwenderischen parlamentarischen Standpunkt aus, schon eine zehntägige Sitzungspause erforderlich. Binnen kurzem werden wir Pfingstferien haben, die, so wird mir gesagt, noch mehr als Ostern eine Zeit der Lustbarkeit sind, und von diesem Zeitpunkt bis zum Hochsommer, wenn alles zum Erliegen kommt, ist es eine unbeschwerliche Reise. Die Geschäftsleute und höheren Berufsstände nehmen in gleichem Maße an diesen angenehmen Zerstreuungen teil, und ich hörte mit Interesse eine Dame, deren Mann tätiges Mitglied der Anwaltschaft ist, sagen, daß, wenngleich er mit ihr für zehn Tage die Stadt verlasse und wenngleich Ostern eine sehr hübsche Abwechslung sei, sie sich während der späteren Feiertage, die Ende Mai anstünden, wirklich mehr amüsierten. Ich hielt das für höchst wahrscheinlich und bewunderte an ihrem Lebensweg einen derartigen Effekt von windgezaustem Licht und Schatten. Wenn mein Satz einen leicht ironischen Unterton hat, so ist das rein zufällig. Ein großer Appetit auf Ferien, die Fähigkeit, sie sich nicht nur zu nehmen, sondern auch zu wissen, was man, wenn man sie genommen hat, mit ihnen anfängt, ist das Kennzeichen eines unverwüstlichen Volkes, und nach diesem Maßstab beurteilt sind wir Amerikaner arg unbedarft. Was wir uns an Ferien nehmen, wird sehr oft in Europa genommen, wo bisweilen feststellbar ist, daß wir uns mit unserem Pivileg recht schwertun. In Anerkennung des englischen Gewerbefleißes (unser eigener bedarf keiner Komplimente) muß indes hinzugefügt werden, daß eben jenen sorglosen Klassen, von denen ich gerade sprach, in der Tat jede Sorge abgenommen wird. Die Anzahl der zu jeder Zeit und Saison für rein gesellschaftliche Zwecke verfügbaren Menschen ist unendlich größer als bei uns; und die Gewitztheit der unaufhörlich fortschreitenden Vorkehrungen, ihnen aus der Verlegenheit ihrer überreichlichen Muße zu helfen, ist ein in Amerika bislang unentwickelter Zweig der Zivilisation. Die jungen Männer, die sich in den graugrünen Kreuzgängen von Oxford auf die harte Wirklichkeit des Lebens vorbereiten, sind nur die Hälfte des Jahres verpflichtet, ihren Studien zu obliegen; und die rosigen kleinen Kricketspieler von Eton und Harrow werden für eine horrende Anzahl von Monaten auf das elterliche Heim losgelassen. Glücklicherweise ist das elterli-

che Heim höchstwahrscheinlich eine Affäre von Gärten, Rasen und Parks.

II

Die Passionswoche ist in London eindeutig eine asketi-
sche Zeit; es findet tatsächlich eine Annäherung an Sack
und Asche statt. Private Zerstreuungen werden einge-
stellt; die meisten Theater und Musikhallen sind geschlossen; die gewaltige, düstere Stadt scheint eine
noch traurigere Färbung anzunehmen, und über ihr
mächtiges Getöse legt sich halbherziges Schweigen. In
einem solchen Moment ist London für einen Fremden
nicht heiter. Im letzten Winter, um Weihnachten
herum, dort angekommen, traf ich auf drei britische
Feiertage hintereinander – ein Schauspiel, das auch dem
mannhaftesten Herzen einen Schrecken einjagt. Ein
Sonntag und ein ›Bankfeiertag‹ hatten sich, wenn ich
mich recht entsinne, mit einem Weihnachtstag zusammengetan und das verhängnisvolle Phänomen hervor-
gebracht, auf das ich anspiele. Ich verriet wohl eine
gewisse Besorgnis angesichts seines bedrückenden
Charakters, denn ich erinnere mich noch, daß man mir
in tröstendem Ton sagte, ich bräuchte mich nicht zu
fürchten; es sei erst wieder in einem Jahr fällig. Diese
Auskunft erhielt ich anläßlich jener überraschenden
Unterbrechung der Beziehungen mit der Wäscherin,
die für den Zeitraum augenscheinlich charakteristisch
ist. Man sagte mir, alle Waschfrauen seien betrunken,
und da sie einige Zeit bräuchten, um wieder zum Leben
zu erwachen, dürfe ich nicht auf Ersatz an ›frischen

Sachen‹ rechnen. Ich werde nie den Eindruck vergessen, den diese Äußerung auf mich machte; ich war gerade aus Paris gekommen, und sie ließ mich beinahe auf dem Absatz kehrtmachen. Eines der beiläufigen *agréments* des Lebens in letztgenannter Stadt hatte darin bestanden, daß an Samstagabenden eine bezaubernde junge Frau an meine Tür klopfte, am Arm einen großen, mit einer schneeweißen Serviette abgedeckten Korb und auf dem Kopf eine gerüschte und gefältelte Musselinhaube, die eine unwiderstehliche Werbung für ihre Kunst war. Zu behaupten, meine bewundernswerte *blanchisseuse* sei nicht angetrunken gewesen, ist im ganzen genommen ein zu plumpes Kompliment; aber ich war ihr stets dankbar für ihre rotbraune Wange, ihren freimütigen, ausdrucksvollen Blick, die Art, wie ihr die bezaubernde Haube auf dem gekräuselten, dichten Haar schwebte und das gutgeschnittene Kleid paßte und getragen wurde. Ich sprach mit ihr; ich *konnte* mit ihr sprechen; und während sie sprach, ging sie umher und breitete mit entzückender, sittsamer Unbefangenheit ihr Leinen aus. Dann trug ihr leichter Schritt sie wieder, redend, zur Tür, und mit einem noch strahlenderem Lächeln und einem »Adieu, monsieur!« schloß sie sie hinter sich und überließ einen dem Gedanken, wie dumm Vorurteile sind und was für ein poetisches Geschöpf eine Waschfrau sein kann. London war im Dezember bleigrau von Nebel und Graupelschauern, und vor diesem trostlosen Hintergrund bot sich mir der Anblick einer scheußlichen alten Frau mit rauchgrauer Haube, die der Länge nach in einer Whiskylache lag! Sie schien so etwas wie symbolische Bedeutung anzunehmen und verscheuchte mich beinahe.

Ich erwähne diese Lappalie, die meiner Seelenstärke zweifellos keine Ehre macht, weil ich feststellte, daß die mir erteilte Auskunft nicht genau zutraf und ich nach Ablauf von drei Monaten einer weiteren Phalanx von Londoner Feiertagen die Stirn bieten mußte. Bei dieser Gelegenheit jedoch ereignete sich nichts, was erneut das schreckliche Bild heraufbeschwor, das ich eben skizzierte, wenngleich ich der Beobachtung der Gebräuche der niederen Schichten sehr viel Zeit widmete. Von Karfreitag bis einschließlich Ostermontag waren sie sehr stark *en évidence,* und es bot sich eine ausgezeichnete Gelegenheit, einen Eindruck vom britischen gemeinen Volke zu bekommen. Die Vornehmen hatten sich in den Hintergrund zurückgezogen, und im West End waren alle Jalousien heruntergelassen; die Straßen waren frei von Kutschen, und wohlgekleidete Fußgänger waren rar; aber die ›Massen‹ waren alle aus dem Hause und nützten ihre Ferien weidlich aus, so daß ich umherschlenderte und ihnen bei ihrem ausgelassenen Treiben zusah. Die himmlischen Mächte waren höchst ungünstig gesonnen; doch bei einem englischen ›Ausgang‹ bleibt stets Spielraum dafür, bis auf die Haut naß zu werden, und in der ganzen riesigen, qualmigen Stadt zogen die schmutzigen Haufen mit so etwas wie wetterfestem Gleichmut unter der wechselhaften Düsterkeit des Himmels umher. Die Parks waren voll von ihnen, die Bahnhöfe überlaufen, das Ufer der Themse bedeckt. Die ›Massen‹ sind, glaube ich, normalerweise ein unterhaltsames Schauspiel, selbst wenn man sie durch das verzerrende Medium des schlechten Londoner Wetters beobachtet. Es gibt in der Tat wenige Dinge, die auf ihre Art eindrucksvoller sind als ein trüber Londoner Feiertag; er gibt einem so viele und so interessant verknüpfte Überlegungen ein. Selbst oberflächlich betrachtet ist die Hauptstadt des Empire eine der anziehendsten Städte, und vielleicht habe ich ihre Anziehungskraft bei solchen Gelegenheiten wie dieser am stärksten verspürt. London ist häßlich, düster, trübe, mehr als jede andere europäische Stadt bar jedes anmutigen und schmückenden Umstandes. Und wenngleich das gemeine Volk sich an Festtagen wie dem, von dem ich spreche, in großer Zahl an bestimmten Stellen ballt, sind viele Straßen so menschenleer, daß man den ihnen innewohnenden Mangel an Zauber wahrnehmen kann. Ein Weihnachtstag oder Karfreitag enthüllt die Häßlichkeit Londons. Während man die Straßen entlanggeht, ohne daß es andere Fußgänger anzuschauen gäbe, schaut man auf zu den von Ruß und Nebel angegriffenen, von ihren geraden, steifen Fensterschlitzen durchbrochenen und nach Art eines Gesimses mit einer kleinen, schwarzen, einer Lage Bordsteine ähnelnden Linie abgeschlossenen Hauswänden aus braunem Ziegelstein. Es gibt nicht eine schmückende Zutat, nicht einen Hauch von architektonischer Phantasie, nicht das kleinste Zugeständnis an die Schönheit. Wäre ich Ausländer, es würde mich rasend machen; da ich Angelsachse bin, sehe ich darin, was Thackeray in der Baker Street sah – einen herrlichen Beweis für die englische häusliche Tugend, für die Heiligkeit des britischen Heims. Es gibt Meilen und Abermeilen dieser erbaulichen Monumente, und es möchte scheinen, daß eine Stadt, die aus ihnen besteht, keinen Anspruch auf jene umfassendere Wirkung erheben darf, von der ich gerade eben sprach. London besteht indes nicht aus ihnen; es gibt architektonische Verbindungen von stattlicherer Art, und der Eindruck beruht überdies nicht auf Einzelheiten. London ist trotz der Einzelheiten malerisch – angefangen bei seinen dunkelgrünen, dunstigen Parks, der Art, wie das Licht aus seiner Wolkendecke herabsickert und -träufelt, dem weichen und satten Ton, den die Gegenstände, sobald sie zurückzuweichen beginnen, in einer solchen Atmosphäre annehmen. Nirgendwo gibt es ein solches Spiel von Licht und Schatten, ein solches Ringen von Sonne und Qualm, solche ätherischen Abtönungen und Verschmelzungen. Für Augen, die nach solchen Betrachtungen süchtig sind, ist das eine fortwährende Zerstreuung, und doch ist es noch nicht alles. Was die Wirkung der Stadt vollendet, ist ihre auf so vielerlei Weise, aber vor allem durch geballte Riesigkeit ausgeübte Anziehung auf die Gefühle. An jedem beliebigen Punkt wirkt London gewaltig; noch in den schmalsten Winkeln hat man ein Gefühl von seiner Gewaltigkeit, und unbedeutende Stellen gewinnen dadurch an Reiz, daß sie Teile eines so mächtigen Ganzen sind. Nirgendwo sonst ist soviel Menschenleben angehäuft, und nirgendwo drängt es sich einem mit so vielen Anregungen auf. Sie sind nicht alle von erhebender Art; ganz und gar nicht. Aber sie sind von aller möglichen Art, und das macht den Reiz Londons aus. Die, die während der verregneten Osterzeit am zwingendsten waren, gehörten zu den eher bestürzenden und niederdrückenden; doch selbst ihnen war ein hellerer Zug beigemischt.

Ich ging am Karfreitagnachmittag zur Westminster Abbey hinab – ging von Piccadilly durch den Green

Park und den von St. James. Die Parks waren dicht gefüllt mit dem gemeinen Volk – die älteren Leute schlurften auf den Wegen umher, und die armen, kleinen Kinder mit den schmierigen Gesichtern wuselten über den dunklen, klammen Rasen. Als ich bei der Abbey anlangte, fand ich um den Eingang herum eine dichte Menschenmenge, aber ich drängte mich durch sie hindurch, und es gelang mir, die Schwelle zu erreichen. Weiter vorzudringen war unmöglich, und ich darf hinzufügen, auch nicht wünschenswert. Ich steckte die Nase in die Kirche und zog sie prompt zurück. Die Menge war schrecklich dicht, und der Duft unter den gotischen Bögen war nicht der von Weihrauch. Ich gab es ganz allmählich auf, mit jenem sehr gemäßigten Gefühl der Enttäuschung, das man in London empfindet, wenn man wegen Platzmangels von irgendwo verdrängt wird. Das ist eine verbreitete Form der Gelassenheit, denn man lernt alsbald, daß es, selbstsüchtig gesprochen, zu viele Leute gibt. Das menschliche Leben ist wohlfeil; die Mitmenschen sind zu zahlreich. Wo immer man hingeht, macht man diese Beobachtung. Im Theater, bei einem Konzert, einer Ausstellung, einem Empfang, stellt man stets fest, daß vor der eigenen Ankunft schon Leute genug zur Stelle sind. Man paßt mit genauer Not in seinen Platz, wo immer man ihn findet; man hat zu viele Mitbeteiligte und Mitbewerber. Gelegentlich sieht man sich in Gefahr, von der menschlichen Persönlichkeit schlecht zu denken. Vielzahl verschluckt gewissermaßen Qualität, und daß man sich fortwährend anderer Ellbogen und Knie bewußt ist, erzeugt eine Sehnsucht nach der Wüste. Das ist der Grund dafür, warum der höchste

78

Luxus in England darin besteht, einen ›Park‹ zu besitzen – eine künstliche Einöde. Sich mitten in ein paar hundert Morgen eichenbestandenen Rasens zu versetzen und die Menge zumindest durch die Ausdehnung des grasigen Schattens fernzuhalten, heißt eine Wohltat genießen, die die Umstände besonders kostbar machen. Aber ich ging inmitten ›überreichlicher Herden‹ durch die profanen Gartenanlagen Londons zurück und hatte den optischen Gewinn, den ich stets aus einer großen englischen Menschenansammlung ziehe. Die Engländer sind in meinen Augen alles in allem so eindeutig die bestaussehenden Menschen Europas – wobei natürlich stets zu bedenken ist, daß wir, wenn wir von der Häufigkeit der Schönheit wo auch immer sprechen, von einer geringen, mehr oder weniger kleinen Menge sprechen –, daß es einiger Anstrengung der Vorstellungskraft bedarf zu glauben, der Augenschein bedürfe eines Beweises. Ich sehe niemals eine große Anzahl von ihnen, ohne diesen Eindruck bekräftigt zu finden; wenngleich ich mich beeile, hinzuzufügen, daß ich ihn in Gegenwart einer begrenzten Gruppe bisweilen arg erschüttert fand. Ich vermute, daß eine große englische Menschenmenge einen höheren Prozentsatz an ebenmäßigen Gesichtern und hochgewachsenen Gestalten erbringen dürfte als jede andere. Im Hinblick auf die Oberklasse wird dies wohl allgemein als erwiesen angesehen; aber ich möchte es mit allen Abstrichen auch auf das Volk als ganzes ausdehnen. Gewiß muß, wenn das englische gemeine Volk dem Beobachter ebenmäßig vorkommt, die Natur sich bei ihm fest an das höhere Ideal geklammert haben. Sie sind so schlecht gekleidet, wie die Bessergestellten gutgekleidet sind, und ihre Kleidung hat jene rußige Beschaffenheit, die nichts mit dem kontinentalen Gewand von Mühsal und Entbehrung gemein hat. Es ist die harte Prosa des Elends – eine häßliche und hoffnungslose Nachahmung eines gesellschaftsfähigen Aufzugs. Das wird besonders deutlich an den zerbeulten und verschmutzten Hauben der Frauen, die aussehen, als seien ihre Männer mit groben Nagelstiefeln darauf herumgestampft, als Hinweis darauf, was ihren Trägerinnen blühen könnte. Ferner ist es nicht übertrieben zu behaupten, daß zwei Drittel der Londonen Gesichter, wie die Straßen sie einem darbieten, in unterschiedlichem Grade die Spuren des Alkohols tragen. Der Anteil geröteter, purpurn verfärbter, mit Ausschlag behafteter Larven ist beträchtlich; für den Betrachter eine Quelle der Niedergeschlagenheit, die auch nicht dadurch gemindert wird, daß viele der so verunstalteten Gesichter offenkundig nach Grundsätzen hoher äußerer Anständigkeit entworfen worden sind. Große Nachsicht muß auch wegen der Menschen geübt werden, die den deutlichen Stempel jener körperlichen und geistigen Entwürdigung tragen, die von den Elendsquartieren und Randbezirken jenes düstersten der heutigen Babylons herrührt – die bleichen, verkümmerten, hergelaufenen und in jeder Hinsicht elenden Gestalten. Von diesen Menschen wimmelt es in jeder Londoner Menge, und ich wüßte nicht, wo sonst sie an einen ähnlichen Abgrund von Entwürdigung gemahnen. Doch wenn man solche Ausnahmen macht, bemerkt der Beobachter immer noch das Ausmaß und den Grad der Vollendetheit von Gesichtern, die Beständigkeit, wenn auch nicht immer die Feinheit, des Typus, die

Klarheiten und Symmetrien, die modellierten Stirnen, Wangen und Kinne und den ungeheuren Beitrag, den vor allem die Elemente der Gesichtsfarbe und des Wuchses zu diesem Eindruck leisten. Die Frage des Ausdrucks ist etwas anderes, und man muß, um sie zu erledigen, gleich einräumen, daß es dem Ausdruck hier im allgemeinen bis zur Befremdlichkeit an wahrnehmbarer Intensität fehlt, obgleich er bei den Frauen, und auf entzückende Weise bei den Kindern, häufig eine unbeschreibliche, scheue Zartheit hat. Es liegt mir indes am Herzen, hinzufügen, daß die Engländer, wenn sie denn ansehnlicher sind als wir, auch sehr viel häßlicher sind. Tatsächlich halte ich alle europäischen Völker für gehaltvoller häßlich als das amerikanische: wir sind weit davon entfernt, jene großartigen Typen von ausgefallenen Gesichtern hervorzubringen, wie sie auf gesellschaftlich üppigeren Böden gedeihen. Die amerikanische Häßlichkeit beruht eher auf körperlicher Unergiebigkeit und Dürftigkeit; die englische auf Überfülle und Ungeheuerlichkeit. In Amerika gibt es wenig groteske Gestalten; in England gibt es viele – und manche haben einen hohen bildnerischen, geschichtlichen, romantischen Wert.

III

Das Element des Grotesken fiel mir in der ausgeprägtesten Sammlung der schäbigeren englischen Typen, die ich seit meiner Ankunft in London gesehen hatte, deutlich ins Auge. Anlaß dafür, daß ich sie sah, war die Beisetzung von Mr. George Odger, die sich einige vier

oder fünf Wochen vor der Osterzeit zutrug. Mr.
George Odger, so wird man sich vielleicht erinnern,
war ein englischer radikaler Agitator von bescheidener
Herkunft, der sich durch den eigensinnigen Wunsch,
ins Parlament zu kommen, ausgezeichnet hatte. Er
übte, glaube ich, den nützlichen Beruf des Schuhma-
chers aus und klopfte vergeblich an das Tor, das sich
nur den Vornehmen öffnet. Aber er war ein nützlicher
und ehrenhafter Mann, und seine eigenen Leute richteten ihm ein ehrenhaftes Begräbnis aus. Ich kam zufällig
gerade auf Piccadilly heraus, als sie damit beschäftigt
waren, und ich würde das Schauspiel nur ungern
versäumt haben. Die Menge war riesengroß, aber es
gelang mir, mich hindurchzuzwängen und in eine
Droschke zu steigen, die neben dem Pflaster abgestellt
war, und von hier sah ich wie aus einer Loge der
Vorstellung zu. Obgleich es eine Beisetzung war, die
stattfand, möchte ich sie nicht als Tragödie bezeichnen;
doch war es eine sehr ernste Komödie. Der Zufall
wollte es, daß der Tag herrlich war – der schönste des
Jahres. Die Zeremonie war von den Klassen, die im
Parlament gesellschaftlich nicht vertreten sind, in die
Hand genommen worden und hatte den Charakter
einer großen Volkskundgebung. Nur wenige Kutschen
folgten dem Leichenwagen, doch der *cortège* von Fußgängern zog sich – auf und ab vor dem klassischen
Dekorum von Piccadilly – höchst eindrucksvoll im
Sonnenschein dahin. Hie und da wurde der Zug von
einer kleinen Blaskapelle unterbrochen – offenbar eine
jener Kapellen umherziehender Straßenmusikanten,
die für ein paar Münzen unter Pensionsfenstern spielen;
ansonsten aber bestand er aus einer dicht gedrängten

Masse dessen, was die Zeitungen den Bodensatz der Bevölkerung nennen. Es war der Londoner Pöbel, der großstädtische Mob, Männer und Frauen, Jungen und Mädchen, die ehrbaren Armen und die unehrbaren, die sich in die Reihen, welche sie im Vorbeigehen auflasen, gedrängelt hatten und sich so etwas wie einen feierlichen ›Ulk‹ machten. Sehr feierlich ging alles zu – vollkommen schicklich und äußerst zurückhaltend. Sie schlurften in endlosem Zuge dahin, und während ich ihnen von der Vorderseite meiner Droschke aus zusah, schien ich so etwas wie einen Panoramablick auf die Unterseite, die falsche Seite der Londoner Welt zu haben.

Der Leichenzug war voller Gestalten, die sich, wie die Engländer sagen, noch nie ›gezeigt‹ zu haben schienen; seltsamer, blasser, modriger Armer, die im Sonnenschein von Piccadilly blinzelten und strauchelten. Es fehlt mir an Raum, sie eingehender zu beschreiben, aber ich fand die ganze Geschichte auf vage, doch ungeheure Weise anregend. Mein Eindruck ergab sich nicht nur aus der radikalen oder, wie ich um der Farbe willen sagen darf, revolutionären Ausstrahlung des schmuddeligen, vom ironischen Himmel erleuchteten Aufzuges, sondern aus den gleichen Ursachen, die ich kurz zuvor an dem Tage, an dem die Königin zur Parlamentseröffnung zog, beobachtet hatte; auf Trafalgar Square, geradewegs nach Westminster hinab und über den königlichen Zug sehend, war eine Gruppe Banner und Spruchbänder versammelt, die in großen, grellen Buchstaben mit Wahlsprüchen und Ansichten beschriftet waren, die einer empfindlichen Polizei leicht die Nerven hätten durchgehen lassen können. Sie spielten größtenteils auf den Tichborne-

Prätendenten* an, dessen Freilassung aus seinem Ker-
ker sie gebieterisch forderten und dessen grausames
Schicksal zum Vorwand für allerlei stark verallgemei-
nernde Überlegungen zur gesellschaftlichen Situation
der Zeit und des Landes genommen wurde. Diese
Signale der Unvernunft durften sich so ungehindert
sonnen, als hätte es sich um die Ankündigungen des
Irischen Riesen oder des Türkischen Zwerges auf einem
Jahrmarkt gehandelt. Ich war kürzlich aus Paris gekommen, wo die Behörden weniger Nachsicht haben
und wo revolutionäre Plakate am Fuße des Obelisken
auf der Place de la Concorde sich – wie es der Wirbel der
Zeit so mit sich bringt – keinem anerkannten Lehrge-
bäude des grandiosen Stils und monumentalen Deko-
rums einfügen. Ich staunte daher bei beiden Gelegenheiten, von denen ich spreche, um so mehr über die
bewundernswerte englische Gewohnheit, die Leute
zufrieden zu lassen – über die darin geübte freimütige
Vernunft, die freimütige Gutmütigkeit, ja den freimütigen guten Geschmack. Das war es, was ich beein-
druckend fand, während ich der Kundgebung der
unterernährten Parteigänger Mr. Odgers zusah – daß
der gewaltige Mob dahinmarschieren und seinem Auf-
trag nachgehen konnte, während die vorbildlich ruhigen Polizisten – immerdar, unerschütterlich, schlechthin liebenswert an das nationale Temperament gemahnend – schlicht daneben standen und dafür sorgten, daß
die Fahrbahn frei und leicht passierbar gehalten wurde.

* Anspielung auf einen berühmten Kriminalfall der Zeit, bei dem sich ein
gewisser Arthur Orton als der verschollene Roger Charles Tichborne
ausgab und Anspruch auf das gleichnamige Baronat erhob. Orton wurde
1866 in einem aufsehenerregenden Prozeß zu 14 Jahren Haft verurteilt.
(Anm. d. Übers.)

Als Ostermontag kam, wurde deutlich, daß jedermann (ausgenommen Mr. Odgers Freunde – etwa drei bis vier Millionen) die Stadt verlassen hatte. Es gab kaum zwei Fensterläden im West End, die nicht geschlossen gewesen wären; es gab keine Klingel, die zu ziehen irgendeinen Sinn gehabt hätte. Das Wetter war abscheulich, der Regen unaufhörlich, und daß alle Freunde fort waren, gab einem reichlich Muße zu der Überlegung, daß das Land alles andere als belebend sein mußte. Aber alle Freunde hatten sich dorthin begeben (das ist die Einmütigkeit, von der ich anfangs sprach), und um die Ausmaße dieses Versteckspiels, aus dem das gesellschaftliche Leben Londons im Grunde so weitgehend besteht, so weit wie möglich zu beschränken, schien es klug, etwelche Ausflüge, wie man sie in Erinnerung an die ersten Frühlingstage ins Auge gefaßt haben mochte, den Beschränkungen der faden Jahreszeit anzupassen. Nach reiflicher Überlegung stattete ich Canterbury und Dover einen kurzen Besuch ab, wobei ich Rochéster am Wege mitnahm, und von dieser bedeutsamen Reise gedachte ich am Beginn dieser Bemerkungen eigentlich einen Bericht zu geben. Aber ich habe unterwegs so getrödelt, daß ich beinahe ans Ende gekommen bin, ohne die erste Zwischenstation zu erreichen. Ich hätte kunstvollerweise damit beginnen sollen, daß ich mich für entlegene Abenteuer in Stimmung versetzte, indem ich auf einem Penny-Dampfer die Themse hinab zu den Türmen des Julius[*] fuhr. Das war am Samstag vor Ostern, und die Stadt

---

[*] Nach Thomas Grays Gedicht »The Bard«: »The Towers of Julius, London's lasting shame, with many a fowl and midnight murther fed.« (Anm. d. Verl.)

85

war grabesstill. ›Londons ewige Schande‹ gehörte zu meinen Kindheitserinnerungen, und da ich eine Theorie habe, daß man von solchen Erinnerungen besser nicht den Staub der Jahre schüttelt, hatte ich meine Schritte nicht erneut zu ihren ehrwürdigen Mauern gelenkt. Aber der Tower – *der* Tower – lohnt sich und ist viel weniger cockneyfiziert, als er, so nahm ich an, meinem reiferen Blick erscheinen würde; sehr grau und geschichtsträchtig, mit dem Aussehen, das die Vergangenheit (freilich recht fahl) zum Leben erweckt. Ich konnte nicht hinein, da er während der Passionswoche geschlossen war; ich war infolgedessen aber auch von der Pflicht entbunden, mit einem Dutzend Mitgaffer im Gefolge eines schulmeisterlichen Beefeaters umherzumarschieren, und erging mich nach Lust und Laune in den Höfen und dem Garten, die ich nur mit den umherlungernden Soldaten der Garnison teilte, die den Ort für die rückwärts ausgreifende Phantasie mit wichtigen Ereignissen zu verbinden schienen.

IV

In Rochester machte ich wegen seines Schlosses halt, das ich aus dem Eisenbahnzug heraus erspähte, wie es auf einem grasigen Abhang neben dem breiter werdenden Medway thronte. Es gab noch andere Verlockungen; der Ort hat eine kleine Kathedrale, und man hatte, die Schöpfer des Falstaff und der Geschichten erzählenden Pilger einmal außer acht gelassen, bei Dickens von ihm gelesen, dessen Haus Gadshill ein paar Meilen von der Stadt entfernt liegt. All dieses Kentische Land zwischen London und Dover kommt bei Dickens in der

Tat wiederholt vor; er drückt für unsere spätere Zeit bis zu einem gewissen Grad dessen Geist aus. Ich fand dies in Rochester durchaus bestätigt. Ich hatte Gelegenheit, einen kleinen, von einer geschwätzigen alten Frau geführten Laden aufzusuchen, die eine Photographie von Gadshill auf dem Ladentisch liegen hatte. Das veranlaßte mich, sie zu fragen, ob der illustre Herr des Hauses, wenn sie auf die alte Zeit zurückblicke, denn oft in der Stadt erschienen sei. »Aber ich bitt' Sie, Sir«, sagte sie, »allesamt haben wir ihn gut gekannt. Am Dienstag war er mit einer Gesellschaft Ausländer hier im Laden – und am Freitag liegt er tot in seinem Bett.« (Ich sollte anmerken, daß ich die Wochentage vermutlich nicht so wiedergebe, wie sie sie nannte.) »Er hat seinen schwarzen Samtanzug angehabt, und darin hat er immer so gut ausgeschaut. Ich sag' noch zu meinem Mann: ›Ich find' wirklich, Charles Dickens schaut so hübsch aus in dem schwarzen Samtanzug.‹ Aber er sagt, er sieht nix Besonderes daran, wie er ausschaut. Am Dienstag war er hier im Laden, mit einer Gesellschaft Ausländer.« Rochester besteht aus wenig mehr als einer langen Straße, die sich vom Schloß und vom Fluß zum benachbarten Chatham erstreckt und von niedrigen Ziegelsteinhäusern von ungemein provinziellem Aussehen gesäumt wird, von denen die meisten eine gewisse bescheidene, glanzlose Schmuckheit oder Wunderlichkeit von Giebel oder Fenster aufweisen. Dem Laden der alten Dame mit dem brüsken Gatten fast gegenüber liegt ein kleines Gebäude mit einer in die Vorderseite eingelassenen Schrifttafel, die bei dem großen Meister des Komischen oft ein Lächeln hervorgerufen haben muß. Die Tafel berichtet, daß im Jahre 1579

Richard Watts hier eine wohltätige Stiftung eingerichtet habe, die ›sechs arme Reisende, keine Spitzbuben oder Zehnteintreiber‹ kostenlos mit Quartier für die Nacht und Bewirtung, und am Morgen mit vier Penny, um damit ihrer Wege zu ziehen, versehen sollte, und daß zum Andenken an seine ›Freigebigkeit‹ der Stein kürzlich erneuert worden sei. Das Gasthaus in Rochester bot wenig Gastfreundlichkeit, und ich fühlte mich stark versucht, unter dem Vorwand, ich sei weder ein Spitzbube noch ein Zehnteintreiber, an die Tür von Mr. Watts' Asyl zu klopfen. Der arme Reisende, der von den letztwilligen vier Penny Gebrauch macht, kann seine Reise mühelos bis Chatham fortsetzen, ohne seinen Schatz anzugreifen. Ist das nicht der Ort, wo der kleine Davy Copperfield auf dem Wege von London nach Dover, zu seiner Tante Miss Trotwood, unter einer Kanone schlief? Die beiden Städtchen sind in Wirklichkeit nur eine, die eine endlose, gewundene Durchgangsstraße bilden, welche in der Dämmerung, während ich sie durchmaß, von den Rotröcken der abendlichen, in den verschiedenen Kasernen von Chatham einquartierten Soldaten aufgehellt wurde.

Die Kathedrale von Rochester ist klein und schlicht, in einem recht ungeschickten Winkel versteckt, ohne grüne Freiheit, durch die sie sich abheben würde. Der eckige, normannische Bergfried des benachbarten Schlosses läßt sie verblassen und zusammenschrumpfen. Aber im Innern ist sie höchst bezaubernd, besonders jenseits der abscheulichen Wand, des Fehlers beinahe aller englischen Kathedralen, die den Chor einschließt und die weihevolle Perspektive des Seitenschiffes durchbricht. Hier wie in Canterbury ersteigt man eine hohe Treppenanlage, um durch das kleine Tor in der Wand einzutreten. Wenn ich nebenbei geringschätzig vom Äußeren der Kathedrale von Rochester spreche, so will ich mein schwaches Lob relativ verstanden wissen. Wenn wir das Glück hätten, dieses zweitrangige Gebäude in Amerika in Reichweite zu haben, so müßten wir barfuß hingehen, um es zu sehen; doch hier steht es im großen Schatten von Canterbury, und das macht es bescheiden. Ich entsinne mich indes eines alten Priorei-Torweges, der von der Hauptstraße in die Kirche führt; ich entsinne mich einer Art verwunschen wirkender Dekanei, wenn das der Fachausdruck ist, am Fuße der Ostmauern; ich entsinne mich eines gekehlten Turms, der das Nachmittagslicht einfing und die Krähen und Schwalben anzog, die um ihn herumkreisten und -lärmten. Noch besser als dieser Dinge entsinne ich mich der efeuumhüllten Eckigkeit des Schlosses, einer sehr edlen, imposanten Ruine. Der alte, von Mauern umgebene Burgfried war in einen kleinen, öffentlichen Garten mit Blumen, Bänken und einem Musikpavillon verwandelt worden, und der Ort war nicht menschenleer, wie es solche Orte in England niemals sind. Das Ergebnis ist annehmbar, doch ich glaube, der Vorgang war barbarisch, da er die Zerstörung und Zerstreuung vieler interessanter Teile der Ruine nach sich zog. Ich verweilte dort lange Zeit und betrachtete im schwindenden Licht, was übrig war. Diese zerklüftete Masse normannischer Steinmetzarbeit wird noch da sein, wenn sehr viele stabile Dinge dahin sind. Sie spottet, so eintönig auch immer, der Zerstörung, des Niedergangs. Ihre Mauern sind phantastisch dick; ihre großen, von der Zeit gebleichten

Flächen und all ihre abgerundeten Rauheiten, ihre seltsame Mischung aus Sanftheit und Grimmigkeit, üben auf das Auge eine unbestimmbare Faszination aus. Englische Ruinen kommen stets ganz eigentümlich heraus, wenn der Tag sich zu neigen beginnt. Wettergebleicht, wie ich sie genannt habe, werden sie im Zwielicht noch blasser und nehmen etwas spürbar Feierliches und Gespenstisches an. Ich habe so manches verfallende Schloß gesehen, doch ich entsinne mich keiner einzigen Ruinenmasse, die hilfloser, verwaister, verstümmelter gewirkt hätte.

Canterbury verliert nicht durch das Fehlen einer Freiheit; die Kathedrale steht inmitten von Gras und Bäumen, sie hat einen kultivierten Rahmen und liegt dergestalt, daß man beim Hervortreten unter dem Wachzimmer sogleich ihres überragenden Merkmals gewahr wird – ihrer außerordentlichen und großartigen Länge. Keine englische Kathedrale scheint sich würdevoller abzusondern, mehr danach zu verlangen, mit sich allein eingeschlossen zu sein. Es ist, jenseits der Mauern, ein langer Gang vom Torweg der Freiheit bis zum hinteren Ende der letzten Kapelle. Was es bei diesem Spaziergang – mit staunendem Blick nach oben – alles zu beobachten gibt, kann ich nicht im einzelnen schildern. Ich kann in meiner Furcht vor der Anmaßung, in der esoterischen Frage des Baus zu dilettieren – was ja häufig mit dem Fehlen anderer empfundener Beziehungen einhergeht –, nur von dem Bild, der bloßen gebauten *Szene* sprechen. Sie ist ganz und gar herrlich. Keine der Rivalinnen von Canterbury weist eine verwickeltere und kunstvollere Architektur, ein verwirrenderes Gemisch von Stilen, ein bezaubernderes Durcheinander von normannischen Rundbögen und englischen Spitzbögen und Lotrechten auf. Prächtig wird die Seitenansicht überdies durch die zwei Querschiffe, die die schönste Häufung von vorgetriebenen Diensten und Pfeilern hervorbringen. Es ist, als hätten sich zwei große Kirchen in der Mitte zusammengetan – wobei die eine ihr Hauptschiff und die andere ihren Chor gab, und jede ihr eigenes, großes Querschiff behielt. Rittlings auf dem Dach sitzt zwischen ihnen ein gewaltiger gotischer Turm, der einer der neueren Teile des Gebäudes ist, wenngleich er wie einer der ältesten aussieht, so abgetönt und verfärbt, so abgegriffen und glatt gerieben ist er von der Berührung der Jahrhunderte und dem Atem der Elemente. Wie der Rest des Baus hat er eine großartige Farbe – eine Art sattes, stumpfes Gelb, eine Art persönliche, farbliche Note, die weder braun noch grau ist. Das ist von dem Kreuzgang auf der anderen Seite der Kirche besonders bemerkbar – der Seite, meine ich, die von der Stadt und der offenen Parkfläche, von der ich sprach, abgewandt liegt; der Seite, die auf ein dumpfiges, altes Pfarrhaus blickt, das hinter einem braunen Bogengang versteckt ist, durch den man junge Damen in Gainsborough-Hüten auf einem Flecken samtenen Rasens etwas spielen sieht; der Seite, kurzum, die irgendwie mit einem grünen Viereck durchsetzt ist, das einer King's School als Schulhof dient und von außen durch einen sehr kostbaren und pittoresken alten Überrest eines normannischen Treppenaufgangs geziert wird. Dieser Kreuzgang wird nicht ›instandgehalten‹; er ist sehr düster, modrig und verfallen, und selbstverständlich leicht zu zeichnen. Die alten schwarzen Bögen und

Kapitelle sind vielfältig und schön, und in der Mitte liegt durcheinandergepurzelt eine Gruppe altersgebeugter Grabsteine, die selbst beinahe im tiefen, weichen Gras begraben sind. Vom Kreuzgang öffnet sich das Kapitel, das ebenfalls nicht instandgehalten wird, aber nichtsdestotrotz ein großartiger Bau ist; eine vornehme, erhabene Halle mit einem wunderschönen Holzdach, das wie bei einem Tunnel von schlichten Bögen ohne Säulen und Kragsteine gestützt wird. Das Haus ist nun Staub und Echos ausgeliefert; aber es wirkt mehr wie ein Bankettsaal als eine Ratshalle von Priestern, und während man auf der alten Holzbank sitzt, die sich, von zwei, drei Stufen erhöht, um den Fuß der vier Wände zieht, mag man aufschauen und an der braunen Decke die schwachen, geisterhaften Spuren schmückender Farbe und Vergoldung ausmachen. Ein kleiner Fleck davon wurde restauriert, ›um eine Vorstellung zu vermitteln‹. Der Küster empfiehlt einem, aus einem der Winkel des Kreuzganges einen Blick auf den großen Turm zu werfen, der sich in der Tat ungeheuer wirkungsvoll absondert. Man sieht ihn so breit auf dem Dach fußen, als schlüge er Wurzeln in der Erde, und sich dann zu einer Höhe emporrecken, die selbst die Schwalben schwindlig zu machen scheint, während sie sich vom obersten Sims stürzen. In der Kathedrale hört man natürlich sehr viel von dem armen, großen Thomas Becket, und die besondere Sensation des Ortes besteht darin, an der Stelle zu stehen, wo er ermordet wurde, und auf eine kleine, zerbrochene Steinplatte herabzusehen, auf die einen der Küster als ein Stück der Pflasterung hinweist, die die Blutstropfen des Handgemenges aufgefangen habe. Es war spät am Nachmittag, als ich die Kirche zum ersten Mal betrat; im Chor hatte ein Gottesdienst stattgefunden, doch der war lange vorbei, und ich hatte das Gebäude für mich. Der Küster, der ein wenig Bänkerücken zu besorgen hatte, schickte mich hinter die verschlossenen Tore und ließ mich durch die Seitenschiffe des Chores und in die große Kapelle dahinter streifen. Ich sage, ich hatte das Gebäude für mich; doch es wäre geziemender, zu versichern, daß ich es insbesondere mit einem anderen Gentleman teilte. Diese Persönlichkeit war auf einer Liegestatt aus Stein unter einem wunderlichen alten Holzbaldachin ausgestreckt; seine Hände waren auf der Brust gekreuzt, und seine Schnabelschuhe ruhten auf einem kleinen Greif oder Leoparden. Er war ein sehr gutaussehender Mensch, und das Inbild eines galanten Ritters. Sein Name war Edward Plantagenet, und sein Beiname war »Der Schwarze Prinz«. *›De la mort ne pensai-je mye‹*, heißt es in der wunderschönen, aus dem Bronzesockel seines Abbildes getriebenen Inschrift; und auch ich verlor, während ich da stand, das Gefühl des Todes in einem flüchtigen Eindruck persönlicher Nähe zu ihm. Von anderen berühmten Rittern war man schließlich weiter weg gewesen. In eben dieser Kapelle stand so manches Jahr der Schrein des heiligen Thomas von Canterbury, einer der reichsten und wirkungsmächtigsten der Christenheit. Das Pflaster, das davor lag, hat seinen Platz behauptet, aber alles andere hat Heinrich VIII. in seinem berühmten reformerischen Ungestüm hinweggefegt. Becket war ursprünglich in der Krypta der Kirche beigesetzt. Seine Asche lag dort fünfzig Jahre, und sein Märtyrertum wurde erst nach und nach zu einem ›Zugstück‹ gemacht. Dann wurde er in die Lady Chapel überführt; jedes Körnchen seines Staubes wurde zu einer unschätzbaren Reliquie, und das Pflaster wurde von den Knien der Pilger geheiligt. Zu eben diesem Zweck kam natürlich auch Chaucers Geschichten erzählender Reiterzug nach Canterbury. Ich begab mich hinab in die Krypta, die ein großartiges Labyrinth niedriger, dunkler Bögen und Pfeiler ist, und tappte herum, bis ich die Stelle gefunden hatte, wohin die verschreckten Mönche das leblose Opfer von Moreville und Fitzurse zunächst vor weiterer Entweihung in Sicherheit geschafft hatten. Während ich dort stand, brach über der Kathedrale ein heftiges Gewitter los; gewaltige, grollende Windstöße und Regenschauer kamen durch die offenen Seiten der Krypta hereingefegt, und indem sie sich mit der Dunkelheit, die sich zu vertiefen und in Ecken aufzublitzen schien, und mit dem kräftigen Modergeruch vermischten, kam es mir so vor, als sei ich geradewegs in die Eingeweide der Geschichte hinabgestiegen. Ich ging wieder nach oben, aber es hatte sich eingeregnet, was den Abend verdarb, und ich platschte zu meinem Gasthaus zurück, saß in einem unbequemen Stuhl am Kamin des Frühstückszimmers, las Dean Stanleys gefällige *Memorials of Canterbury* und wunderte mich über die verstaubte Einrichtung und die magere Ausstattung so vieler englischer Hotels. Dieses Haus hatte sich (zu Ehren des Schwarzen Prinzen, nehme ich an) ›Fleur-de-Lis‹ betitelt. Der Name war sehr hübsch (ich war so töricht gewesen, mich davon in das Gasthaus locken zu lassen), aber die Lilie war arg verblüht.

Ich glaube, es dürfte einigen Mut erfordern zu geste-
hen, daß man den sogenannten geselligen August in
London verbracht hat; und ich werde mich daher, den
Stier bei den Hörnern packend, gleich zu Beginn dieser
Armut im Geiste schuldig bekennen. Ich könnte gewitzte Milderungsgründe dafür anführen; ich könnte
sagen, daß mein Verbleib in der Stadt der allerunerwar-
teteste Notfall oder das bloßeste Versehen gewesen sei;
ich könnte vorgeben, es habe mir gefallen – ja ich hätte
es aus eigensinnigem Vergnügen daran getan; ich
könnte behaupten, man kenne den Zauber Londons
erst dann wirklich, wenn man an einem der Hundstage
seine Schuhsohle in den schlummernden Staub von
Belgravia gedrückt oder, die leere Allee des Drive im
Hyde Park entlang schauend, beinahe zum ersten Mal
in England eine Landschaft ohne Figuren erblickt hat.
Doch von diesen bestechenden Rechtfertigungen bliebe
wenig mehr als der dürftige Umstand, daß ich es
eindeutig versäumt hatte, zu packen und abzureisen –
entweder am ersten August mit den Damen und Kindern, oder am dreizehnten mit den Mitgliedern des
Parlaments, oder am zwölften zur Eröffnung der
Moorhuhnjagd. (Ich bin nicht sicher, daß meine Daten
auf den Tag genau stimmen, aber das waren in etwa die
angemessenen Gelegenheiten.) Tatsächlich habe ich
den Weggang alles Vornehmen überlebt, und die drei
Millionen Menschen, die mit mir zurückblieben, waren
Zeugen meiner Schande.

Ich kann andererseits nicht so tun, als hätte ich das

Verweilen in der Stadt als besonders abscheuliches oder schmerzliches Erlebnis empfunden. Als Fremder habe ich es nicht für nötig befunden, mich tagsüber einzukerkern und mich nur im Schutze der Dunkelheit auf die Straße zu stehlen – eine (wenn ich der Gesellschaftskritik der Wochenzeitungen glauben soll, wovon ich weit entfernt bin) den heimischen Bewohnern, die sich von der uneleganten Jahreszeit überraschen lassen, von der öffentlichen Meinung aufgezwungene Verhaltensweise. Ich habe in der Tat stets die Ansicht vertreten, daß es bei sehr heißem Wetter wenig Angenehmeres gibt, als eine große Stadt und darin ein geräumiges Haus ganz für sich allein zu haben. Doch solche majestätischen Verhältnisse haben meinen Aufenthalt in der Metropole nicht verschönt, und ich habe den Eindruck gewonnen, daß es einem Besucher, der nicht über einen ziemlich wirkungsvollen Apparat gebietet, in London recht schwerfallen dürfte, beides gemeinsam anzutreffen. Das englische Sommerwetter ist selten so heiß, daß es erforderlich würde, sein Haus zu verdunkeln oder sich zu entblößen. Das laufende Jahr war in dieser Hinsicht freilich »außergewöhnlich«, wie übrigens jedes Jahr, das man irgendwo verbringt. Aber das Gebaren der Leute war dem Auge des Ausländers Hinweis genug, daß selbst die höchsten Höhenflüge des Thermometers im Vereinigten Königreich besten- (oder schlimmstenfalls) einen gebrochenen Flügel verraten. Die Leute leben im August praktisch genauso bei geschlossenen Fenstern wie im Januar, und für das Auge besteht kein wahrnehmbarer Unterschied im Charakter – das heißt der Dicke und Derbheit – ihrer Mäntel und Schuhe. Ein »Bad« bedeutet in England das ganze Jahr über in den meisten Fällen eine kleine, tragbare Zinnwanne und einen Schwamm. Pfirsiche und Birnen, Trauben und Melonen zieren den Markt im Hochsommer nicht augenfälliger als zu Weihnachten. Das Problem der Pfirsiche und Melonen bietet übrigens eines der besten Beispiele für jene Tatsache, auf die der Kommentator englischer Sitten von weit her unwillkürlich ständig zurückkommt und auf die hinzuweisen er sich schließlich beinahe schämt – die Tatsache, daß die Schönheit und der Überfluß des Landes, jenes ausgeklügelte System, das man in der ganzen Welt als »englischen Komfort« kennt und verehrt, eine begrenzte und beschränkte, eine im wesentlichen private Angelegenheit ist. Ich gehöre nicht zu den respektlosen Fremden, die vom englischen Obst als einer ziemlich unverfrorenen *plaisanterie* sprechen, wiewohl ich seit kurzem aufgrund einer Anekdote, die mir im Ton verächtlicher Verallgemeinerung von ein paar meiner Landsmänninnen erzählt wurde, sehr gut verstehen kann, was gemeint ist. Sie waren in den Hundstagen in London eingetroffen und hatten beim Lunch in ihrem Hotel um etwas Obst gebeten. Das Hotel war vom Gediegensten, und sie wurden von einem Aufwärter bedient, dessen Erhabenheit entsprechend war. Diese Persönlichkeit verbeugte und entfernte sich und setzte ihnen, nach langer Verzögerung wieder auftauchend, mit unnachahmlicher Geste ein Gericht aus Stachelbeeren und Korinthen vor. Auf Nachfrage ergab sich, daß diese herben Früchte das einzig Saftige waren, das aufzutragen das Haus sich unterfangen konnte; und es schien die Ironie der Situation noch zu verstärken, daß das Haus in größtmöglicher Nähe zum

Buckingham Palace lag. Ich behaupte, daß die Heldinnen meiner Anekdote zu Verallgemeinerungen zu neigen schienen: dies war zur Genüge der Fall, meine ich, um mir einen Vorwand zu liefern, ihnen zu versichern, daß im Augenblick auf tausend schönen Besitztümern, sei's unter Glas oder in warmen, alten, ummauerten Gärten, die schönsten Pfirsiche und Melonen reiften. Natürlich bedachten meine Zuhörerinnen die schönen Besitztümer, das Glas und die ummauerten Gärten mit einem verächtlichen Hochwerfen des Kopfes; und in ihrem Haus der Entbehrung in der Nähe des Buckingham Palace war eine solche Auskunft in der Tat kaum tröstlich.

Der unstete Fremde greift, besonders bei Sommerwetter, in jedem Land im wesentlichen auf einen eher öffentlichen Fundus von Unterhaltung zurück; und da ich angedeutet habe, daß man in England zu einem solchen Rückgriff wenig ermutigt wird, mag es bemerkenswert erscheinen, daß ich London zu dieser Jahreszeit nicht als bar jeder Verlockung empfunden habe. Aber die Zuneigung zu London – zumindest die Zuneigung des Fremden – hat bestenfalls etwas Eigensinniges und Schwankendes, das oft schwer auf den Begriff zu bringen ist. Damit meine ich keineswegs, daß es in dieser mächtigen Metropole nicht tausend Quellen des Interesses, der Unterhaltung und des Vergnügens gäbe: ich meine vielmehr, daß die Stadt aus dem einen oder anderen Grunde trotz aller Möglichkeiten zur Geselligkeit schwer auf dem Bewußtsein des Zugereisten lastet. Sie wirkt grimmig und finster, hart und unerbittlich. Und doch akzeptiert das Bewußtsein des Zugereisten sie endlich mit einer lebhaften Zufriedenheit, die in deren unheilvoll Niederdrückendem etwas Warmes und Behagliches findet, etwas, das man, wenn es fehlte, sehr vermissen würde. Man muß indes einräumen, daß die Auswahl an Möglichkeiten zur Kurzweil nicht gerade sinnverwirrend ist. Wenn man zufällig eine gewisse Zeit an Orten verbracht hat, wo die öffentlichen Sitten freimütiger sind, so wird einem London als nur spärlich mit unschuldigen Zerstreuungen ausgestattet erscheinen. Dies freilich bringt uns schlicht wieder auf das Problem eines nicht vorhandenen »öffentlichen Fundus« von Unterhaltung, das eben schon angesprochen wurde. Man muß den Gedanken aufgeben, sich irgendwo an die frische Luft zu setzen, ein Eis zu essen und einer Musikkapelle zu lauschen. Man wird weder den Sitzplatz, noch das Eis, noch die Kapelle finden; andererseits aber kann man, zugleich dem eigenen Interesse und der eigenen Unvoreingenommenheit getreu, den Ort dieser Vergnügungen durch eine kleine private Betrachtung über die tieferen Ursachen der englischen Gleichgültigkeit ihnen gegenüber ersetzen. An solchen Überlegungen ist nichts müßig – jeder kleinste Beleg fällt ins Gewicht; und man braucht sich daher nicht bezichtigen zu lassen, man schließe zu hastig von kleinen Dingen auf große, wenn man eine Verbindung zwischen dem Fehlen von Eis und Musik und dem im wesentlichen hierarchischen Aufbau der englischen Gesellschaft aufspürt. Dieser hierarchische Aufbau der englischen Gesellschaft ist das überragende und dem Gedächtnis eines Fremden stets gegenwärtige Faktum; es gibt kaum ein Detail des Lebens, das ihn nicht bis zu einem gewissen Grad verriete. Nur in einem Land, in dem eine wirklich ausgeprägte demokratische Gesinnung vorherrscht, werden sich »kultivierte« Menschen, wie wir in Amerika sagen, dazu verstehen, auf einem Bürgersteig oder Kiesweg vor der Tür eines Cafés an kleinen runden Tischen zu sitzen. Die besseren Leute sind zu »vornehm« und die kleinen Leute zu gewöhnlich. Man muß jedoch gerechterweise eilends hinzufügen, daß die besseren Leute im allgemeinen nur allzugut mit eigenen Unterhaltungsmöglichkeiten versehen sind; sie haben jene besonderen Ressourcen, auf die ich kurz zuvor angespielt habe. Es sind Menschen, für die der private Apparat der Behaglichkeit zu außerordentlich reibungslosem Funktionieren entwickelt worden ist. Wenn man auf einer Terrasse mit Gartenblick sitzen kann und seinen *café noir* in alten Worcester-Tassen von Bedienten gereicht bekommt, die Vorbilder an Aufmerksamkeit sind, hat man kaum einen annehmbaren Vorwand, eine Gaststätte aufzusuchen. In Frankreich und Italien, in Deutschland und Spanien werden Graf und Gräfin sich aufmachen und für den Abend unter einer Reihe farbiger Lämpchen auf dem Pflaster lagern, aber die Wahrscheinlichkeit, daß Graf und Gräfin mehrere Treppen hoch auf Etage wohnen, ist zehn zu eins. Sie werden indes meiner Ansicht nach nicht nennenswert von Überlegungen bewegt, wie sie in England nachhaltig wirksam sind. Ein Engländer, der in seinem Land vor einer Cafétür Platz zu nehmen gedächte, würde sich jäh darauf besinnen, daß er auf eine Geselligkeit Anspruch macht, deren Unmöglichkeit in seinem ganzen übrigen Tun zum Ausdruck kommt.

Das Studium der Gründe indes würde uns sehr weit wegführen von den potentiellen kleinen Tischen für

Eiscreme in der – nun ja, wo? – in der Oxford Street. Aber schließlich gibt es keinen Grund, warum unsere Phantasie bei solchen Möbelstücken verweilen sollte. Ich fürchte, sie würden uns nicht sonderlich glücklich plaziert vorkommen. In solchen Dingen hängt alles zusammen, und ich bin sicher, daß die Gebräuche des Boulevard des Italiens und der Piazza Colonna sich nicht mit der Kulisse der großen Londoner Durchgangsstraße vertrügen. Ein Gin-Palast zur Rechten und zur Linken und eine Abordnung des Londoner Pöbels in bewunderndem Halbkreis – sie kommen einem als ein paar der naheliegenden Charakteristika der Sache in den Sinn. Doch zu der Jahreszeit, von der ich schreibe, müssen die eigenen gesellschaftlichen Studien wenigstens Studien des niedrigen Lebens sein, denn wo immer man auch hingehen mag, um zu bummeln oder den Sommernachmittag zu verbringen, hat das vergleichsweise Garstige der Dinge die Oberhand. Es ist niemand in den Parks außer den rauhen Gestalten, die auf dem Bauch im von Schafen verschmutzten Gras liegen. Diese Leute sind im Green Park, den ich häufig durchquere, stets leidlich zahlreich, und geben stets Anlaß zu tiefer Verwunderung. Aber die Verwunderung wird weit reichen, wenn sie sich am ruhenden britischen Landstreicher zu entzünden beginnt. Man nimmt bei ihnen einige reiche Möglichkeiten wahr. Ihre Manchester-Beine und ihre kolossalen Schnürstiefel, ihre purpurroten Nacken und Ohrläppchen, ihre Knotenstöcke und kleinen, schmierigen Hüte lassen sie wie Bühnenschurken des realistischen Melodrams wirken. Ich mag ihnen Unrecht tun, aber bei ihnen erfordert ein stimmiger Charakter meistens, daß sie einen

Vorgeschmack aufs Zuchthaus bekommen haben sollten – daß sie dafür gebüßt haben sollten, mit diesen riesigen, viereckigen Absätzen, die gen Himmel gedreht sind, auf einen schwächeren Menschenkopf gestampft zu haben. In Wirklichkeit jedoch sind sie durchaus unschuldig, denn sie schlafen ebenso friedlich wie der vollendetste Philantrop, und daß sie so aussehen, als seien sie durch halb England gewandert und als seien sie hungrige und durstige Habenichtse, macht ihre romantische Anziehungskraft aus. Die zwei Quadratmeter braunen Rasens sind ihr derzeitiges Auskommen; aber wie lange werden sie schlafen, wohin werden sie als nächstes gehen, und von wannen sind sie gerade gekommen? Man gestattet sich den Wunsch, sie möchten für immer schlafen und überhaupt nirgendwohin gehen.

Der Monat August ist in London so unbegünstigt, daß ich es, als ich vor ein paar Tagen nach Greenwich, dem berühmten Erholungsort, fuhr, möglich fand, nur ein halbes Dinner zu bekommen. Das namhafte Hotel hatte seine Kochherde gelöscht und seine Speisekammer geschlossen. Wäre diese Entdeckung nicht gewesen, hätte ich den kleinen Ausflug nach Greenwich als bezaubernde Abwechslung von der Eintönigkeit eines Londoner Augusts erwähnt. Greenwich und Richmond sind die beiden klassischen Vororte, wo man speist. Ich weiß nicht, wie es um diese Zeit mit Richmond sein mag, aber der Vorfall in Greenwich bringt mich wieder (ich hoffe, nicht zu oft), auf das Element dessen, was an der englischen Art, sich zu vergnügen, kürzlich als ›Partikularismus‹ bezeichnet wurde. Das Hotel in Greenwich gehorchte nämlich einem vollkommen logischen Argument, als es, wie ich schon sagte, seine Speisekammer schloß. Alle feinen Leute verlassen London nach der ersten Augustwoche, *ergo* sind die, die zurückbleiben, nicht fein und können von daher der geistigen Schöpfung eines ›Fischessens‹ gar nicht gerecht werden. Warum also sollten wir irgend etwas bereithalten? Ich hatte glücklicherweise noch andere Eindrücke von diesem interessanten Vorort und beeile mich zu erklären, daß das Dinner in Greenwich während der feinen Zeit das ergötzlichste von allen ist. Es beginnt mit Fisch, und es setzt sich fort mit Fisch; womit es – außer mit Liedern, Reden und herzlichem Abschiednehmen – endet, das zu versichern zögere ich. Es ist eine Art verkehrte Meerjungfrau; denn ich entsinne mich noch verschwommen, daß der Schwanz des Geschöpfs auf kunstvoll-endlose Art fleischig ist. Wäre es nicht grob indiskret, würde ich eine Anspielung auf das ganz bestimmte Bankett wagen, das der Anlaß dafür war, daß ich mit der Küche von Greenwich Bekanntschaft schloß. Ich würde versuchen, zum Ausdruck zu bringen, wie vergnüglich es sein kann, in Gesellschaft kluger, distinguierter Männer vor den großen Fenstern zu sitzen, die auf die breite, braune Themse schauen. Die Schiffe schwimmen selbstbewußt vorbei, als gehörten sie zur Bewirtung und würden auf die Rechnung gesetzt; das Nachmittagslicht schwindet unendlich langsam. Wir essen sämtliche Meeresfische und spülen sie mit Flüssigkeiten hinunter, die keine Ähnlichkeit mit Salzwasser haben. Wir nehmen eine Vielzahl jener Saucen zu uns, mit denen man, einem französischen Sprichwort zufolge, guten Gewissens seine Großmutter verschlingen könnte. Die Identität meiner Begleiter zu berühren, wäre in der Tat indiskret, aber es hat nichts Taktloses, hohe Wertschätzung für die Freimütigkeit und Kernigkeit der englischen Geselligkeit zu äußern. Der Fremde – zumindest der Amerikaner –, der sich in Gesellschaft von Engländern befindet, die der Geselligkeit wegen zusammengekommen sind, wird sich eines undefinierbaren, köstlichen Etwas bewußt, das er in Ermangelung eines besseren Wortes als ihre ungemeine Fülle von Temperament zu bezeichnen bewogen wird. Er nimmt den großzügigen Anteil des einzelnen am großartigen Temperament der Leute wahr. Dies scheint ihm etwas vom Schönsten auf der Welt zu sein, und seine Zufriedenheit wird durch einen Vorfall wie den einzigen, den zu erwähnen ich mir erlauben darf, noch an Heftigkeit zunehmen. Es war einer jener kleinen Vorfälle, wie sie sich nur in einer alten Gesellschaft ereignen können – einer Gesellschaft, in der dem frisch eingetroffenen Beobachter auffällt, daß jeder, den er kennenlernt, in dem einen oder anderen Maße so etwas wie eine historische Identität besitzt, indem er mit irgend jemandem oder irgend etwas zu tun hat, wovon er gehört, worüber er nachgedacht hat. Wenn sie auch nicht die Rose im Wappen führen, so haben sie doch mehr oder weniger in ihrer Nähe gelebt. Es gibt einen alten englischen Liedkomponisten, den wir alle kennen und bewundern – dessen Lieder gesungen werden, wo immer man die Sprache spricht. Natürlich mußte, dem Gesetz zufolge, auf das ich gerade hingewiesen habe, einer der gegenüber sitzenden Gentlemen zwangsläufig sein Urgroßneffe sein. Nach dem Essen gibt es Lieder, und so trällert der Gentleman mit der bezauberndsten

Stimme und der vollendetsten Kunstfertigkeit eine der Weisen seines Ahnen.

Ich habe noch andere Erinnerungen an Greenwich, wo es einen bezaubernden alten Park gibt, in dem auf der Kuppe einer der grasigen, wellenförmigen Erhebungen das berühmte Observatorium thront. Zu einer kompletten Besichtigung gehört, daß man auf einem der kleinen, rußigen Sixpenny-Dampfer, die auf der Themse verkehren, eine Passage bucht, die Fahrt auf dem Wasserwege durchführt und dann, nach dem Ausschiffen, einen Bummel in den Park unternimmt, um sich Appetit auf das Dinner zu machen. Jede Art von Flußschiffahrt übt einen unwiderstehlichen Zauber auf mich aus, aber ich weiß kaum, wie ich von der kleinen Reise von der Westminster Bridge nach Greenwich sprechen soll. Sie ist wahrhaftig die denkbar prosaischste Form des Schwimmens und empfiehlt sich eher für den forschenden als den wählerischen Geist. Sie führt einen in die Düsternis, die Schwärze, die Überfülltheit, den überaus kaufmännischen Charakter Londons ein. Wenige europäische Städte haben einen schöneren Fluß als die Themse, aber gewiß hat keine mehr Findigkeit darauf verwendet, ein garstiges Flußviertel hervorzubringen. Meile auf Meile sieht man nichts als die verrußten Rückseiten von Lagerhäusern, oder vielleicht sind es die verrußten Gesichter: bei so völlig ausdruckslosen Gebäuden ist das schwer zu unterscheiden. Sie stehen zusammengedrängt an den Ufern des breiten, schlammigen Stroms, der glücklicherweise von zu trüber Beschaffenheit ist, um das trostlose Bild widerzuspiegeln. Eine klamm wirkende, schmutzige Schwärze ist der allgemeine Ton. Der Fluß ist fast schwarz und von schwarzen Kähnen bedeckt; über den schwarzen Dächern erhebt sich aus den weit ausgedehnten Docks und Hafenbecken ein düsteres Gewirr von Masten. Der kleine, schnaubende Dampfer ist schmuddelig und rußig – er speit eine finstere Wolke, die einem auf der Fahrt Gesellschaft leistet. In diesem kohlehaltigen Schauer nehmen die Reisegefährten, die tatsächlich im wesentlichen den allen Glanzes beraubten Klassen angehören, ein harmonisches Grau an; und das ganze, mit dem klebrigen Londoner Nebel lasierte Bild wird zur meisterlichen Komposition. Aber es ist trotz seines Mangels an Helligkeit und Heiterkeit sehr eindrucksvoll, und obwohl es häßlich ist, ist es alles andere als trivial. Wie so viele Erscheinungen der englischen Zivilisation, die von Eleganz und Grazie unberührt sind, hat es das Verdienst, etwas sehr Bedeutsames auszudrücken. Im Lichte dieser Überlegung betrachtet, bekommen der verschmutzte Fluß, die hingespreizten Kähne, die Totengesichter der Lagerhäuser, die ungepflegten Menschen, die Verunreinigungen der Luft etwas gehaltvoll Anregendes. Es klingt recht absurd, aber all diese schmierigen Details mögen uns an nichts Geringeres als den Reichtum und die Macht des Britischen Empire in seiner Gesamtheit erinnern; so daß eine Art metaphysischer Erhabenheit über der Szene schwebt und ergänzt, was im buchstäblichen Sinne fehlen mag. Ich verstehe die Gedankenverbindung nicht genau, aber ich weiß, wenn ich nach links hinüber auf die East India Docks blicke oder unter den dunklen, auf riesigen Pfählen ruhenden Brücken hindurchfahre, über die sich unaufhörlich Eisenbahnzüge und Menschenströme bewegen, dann verspüre ich so etwas wie ein Erschauern der Einbildungskraft. Besonders die gewaltigen Brückenpfeiler scheinen geradezu die Pfeiler des vorerwähnten Empire zu sein.

Es ist zweifellos eben dieser Gewohnheit der aufdringlichen und fruchtlosen Träumerei zuzuschreiben, daß der empfindsame Tourist es sehr schön findet, das Observatorium von Greenwich seine beiden bescheidenen kleinen Ziegelsteintürme recken zu sehen. Der Anblick dieses nützlichen Gebäudes bereitete mir ein Vergnügen, das zunächst übertrieben erscheinen mag. Der Grund war schlicht der, daß ich es als Kind auf Holzschnitten, in Geographiebüchern und auf den Ekken großer Landkarten zu sehen pflegte, deren Oberfläche blank und bläßlich war und die an ungeahnten Orten, in dunklen Sälen und hinter Türen aufgehängt waren. Die Karten hingen so hoch, daß mein Blick nur bis zu den unteren Ecken reichte, und diese Ecken enthielten gewöhnlich einen Stich von einem seltsam aussehenden Haus, das zwischen Bäumen auf einer grasigen Böschung thronte, die mit höchst gewinnender Steilheit vor ihm abfiel. Ich pflegte mir immer vorzustellen, welch ein Spaß es sein müßte, sich der Länge nach diesen Steilhang hinabzuwälzen. Dicht daneben stand gewöhnlich etwas des Sinnes, daß sich etwas soundsoviel Grad ›östlich von Greenwich‹ befände. Warum östlich von Greenwich? Die vage Verwunderung, die das kindliche Gemüt über diesen Punkt verspürte, verlieh dem Ort eine geheimnisvolle Wichtigkeit und schien ihn zu den schwierigen und faszinierenden Teilen der Geographie in Beziehung zu setzen – den Ländern mit willkürlichem Umriß und den verwaist wirkenden Seiten des Atlasses. Doch da stand er neulich, der präzise Punkt, von dem aus der große Globus vermessen wird; da war die schlichte kleine Fassade mit den altmodischen Kuppeln; da war die Böschung, auf der es so herrlich wäre, nicht zu rennen aufhören zu können. Ich kam mir schrecklich alt vor, als ich feststellte, daß ich nicht einmal in Versuchung kam anzufangen. Es gibt in der Tat sehr viele steile Böschungen im Greenwich Park, der sich auf höchst abenteuerliche Weise auf und nieder wellt. Es ist ein bezaubernder Ort, recht schäbig und abgetreten, wie es sich für einen strikt öffentlichen Ort der Erholung geziemt, aber mit einem ganz eigenen Charakter. Er ist voller großartiger, fremdländisch wirkender Bäume, von denen ich nichts weiß, als daß sie vergeblich den Anschein erwecken, Kastanien zu sein, gepflanzt in langen, aufeinander zulaufenden Alleen, mit Stämmen von außergewöhnlichem Umfang und Ästen, die einen düsteren Schatten weit über das Gras werfen; es gibt reichlich Bänke, und es gibt Wild, so zahm wie schläfrige Kinder; und von den Kuppen der buschigen Hügelchen genießt man Ausblicke auf die Themse und die dahinziehenden Schiffe und die beiden klassischen Gasthäuser am Flußufer und die großen, prunkvollen, von Inigo Jones entworfenen Gebäude des alten Spitals, die ihrer ehemaligen Bewohner beraubt und in eine Marineakademie umgewandelt worden sind.

Dies alles zur Kenntnis nehmend, gelangte ich zu einem entlegenen Winkel in der Parkmauer, wo sich ein kleines, angelehntes Nebentor befand. Ich stieß das Tor auf und sah mich, in hinreißendem Übergang, auf Blackheath Common. Man hatte oft in vagen, nicht wiederherstellbaren, anekdotischen Zusammenhän-

gen von Blackheath gehört: nun, hier war es – ein
großer, grüner, luftiger Ort, wo Burschen in Kordhosen Kricket spielten. In der Regel versetzt mich ein
englischer Common* in unverhältnismäßige Ekstase;
er mag zusammengestutzt und cockneyfiziert sein wie
dieser hier – in dessen Rasen überall Laternenpfähle
steckten und den ein frisch gestrichenes Geländer um-
gab –, doch im allgemeinen schäumt er über vom
Element des Englisch-Luftigen, und es will einem stets
scheinen, man habe ihn schon einmal als Aquarell oder
Stich gesehen. Und sei der Rasen auch allzu sehr
zertrampelt, so verweisen er und der Tag, da die hoch-
getürmten, wetterträchtigen Wolken darüber lasten
und ihr graues Licht herabträufeln, für den Blick des
Ausländers doch auf etwas intim Insulares. Um den
Flecken noch näher zu bestimmen, tauchte aus einem
der zwei bis drei Wege auch noch der britische Soldat
auf, die Mütze auf dem Ohr, die weißen Handschuhe in
der einen und das stutzerhafte Stöckchen in der anderen
Hand. Er trug die Uniform der Artillerie, und ich fragte
ihn, woher er käme. Ich erfuhr, daß er von Woolwich
herübergewandert und daß dieser Kraftakt in einer
halben Stunde zu bewältigen sei. Erneut von vagen
Gedankenverbindungen angeregt, machte ich mich
daran, es ihm gleichzutun. Ich lenkte meine Schritte
nach Woolwich, einem Ort, der mir ganz allgemein als
Wiege britischen Heldenmuts bekannt war. Nach Ablauf meiner halben Stunde trat ich auf einen weiteren
Common hinaus, auf dem die aquarellene Pracht einen
noch höheren Grad erreicht hatte. Die Szene war wie

* Gemeindeanger. (Anm. d. Verl.)

ein Kapitel aus einer vergessenen Chronik. Die offene, grasige Fläche war immens und, da der Abend wunderschön war, mit umherspazierenden Soldaten und Städtern getüpfelt. Ein halbes Dutzend Kricketspiele waren im Gange, sowohl zivile als auch militärische. An einem Ende dieses friedlichen *campus martius,* der sich über eine Hügelspitze hinzieht, erhebt sich eine endlose Fassade – eine der Fronten der Kaserne der Royal Artillery. Sie hat ein sehr ehrenwertes Gepräge und, so stelle ich mir vor, mehr Fenster und Türen als irgendein anderes Gebäude in Britannien. Davor befindet sich ein tadelloser Paradeplatz, und es gibt zahlreiche Wachen, die vor sorgsam gepflegten Einlässen zu Offiziersquartieren einherschreiten. Alles, worauf sie hinausblickt, ist in schneidigster, militärischer Ordnung – die vornehme Schule (auf der der junge Mann, den als letzten Bonaparte zu bezeichnen vielleicht verfrüht wäre, unlängst die Kriegskunst studierte) auf der einen Seite; eine Art vorbildliches Feldlager, eine Ansammlung schmuckster Bretterhütten, auf der anderen; und am entfernten Ende, an einer gut belüfteten Stelle, ein Lazarett. Und in der Stadt unten gibt es noch sehr viel mehr Militärisches; Kasernen in ungeheurer Zahl; eine Marinewerft, die der Straße eine endlose, unzugängliche Mauer zuwendet; ein Zeughaus, dessen Türhüter (der sich weigerte, mich einzulassen) erklärte, sein Umfang betrage ›fünf Meilen‹; und zuletzt genügend Branntweinkaschemmen, um auch den hasenherzigsten Geist zu entflammen. Auf letztere Einrichtungen warf ich auf dem Wege zum Bahnhof am Fuße des Hügels einen Blick; doch vor meiner Abfahrt hatte ich eine halbe Stunde damit verbracht, im vagen Bewußtsein bestimmter Gefühle, die (ich spreche nur für mich selbst) durch fast jeden flüchtigen Eindruck der imperialen Maschinerie dieses großen Landes in Gang gesetzt werden, über den Common zu spazieren. Der Eindruck mag der alleroberflächlichste sein; er ruft eine eigenartige Empfindung wach. Ich weiß nicht, wie ich diese Empfindung nennen soll, es sei denn schlicht Bewunderung für die Größe Englands. Die Größe Englands; das ist ein sehr aus dem Stegreif formulierter Ausdruck, und natürlich erhebe ich nicht den Anspruch, ihn im analytischen Sinne zu gebrauchen. Ich gebrauche ihn im romantischen Sinne, wie er in den Ohren eines jeden Amerikaners klingt, der im Strom der Zeit zurückgeht zum Quellgebiet seiner eigenen Loyalitäten. Ich denke an die große Rolle, die England im Geschick der Menschen gespielt, den großen Raum, den es eingenommen hat, seine ungeheure Macht, seine weitreichende Herrschaft. Daß diese unbeholfen allgemeinen Gedanken sich beim Anblick eines unendlich kleinen Teils des englischen Regierungssystems aufdrängen sollten, mag scheinbar auf eine Neigung zu allzu überspannter Phantasterei hindeuten; doch wenn, so muß ich mich dieser Schwäche schuldig bekennen. Warum sollte einen ein Schilderhaus mehr oder weniger zum Nachdenken über den Ruhm dieser kleinen Insel bringen, die in ihrem bloßen Genie die Mittel zu einer solchen Macht gefunden hat? Das ist mehr, als ich sagen kann; und so wage ich nur zu sagen, daß der einfühlsame Fremde in den schwierigen Tagen, die derzeit verstreichen, seine Betrachtungen eigenartig beflügelt findet. Es ist das imperiale Element in der englischen Geschichte, an dem ihm hauptsächlich liegt, und er ertappt sich bei der Überlegung, ob das imperiale Zeitalter vollständig abgeschlossen ist. Dies ist ein Moment, da alle Nationen Europas etwas zu tun scheinen, und er wartet darauf, was England, das so viel getan hat, tun wird. Er hat in letzter Zeit sehr viele Landsleute kennengelernt – Amerikaner, die auf dem Kontinent leben und sich anmaßen, dezidiert von kontinentalen Gefühlsbefindlichkeiten zu reden. Diese Leute sind durch London gekommen, und viele von ihnen sind in jener gereizten Gemütsverfassung, die das Los des amerikanischen Besuchers der britischen Metropole zu sein scheint, wenn er sich nicht den Wonnen der historischen Empfindung ergibt. Sie haben mit Bestimmtheit erklärt, die kontinentalen Staaten hätten aufgehört, sich auch nur einen Pfifferling um das zu scheren, was England denkt, seine traditionelle Geltung sei völlig dahin, und die Angelegenheiten Europas würden ganz unabhängig von seinem Tun und mehr noch seinem Nichtstun geregelt. England werde nichts tun, werde nichts riskieren; es gäbe keine Sache, die schlecht genug wäre, als daß es nicht ein eigennütziges Interesse daran fände – es gäbe keine Sache, die gut genug wäre, als daß es darum kämpfte. Das arme alte England sei verblichen; es sei an der Zeit, daß es sich um ein möglichst anständiges Begräbnis bemühe. Auf all das antwortet der einfühlsame Fremde, er glaube erstens kein Wort davon und schere sich zweitens keinen Deut darum – und zwar um das, was die kontinentalen Nationen denken. Wenn die Größe Englands tatsächlich schwände, so würde ihm das zum persönlichen Kummer gereichen; und während er, umgeben von all jenen Mahnzeichen britischer Herrschergewalt, über den luftigen Common von Woolwich spaziert, erbebt er allzu köstlich, um sich von solchen Hirngespinsten ablenken zu lassen.

Dessenungeachtet wünscht er sich, wie ich schon sagte, daß England etwas *tun* würde – etwas Verblüffendes und Machtvolles, das zugleich charakteristisch und unerwartet sein sollte. Er fragt sich, was er tun kann, und erinnert sich, daß die Größe Englands, die er so sehr bewundert, früher häufig dadurch veranschaulicht wurde, daß es etwas ›nahm‹. Kann es jetzt nicht etwas ›nehmen‹? Da ist der *Spectator,* der will, daß es Ägypten besetzt: kann es nicht Ägypten besetzen? Der *Spectator* hält es für dessen moralische Pflicht – untersucht gar, ob es das Recht habe, den getretenen Fellachen die Segnungen seiner gütigen Herrschaft *nicht* zuteil werden zu lassen. Ein, zwei Tage, nachdem in dem überaus feinsinnigen Blatt dies beredte Plädoyer für eine Teilannexion des Nils erschienen war, befand ich mich in Gesellschaft eines scharfsinnigen, jungen Franzosen. Es fiel irgendeine Anspielung darauf, und mein Begleiter erklärte es natürlich zum denkbar vollendetsten Beispiel insularer Heuchelei. Ich weiß nicht mehr, wie machtvoll meine Verteidigung ausfiel, aber während ich es las, hatte ich festgestellt, daß die Heuchelei ansteckend war. Ich entsann mich seiner, während ich meinen Betrachtungen nachging, aber ich entsann mich gleichzeitig der arg prosaischen Rede Mr. Gladstones*, auf die es eine Replik gewesen war. Mr. Gladstone hatte gesagt, England habe weit dringendere

---

* William Edward Gladstone (1809–1898), engl. Staatsmann. (Anm. d. Verl.)

Pflichten als die Besetzung Ägyptens; es müsse sich den großen Fragen widmen, den Fragen der – was waren die großen Fragen? Die der Gemeindesteuer und der Alkoholgesetze! Die Gemeindesteuer und die Alkoholgesetze! Damals klang der Satz in meinen Ohren fast erbärmlich. Das war es nicht, woran ich gedacht hatte; nicht darin, daß es sich eifrig über diese zweifellos interessanten Gegenstände beugt, dürfte der wohlwollende Fremde England wohl in seiner Lieblingshaltung sehen – der, wie Macaulay sagt, in der es seinen Widersachern Trotz entgegenschleudert. Mr. Gladstone mag vielleicht recht gehabt haben, aber Mr. Gladstone war auch alles andere als ein wohlwollender Fremder.

Zwei Ausflüge

I

Sie unterschieden sich sehr voneinander, aber für beide sprach etwas. Im Hinblick auf den ersten schien dahingehend höchste Übereinstimmung zu herrschen, daß es ein Jammer wäre, wenn ein Ausländer etwa den Derby-Tag versäumte. Jedermann versicherte mir, dies sei das große Fest des englischen Volkes, und man kenne letzteres nicht wirklich, wenn man es nicht dabei erlebt habe. So viel konnte ich, da es mit Pferden zu tun hatte, durchaus glauben. Waren die Zeitungen nicht seit Wochen mit immer wiederkehrenden Abhandlungen über die an der Zeremonie beteiligten Tiere gefüllt? Und war das Ereignis nicht für die Nation in ihrer Gesamtheit nur verschwindend weniger bedeutsam als die andere große Tagesfrage – das Schicksal von Reichen und die Neuaufteilung des Ostens? Der Raum, den eine kompakte, eklektische, ›hochgeistige‹ Zeitschrift wie die *Pall Mall Gazette* Sport-Mitteilungen zubilligte, war seit einiger Zeit Maßstab für die Macht solcher Fragen über das Denken der Einheimischen. Das alles ist indes ganz natürlich in einem Lande, in dem man in ›Gesellschaft‹ leicht die Bekanntschaft von Syllogismen wie dem folgenden machen kann. Man sitzt beim Dinner neben einer ausländischen Dame, an deren anderer Seite sich ein mitteilsamer Gentleman befindet, durch den sie in der Kunst der richtigen Perspektive für das englische Leben unterwiesen wird. Ich ziehe Nutzen aus ihrem Gespräch und erfahre, daß diese Perspektive offenbar der Sattel ist.« Sehen Sie, das englische Leben«, sagt der Gentleman, »ist eigentlich das englische Landleben. Das Land bildet die Grundlage der englischen Gesellschaft. Und sehen Sie, das Landleben ist – nun ja, das ist die *Fuchsjagd*. Die Fuchsjagd liegt allem zugrunde.« Mit anderen Worten, ›die Fuchsjagd‹ ist die Grundlage der englischen Gesellschaft. Von dieser Erklärung gebührend beeindruckt, ist der amerikanische Beobachter auf die gewaltigen Ausmaße der jährlichen Pilgerfahrt nach Epsom gefaßt. Diese Pilgerfahrt indes ist, so wurde mir versichert, wenngleich der Teilnahme durchaus noch wert, keineswegs mehr so charakteristisch wie in früheren Zeiten. Sie wird heutzutage weitgehend mit der Eisenbahn durchgeführt, und das Schauspiel auf der Straße hat viele seiner früheren und die meisten seiner schöneren Züge eingebüßt. Die Straße ist mehr und mehr dem gemeinen Volke und den Ausländern überlassen worden und hat aufgehört, mit der Anwesenheit von Damen beehrt zu werden. Gleichwohl empfahl man mir als Mann und Ausländer nachdrücklich, sie zu nehmen, denn die Rückkehr vom Derby ist, trotz aller Abstriche, immer noch ein klassischer Aufzug.

Ich bestieg eine vierspännige Kutsche, eine bezaubernde Kutsche mit gelbem Kutschkasten und stattlichen Leitpferden mit sauberen Flanken; und setzte mich neben den Kutscher, da man mir gesagt hatte, dies sei der richtige Aussichtspunkt. Die Kutsche war eines jener neumodischen Fahrzeuge – der Mode, daß öffentliche Gefährte zur eigenen und zur Unterhaltung des Publikums von Privatiers gelenkt werden. Am Derby-Tag waren alle Kutschen, die vom klassischen Hauptquartier – ›The White Horse‹ in Piccadilly – losfahren und von London aus einem Dutzend verschiedener und gut ausgewählter Ziele entgegenziehen, für die Straße nach Epsom bestimmt worden. Der Kasten des Fahrzeugs ist leer, da niemand daran denkt, einen anderen als einen der dreizehn Plätze auf dem Dach einzunehmen. Am Derby-Tag indes befördert eine angemessen beladene Kutsche auf den inneren Plätzen eine Fracht Eß- und Champagnerkörbe. Ich muß hinzufügen, daß mein Begleiter bei dieser Gelegenheit ausnahmsweise ein ausgesprochen geschickter Kutscher war, der sich als freundlicher und amüsanter Cicerone erwies. Andere Begleiter gab es, auf den dreizehn Plätzen hinter mir hockend, deren gesellige Sinnesart zu erproben ich mir weniger angelegen sein ließ – obzwar ihre verschiedenen Charaktereigenschaften im Verlaufe der Expedition unter dem Einfluß des Champagners sich so frei entfalteten, daß der Vorgang ungemein erleichtert wurde. Wir waren eine Gesellschaft von Exoten – Spanier, Franzosen, Deutsche. Es waren nur zwei Briten dabei, und das waren meiner Theorie zufolge Australier – eine antipodische Braut nebst Bräutigam auf einer zentripetalen Hochzeitsreise.

Die Fahrt nach Epsom ist, wenn man London glücklich hinter sich hat, hinlänglich hübsch; doch der Abschnitt, der mir am meisten gefiel, war ein überwiegend vorstädtischer Bezirk – die klassische Gemeinde Clapham. Das Bild von Clapham hatte zum Bestand des eigenen, milderen historischen Bewußtseins gehört – das Bild seines achtbaren Common, seiner evangelischen Gemeinde, seiner reichen, farblosen Einwohnerschaft, seiner prächtigen Anwesen aus dem achtzehnten

Jahrhundert. Nun schien ich diese Elemente zum ersten Mal richtig deutlich zu sehen, und ich fand sie sehr bezaubernd. Dies Epitheton gilt freilich kaum für die evangelische Gemeinde, die am Morgen des Derbys und während der entweihenden Pilgerfahrt der Liederjane von Epsom naturgemäß nicht sehr im Vordergrund stand. Doch um den grünen, wenn auch cockneyfizierten Common herum sind geräumige Häuser von nüchternem, rotem Aussehen angeordnet, unter deren neoklassizistischen Giebelfeldern eine Dame mit mildem Gesicht hervortreten könnte – eine Dame in Schutenhut und Fäustlingen, die aus einer grünseidenen Tasche Traktate verteilt. Es bedürfte indes geradezu der Inbrunst des Missionars unter Kannibalen, sich dem Strom der unterschiedlichen Fahrzeuge entgegenzustemmen, der ungefähr an diesem Punkt seine großstädtischen Zuflüsse aufnimmt und in seiner rumpelnden, ratternden Flut fortträgt. Das Gewühl von Radfahrzeugen aller Couleur verdichtet sich hier, und das Schauspiel vom Kutschdach herab wird entsprechend fesselnd. Man beginnt wahrzunehmen, daß der Glanz der Straße wahrhaftig dahin ist und daß die Umstände kein durchgehend feiner Ton im Auftreten kennzeichnet. Doch hat man dieses Faktum erst einmal begriffen, unterhält man sich unablässig. Man nimmt wahr, daß einem das Vulgäre in einem nicht zu überbietenden Ausmaß, etwas den zaghaften Geschmack himmelschreiend, unvorstellbar und drastisch Schockierendes ›ins Haus steht‹; es ist nur erforderlich, die Lage zu akzeptieren und nach Illustrationen Ausschau zu halten. Neben einem, vor einem, hinter einem tummelt sich das mächtige, gemeine Volk Londons bei seinen *ébats*.

Zum ersten Mal bekommt man eine Vorstellung von der Londoner Bevölkerung in ihrer Gesamtheit. Sie hat sich in Karren, in Pferde-Omnibusse, in jede mögliche und unmögliche Form von ›fahrbarem Untersatz‹ gepfercht. Ein Großteil davon ist natürlich zu Fuß und stapft auf dem gefährlichen Rand der Straßenmitte so gemütlich dahin, wie man es nur haben kann, wenn man über fünfzehn Meilen einem Bruch des Schienbeins zu entgehen sucht. Je kleiner das Fahrzeug, desto rattenhafter das Tier, das es zieht, desto zahlreicher und gewichtiger seine menschliche Fracht; und da jeder auf seinem Schoße ein in zerfleddertes Zeitungspapier eingewickeltes Proviantpaket hätschelt, das ebenso groß ist wie er selbst, überrascht es nicht, daß häufig am Straßenrand Rast gemacht wird und daß die Tavernen auf dem ganzen Weg nach Epsom (es ist erstaunlich, wie viele es gibt) von dichten Gruppen staubiger Pilger umlagert werden, die sich üppig an Erfrischungen für Mensch und Tier gütlich tun. Und wenn ich Pilger sage, so darf man das keinesfalls so verstehen, als gehörten dazu keine Frauen. Das weibliche Kontingent am Derby-Tag bildet nicht den unbeachtlichsten Teil der Londoner Invasion. Jeder ist auf ›Possen‹ vorbereitet, aber die Frauen sind noch glänzender und entschlossener vorbereitet als die Männer; es gibt keine bessere Möglichkeit, die Spannweite des Typus – nicht daß sie groß genannt werden könnte – der britischen Frau der niederen Schichten zu verfolgen. Die in Rede stehende Dame ist zumeist keine Zierde. Sie ist nützlich, kräftig, fruchtbar, ausgezeichnet geeignet, die ihr im großen Gefüge der englischen Zivilisation zugewiesene, einigermaßen schwierige Rolle zu spielen, aber sie besitzt nicht die Reize, die es ihr ermöglichen, ohne weiteres zur Ausschmückung des Lebens zu taugen. An niedrigeren Feiertagen – oder an schlichten Arbeitstagen – in Londoner Menschenmengen habe ich oft gedacht, sie habe, was Kopf und Schultern anbelangt, gewisse Züge zur ersten Reinzeichnung des Briten beiderlei Geschlechts beizutragen, wie die Rasse als ganzes sie skizziert. Doch in Epsom ist sie zu stämmig, zu erhitzt, zu rot, zu durstig, zu lärmend, zu seltsam ausstaffiert. Und doch möchte ich ihr Gerechtigkeit widerfahren lassen; und so muß ich hinzufügen, daß, wenn es an der derben, plebejischen Lustigkeit des Derby-Tages etwas gibt, dem der Amerikaner einen bewundernden Tribut nicht versagen kann, nicht einzusehen ist, warum man diesen schlampigen Bacchantinnen nicht einen Teil des Verdienstes daran anrechnen sollte. Das Auffallende, das Interessante sowohl auf der Hinfahrt wie bei der Rückkehr war, daß der Feiertag so freimütig, so aufrichtig, so gutgelaunt genossen wurde. Das Volk, das von allen Völkern habituell am meisten von Anstand, Schicklichkeit, Steifheit des Benehmens bestimmt wird, knöpfte einen glücklichen Tag lang seine achtbare Zwangsjacke auf und bekräftigte sein umfassendes und schlichtes Gefühl der Lebensfreude. Bei einem solchen Schauspiel gab es unvermeidlich vieles, das unpassend und unvorteilhaft war; dies gewann hauptsächlich bei der Rückkehr die Oberhand, als Demoralisierung herrschte und das Temperament der Menschen begonnen hatte, sich richtig Luft zu schaffen. Allein mit einer Art brutalen Flitterstaats bekleidet, sehr durstig und heftig gerötet zu sein, fortwährend über alles und nichts zu lachen, kurzum

nach Kräften einen bedeutsamen Anlaß zu genießen –
all das ist bei schlichten Menschen des anfälligeren
Geschlechts kein unverzeihliches Verbrechen.

Die Rennbahn von Epsom ist an sich schon sehr
hübsch und von der Natur selbst in verständnisvoller
Voraussicht der Sport-Leidenschaft angelegt worden.
Sie ähnelt in etwa dem Krater eines Vulkans ohne
dazugehörigen Berg. Der äußere Rand ist die eigentliche Rennbahn; der Raum dazwischen ist eine riesige,
flache, grasige Mulde, in der Fahrzeuge abgestellt und
Tiere angebunden werden und in der der größere Teil
der Menge – die Marktschreier, die Wetter und die
Myriaden ausdauernder Besucher des Schauplatzes –
versammelt ist. Der äußere Streifen des in Rede stehenden erhöhten Randes wird von der Haupttribüne, den
Nebentribünen und dem Sattelplatz eingenommen.
Der Tag war außerordentlich schön; der bezaubernde
Himmel war mit kleinen, müßig wirkenden, bum-
melnden, unbekümmerten Wölkchen getüpfelt; die
Epsom Downs erhoben sich weitab so grün wie auf
einem kolorierten Sportbild, und das bewaldete Ober-
land im Mittelgrund wirkte so unschuldig und pastoral,
als hätte es nie einen Polizisten oder Strolch gesehen.
Die Menge, die sich über die ungeheure Fläche ausge-
breitet hatte, war eine so reichhaltige Verkörperung
ausgelassenen Menschenlebens, wie man sie sich nur
wünschen konnte. Wenn man auf einer Kutsche thront,
widerfährt einem bei der Ankunft zunächst das Schicksal, zu erleben, wie die Kutsche durch Manöver, die
dem Kutscher selbst am besten bekannt sind, durch das
fürchterliche Gedränge von Fahrzeugen und Fußgängern gelenkt, in einen mit Seilen abgesperrten und

gegen unbefugtes Eindringen ohne Entrichtung einer Gebühr gesicherten Bezirk eingelassen und dann längs der Rennbahn, möglichst gegenüber der Haupttribüne und dem Zielpfosten, aufgefahren wird. Hier muß man nur von seinem Platz aufstehen – zwar auf Zehenspitzen und unter erheblichem Recken –, um das Rennen recht gut sehen zu können. Aber ich beeile mich hinzuzufügen, daß es nicht sonderlich unterhaltsam ist, das Rennen zu sehen. Erstens *sieht* man es nicht, und zweitens – um aus Anlaß einer Lustbarkeit auch einmal etwas Ungereimtes zu sagen – nimmt man es nicht als etwas wahr, das besonders sehenswert wäre. Von seiner Art her mag es schön sein, aber vom Umfang her ist es unbedeutend. Die Pferde und ihre Jockeys gehen zunächst wiegend und kanternd die Bahn entlang zur Startlinie. Dann hebt ein langes Warten an, in dessen Verlauf von den sechzigtausend Anwesenden (meine Zahl ist aus der Luft gegriffen) dreißigtausend entschieden erklären, sie seien gestartet, und dreißigtausend dies ebenso entschieden bestreiten. Dann werden plötzlich alle sechzigtausend durch den Anblick eines Dutzends kleiner, an einer weit entfernten Horizontlinie entlangrasender Jockeyköpfe wieder eines Sinnes. In einer kürzeren Spanne, als ich brauche, um das zu schreiben, hat man die Sache vor sich, und für den Augenblick ist es alles andere als schön. Ein Dutzend wild wirbelnder Arme – rosa, grün, orange, scharlachrot, weiß – prügeln die Flanken ebensovieler sich mühender Rosse; ein flüchtiger Blick darauf, und das Schauspiel ist vorbei. Das Schauspiel indes macht selbstverständlich nur zu einem unendlich kleinen Teil den Sinn von Epsom und den Reiz des Derbys aus. Die feineren Schwingungen liegen vermutlich darin, in der Affäre Geld stehen zu haben.

Nachdem ein Pferd, dessen Namen ich, so gebe ich zu, barbarischerweise vergessen habe, den Sieg davongetragen hatte, wandte ich dem Rennen, in jeder Hinsicht so, als sei ich gleichfalls höchst ›interessiert‹, den Rücken zu und suchte Unterhaltung, indem ich die Menge beobachtete. Die Menge war sehr angeregt; das ist die knappste Beschreibung, die ich von ihr geben kann. Die Pferde waren natürlich von den Fahrzeugen abgespannt worden, so daß die Fußgänger ungehindert gegen die Räder andrängen und die Kutschen sogar bis zu einem gewissen Grade erklettern und überrollen konnten. Diese Tendenz wurde am ausgeprägtesten, als sich mit Erreichen der Tageshälfte der Vorgang des Lunchens zu entfalten und jedes Kutschendach zum Schauplatz eines Picknicks zu werden begann. Von diesem Augenblick an beginnt beim Derby die Demoralisierung. Ich war in der Lage, sie um mich herum in ihren chrakteristischsten Formen zu beobachten. Die ganze Affäre wird, was die herkömmliche Steifheit angeht, von der ich vor einer Weile sprach, zu einer wirklichen *dégringolade*. Die schäbigen Fußgänger wuseln um die Fahrzeuge und starren zu den glücklichen Sterblichen auf, die in einer Art quälend nahem Empyreum thronen – einer Region, in der Teller mit Hummersalat herumgereicht werden und Champagnerkorken wie himmlische Meteore die Luft durchschneiden. Es gibt falsche Negersänger, Bettler, Marktschreier, mit Flitter geschmückte Menschen auf Stelzen und Zigeunerweiber, so echt wie nur möglich, mit glühenden, orientalischen Augen und das *h* verschluckend;

letztere boten einem für sechs Penny die Verheißung alles Vornehmen im Leben, mit Ausnahme des Hauchlautes. Auf einer Kutsche, die neben der aufgefahren war, auf der ich einen Platz hatte, durchlief eine Gesellschaft wohlhabender junger Männer mit einem Eifer, der mir Bewunderung abnötigte, Stadium auf Stadium der höheren Seligkeit. Sie wurden von zwei, drei jungen Damen des Schlages begleitet, der üblicherweise die ausgesuchtesten Vergnügungen wohlhabender junger Briten teilt – junge Damen, bei denen nichts versäumt worden war, was den Teint unübertrefflich machen kann. Die ganze Gesellschaft hatte schwer getrunken, und einer der jungen Männer, ein hübscher Bursche von zwanzig, war in einem unbesonnenen Augenblick auf die Erde herabgewankt, so gut er es eben konnte. Hier erwies sich, daß er zu tief ins Glas geschaut hatte; er brach zusammen und wälzte sich am Boden. Schlicht gesagt, er war scheußlich betrunken. Es war die folgende Szene, die meine Aufmerksamkeit fesselte. Seine Begleiter auf dem Kutschendach riefen den unter den Rädern sich zusammendrängenden Leuten zu, sie sollten ihn aufheben und drinnen verstauen. Diese Leute waren der schmutzigste Pöbel, und ein paar Männer, die wie Kohlenschlepper ohne Arbeit aussahen, übernahmen es, den unglücklichen Jüngling anzufassen. Aber ihre Aufgabe war schwierig; es war unmöglich, sich einen betrunkeneren jungen Mann vorzustellen. Er war nichts als ein Beutel voll geistigen Getränks – gleichzeitig zu gewichtig und zu schlaff, um gelüpft zu werden. Er lag als hilfloses Häuflein zu Füßen der Menge – der berauschteste junge Mann in England. Seine zeitweiligen Kammerherren packten ihn erst auf eine, dann auf eine andere Weise; aber er war wie Wasser in einem Sieb. Die Menge drängte sich über ihm; jedermann wollte zusehen; man zerrte, schob und befingerte ihn. Das Schauspiel hatte eine groteske Seite, und genau die schien den Kameraden des jungen Mannes zu gefallen. Sie waren noch nicht mit dem Lunch fertig, und so konnten sie dem Vorfall nicht die volle Beachtung schenken, die seine hohe Komik verdiente. Doch sie taten, was sie konnten. In der halben Stunde, die das Schauspiel dauerte, schauten sie, das Glas in der Hand, sehr häufig herab und knauserten weder mit ihrem ungezügelten, fröhlichen Gelächter noch mit ihren anerkennenden Kommentaren. Frauen, heißt es, hätten keinen Sinn für Humor; doch die jungen Damen mit dem schönen Teint wußten die Vergnüglichkeit der Szene ausgiebig zu würdigen. Gegen Ende hin freilich erlahmte ihre Aufmerksamkeit ziemlich; denn auch der beste Scherz leidet durch Wiederholung, und wenn man zum zwölften Mal einen benommenen, völlig staubbedeckten jungen Mann der Umarmung von ein paar unbeholfenen Rauhbauzen hat entgleiten sehen, darf man mit Fug und Recht annehmen, daß man die äußersten Grenzen des Lächerlichen erreicht hat.

Nachdem das große Rennen gelaufen war, verließ ich meinen Hochsitz und brachte den Rest des Nachmittags damit zu, die grasige Mulde zu durchstreifen, die ich erwähnt habe. Es war amüsant und pittoresk; es war einfach ein gewaltiges Zigeunerlager. Auch hier stand eine Vielzahl von Wagen, die in gleicher Weise mit generösen Jünglingen und jungen Damen mit goldenem Haar befrachtet waren. Diese jungen Damen waren beinahe die einzigen Vertreterinnen ihres Geschlechts mit Ansprüchen auf Eleganz; sie waren oft hübsch und stets erheitert. Gentlemen zu zweien, die auf Stühlen standen, mit phantastischer Sportkleidung angetan waren und jedermann, den es danach gelüsten mochte, Wetten anboten, waren ein ins Auge stechendes Merkmal der Szene. Gleichermaßen auffallend war, daß sie nicht in der Wüste predigten und unter den niedrigen Schichten viele Kunden fanden. Ich kehrte rechtzeitig zu meinem Platz zurück, um dem recht verwickelten Verfahren des Aufbruchs zur Rückfahrt nach London beizuwohnen. Pferde anzuspannen und Fahrzeuge in Linie zu bringen, schien inmitten des allgemeinen Gewühls und Gewirrs ein Vorgang zu sein, der auch durch das ausgiebigste Fluchen von seiten der daran Beteiligten nicht erleichtert wurde. Aber nach und nach kamen wir damit zu Rande; und da mittlerweile eine Art milde Heiterkeit die obere Atmosphäre – die Region der lotrechten Peitsche – durchdrang, vermochten auch die Unterbrechungen, die die Geduld auf die härteste Probe stellten, irgendwie zur Lustigkeit beizutragen. Es oblag den Menschen unten, nicht zu Tode getrampelt oder zwischen widerstreitenden Radnaben zermalmt zu werden, aber es war allein an *ihnen*, das zu bewerkstelligen. Droben hatte der Karneval der ›Neckerei‹ begonnen, und die steigerte sich, während das Knäuel von Fahrzeugen dichter wurde. Als sie alle ineinander verknäuelt waren (mit einem bequemen Polster von Fußgängern an Punkten der heftigsten Berührung), brachten sie es irgendwie zustande, sich gemeinsam zu bewegen; so daß wir allmählich fort und auf die Straße kamen. Die vier oder fünf auf der Straße hingebrachten Stunden waren schlicht ein Austausch von Schlagfertigkeiten, deren verschwenderisch gutmütige Herzhaftigkeit insgesamt gewiß eindrucksvoll war. Die Neckerei war weder geistreich noch feinsinnig noch sonderlich taktvoll; und hie und da war sie entschieden zu angeheitert, um auch nur verständlich zu sein. Aber als Ausdruck des Aufknöpfens jener allgemeinen Zwangsjacke, von der ich vor einer Weile sprach, hatte sie ihre gesunde, ja unschuldige Seite. Sie nahm freilich häufig aufdringlich körperliche Formen an; sie suchte sich durch den Gebrauch von Pusterohren und Wasserspritzen Nachdruck zu verschaffen. In ihrer äußersten Form war sie außerdem ungemein roh und rüpelhaft. Doch ein Fremder von noch so verfeinertem Geschmack dürfte froh sein, einen Blick auf diese volkstümliche Festlichkeit zu erhaschen, denn er bekäme dadurch das Gefühl, etwas mehr über das englische Volk zu erfahren. Es gäbe der alten Bezeichnung Englands als lustig und gemütlich eine Bedeutung.* Es gemahnte ihn daran, daß die Einheimischen dieses Landes einigen der leichtsinnigeren menschlichen Regungen unterworfen sind, und daß die ehrbaren, düsteren Fluchten der Wohnstraßen Londons – jene unaufdringlichen Schöpfungen, deren Urbild Thackerays Baker Street ist – kein vollständiges Symbol der komplizierten Rasse sind, das sie errichtete.

---

* Gemeint ist ›Merry Old England‹, Name für England, der besonders auf die Zeit unter Elisabeth I. angewandt wurde. (Anm. d. Verl.)

II

Es schien mir ein solcher Glücksfall, zum Stiftergedenkfest nach Oxford eingeladen worden zu sein, und
dies von einem Gentleman, der mit der unter diesem
Namen bekannten Zeremonie zu tun hat und mir
zuvorkommenderweise die Gastfreundschaft seines
College anbot, daß ich kaum so lange blieb, um mich
auch nur bei ihm zu bedanken – ich fuhr schlicht hin
und erwartete ihn. Ich hatte in früheren Jahren einen
flüchtigen Blick auf Oxford erhascht, aber ich hatte
noch nie in einem Raum mit niedriger Decke geschla-
fen, der auf ein grasiges Viereck hinausging und einem
mittelalterlichen Uhrturm gegenüber lag. Dieses Vergnügen wurde mir am Abend meiner Ankunft gewährt; ich hatte freien Zutritt zu den Räumen eines
abwesenden Nichtgraduierten. Ich saß in seinen tiefen
Armsesseln; ich brannte seine Kerzen ab und las in
seinen Büchern, und ich danke ihm hiermit so überschwenglich wie möglich. Vor dem Zubettgehen
machte ich einen Rundgang durch die Straßen und
erneuerte in der stillen Dunkelheit den Eindruck des
ihnen durch die ruhigen College-Fronten verliehenen
Zaubers, den ich in früheren Jahren gewonnen hatte.
Die College-Fronten waren nun ruhiger denn je, die
Straßen waren leer, und die alte, gelehrte Stadt schlief
im warmen Sternenlicht. Die Nichtgraduierten hatten
sich in großer Zahl zurückgezogen, in dieser Regung
bestärkt von der College-Obrigkeit, die ihre Anwesenheit beim Stiftergedenkfest mißbilligt. Doch wieviele
junge Talarträger auch weggeschickt werden mögen,
es bleibt immer noch eine Kollektion, die ausreicht, den

Klang vieler Stimmen darzustellen. Es dürfte wohl keinen deutlicheren Hinweis auf die Ressourcen Oxfords geben als eben die Tatsache, daß der erste Schritt zur Vorbereitung einer eindrucksvollen Zeremonie darin besteht, so viele Akteure wie möglich loszuwerden.

Am Morgen frühstückte ich mit einem jungen Amerikaner, der mit einer Anzahl seiner Landsleute hierher gekommen war, um Anregung für eine feinere Spielart des Studierens zu suchen. Ich weiß nicht, ob er das Gespräch einiger jener freimütigen Jünglinge, Söhne der Heimaterde, deren Gesellschaft ich stets bezaubernd finde, als eine solche Anregung betrachtet haben würde. Aber von meinem Standpunkt aus trug es im Hinblick auf den Ort zum Element der Originalität bei. Nach der Mahlzeit begab ich mich zusammen mit einer von Talarträgern durchsetzten Schar Damen und älterer Leute zur altersgrauen Rotunde des Sheldonian Theatre, an das sich jeder Besucher Oxfords wegen seines merkwürdigen Kranzes plump gemeißelter, auf steinernen Postamenten thronender Köpfe von Kriegern und Weisen erinnern wird. Das Innere dieses Gebäudes ist Schauplatz des klassischen Johlens, Stampfens und Buhrufens, mit dem die Nichtgraduierten den vornehmen Gentlemen, denen der D.C.L., also der Ehrentitel eines Doktors des zivilen Rechts, verliehen werden soll, die letzte Weihe verleihen. In der Absicht, eben diesen Geräuschpegel weitestmöglich zu senken, scheuchen die Häupter der Colleges ihre allzu überschwenglichen Schüler am Ende des Trimesters, ein paar Tage vor dem Stiftergedenkfest, auf den Heimweg. Wie ich indes schon angedeutet habe, war das Kontingent der Ehrfurchtslosigkeit bei dieser Gelegenheit durchaus groß genug, um die Urform des Spektakels zu bewahren. Das machte den Vorgang höchst einzigartig. Natürlich nimmt ein Amerikaner, mit seiner Vorliebe für Altehrwürdiges, seiner Freude am Pittoresken, seiner ›gefühlsbetonten‹ Haltung zu historisch bedeutsamen Stätten, Oxford weitaus ernster, als man es von dessen bisweilen unwilligen Hausgenossen erwarten kann. Diese Leute sitzen nicht immer auf dem hohen Roß; sie sind nicht immer in einem Zustand feiner Schwingungen. Nichtsdestotrotz gibt es eine gewisse äußerste Grenze der Nichtübereinstimmung mit ihrer schönen Umgebung, von der der verzückte Außenseiter hofft, sie mögen sie nicht überschreiten. Keine vorausgehende geistige Anstrengung dürfte ihn befähigen, sich einen dieser silbergrauen Tempel der Gelehrsamkeit in ein Ebenbild des Bowery Theatre verwandelt vorzustellen, wenn mit dem Bowery Theatre Scherz getrieben wird.

Das Sheldonsche Gebäude ist wie alles in Oxford mehr oder weniger monumental. Es hat eine Doppelreihe von Galerien, aus denen mit Skulpturen geschmückte Kanzeln vorspringen; es hat lebensgroße Porträts von Königen und Würdenträgern; es hat ein allgemeines Gepräge von Alter und Würde, das bei dem Anlaß, von dem ich spreche, noch durch die Anwesenheit gewisser betagter, in karminroten Roben auf hochlehnigen Stühlen sitzender Gelehrter verstärkt wurde. Früher, glaube ich, wurden die Nichtgraduierten abgesondert – in einer Ecke einer der Galerien zusammengepfercht. Doch heutzutage sind sie zwischen den allgemeinen Zuschauern verstreut, zu denen viele Damen zählen. In besonderer Stärke indes versammeln sie sich im Parkett des Theaters, aus dem man die Bänke fortgeräumt hat. Hier wird die dichtgedrängte Masse endlich durch den Einzug der angehenden Doktoren des Zivilrechts zweigeteilt, die, gekleidet in karminrote Talare, hintereinander hereinkommen, angeführt von Trägern des Amtsstabes und begleitet vom Regius Professor des Zivilrechts, der sie dem Vizekanzler der Universität in einer lateinischen Rede, die selbstverständlich eine glühende Eloge ist, einzeln vorstellt. Die fünf Gentlemen, denen diese Auszeichnung 1877 zuteil wurde, gehörten nicht zu denen, deren Ruhm am lautesten erschallte; aber es hatte etwas ›Bildschönes‹, wie sie, die Köpfe bescheiden gesenkt, in ihren Ehrentalaren dastanden, während der ebenso effektvoll gewandete Redner dem achtunggebietenden Würdenträger auf dem hochlehnigen Stuhl mit klangvoller Stimme ihre Titel aufzählte. Wenn die kleine Rede zu Ende ist, ersteigt ein jeder von ihnen die Stufen, die zu dem Stuhl führen; der Vizekanzler beugt sich vor und schüttelt ihm die Hand, und der neue Doktor des Zivilrechts nimmt in der in rötlichem Glanze erstrahlenden Reihe seiner Mitdoktoren Platz. Das Eindrucksvolle all dessen wird arg gemindert durch das ausgelassene Benehmen der ›Studenten‹, die sich an übertriebenem Beifall, unverschämten Zwischenfragen und lebhaften Schmähungen des Lateins des Redners gegenseitig übertreffen. Von der Szene, die der eben geschilderten Episode vorausgeht, habe ich keinen Bericht gegeben. Wie die Rückkehr vom Derby ist sie ein Karneval der ›Flachserei‹; und es ist eigenartig, daß das gelehrte Fest mich zwangsläufig an den großen, allgemein beliebten ›Schabernack‹ erinnerte. In beiden Fällen ist es der gleiche Menschenschlag, der sich einer ganz bestimmten, eindeutig verbrieften Zügellosigkeit erfreut; bei den jungen Vorkämpfern einer freien Erziehung und dem Londoner Pöbel auf der Straße nach Epsom ist es die gleiche Aufgeräumtheit, die gleiche kraftvolle Lustigkeit.

Nach der Vorstellung der Doktoren folgte eine Reihe jener akademischen Übungen, die auf der ganzen Welt allgemeine Ähnlichkeit aufweisen; eine Lesung lateinischer Verse und englischer Aufsätze, ein Vortrag preisgekrönter Gedichte und griechischer Paraphrasen. Nur dem preisgekrönten Gedicht lauschte man einigermaßen aufmerksam; alles andere wurde mit einer unendlichen Vielfalt kritischer Zwischenrufe aufgenommen. Doch eigentlich, überlegte ich, als die Zeremonie sich dem Ende zuneigte, ist das Element der Ausgelassenheit charakteristischer, als es den Anschein hat; es ist im Grunde nur ein weiterer Ausdruck der verehrungswürdigen und geschichtsträchtigen Seite Oxfords. Es wird geduldet, weil es zur Tradition gehört; es ist möglich, weil es klassisch ist. In diesem Lichte betrachtet setzte es auf romantische Weise eine menschliche Vergangenheit fort, auf die alles übrige verwies.

Ich war nicht genötigt, gewitzte Vorwände zu erfinden, um von einer anderen Zeremonie gut zu denken, der ich beiwohnte, nachdem wir uns vom Sheldonschen Theater wegverfügt hatten. Es war dies eine Lunch-Gesellschaft in eben dem College, in dem zu wohnen ich als höchstes Privileg ansehen würde und das ich nicht näher bestimmen möchte. Vielleicht darf ich aber die Behauptung wagen, daß der Grund, warum ich von diesem Privileg träumte, darin bestand, daß es von Menschen mit reformerischer Neigung für den ausgemachtesten Mißstand in einem Pfuhl von Mißständen erachtet wird. Vom Parlament wurde kürzlich ein Ausschuß zur Säuberung der Universitäten eingesetzt, um ihn zu untersuchen – ein mit einem riesigen Besen bewaffneter Ausschuß, der all die schönen alten, efeuumrankten und spinnwebüberzogenen Unschicklichkeiten hinwegfegen soll. Bis diese rechtschaffenen Veränderungen vorgenommen sind, möchte man sich, wenn man schon dabei ist – das heißt, bei dem Geschäft, Oxford zu bewundern –, dem Mißbrauch anschließen, die Nase in der Rose zu vergraben, ehe sie gepflückt wird. An dem fraglichen College gibt es keine Nichtgraduierten. Ich fand die Überlegung angenehm, daß dieser grau-grüne Kreuzgang keine Abgeordneten zu der anstößigen Versammlung entsandt hatte, von der ich gerade kam. Dieser herrliche Fleck ist für das Vergnügen einer kleinen Gesellschaft von Fellows da, die, da sie keinen öden Unterricht zu versehen, keine krakeelenden Lümmel zu beaufsichtigen, keine Obliegenheiten außer gegen ihre eigene Bildung, keine Sorge außer für die Gelehrsamkeit als Gelehrsamkeit und die Wahrheit als Wahrheit haben, vermutlich die glücklichsten und bezauberndsten Menschen der Welt sind. Die zum Lunch geladene Gesellschaft versammelte sich zunächst in der Bibliothek des College, einer kühlen, grauen Halle von sehr großer Länge und Höhe, mit riesigen Wandnischen voller prächtig wirkender Buchtitel und in der Mitte aufgestellten Statuen vornehmer Gelehrter. Hatten die charmanten Fellows jemals etwas Unangenehmeres zu tun, als in diesen kostbaren Bänden zu blättern, um sich dann in gelehrter Kameradschaft auf den grasigen Höfen zu ergehen, um deren kostbaren Inhalt zu erörtern? Offenbar nicht, es sei denn, zum Stiftergedenkfest im Speisesaal des College einen Lunch zu geben. Als serviert war, begab man sich in einer sehr hübschen Prozession zu Tisch. Gelehrte Gentlemen in karminroten Talaren und Damen in strahlendem Putz nahmen langsam paarweise Aufstellung und marschierten in stattlicher Diagonale über den feinen, weichen Rasen des Rechtecks, in dessen einer Ecke sie eine gastliche Tür durchschritten. Doch hier überqueren wir die Schwelle des Privaten; ich blieb für den Rest des Tages auf ihrer anderen Seite. Aber ich brachte gewisse Erinnerungen mit zurück, von denen ich, bliebe mir noch Raum, eine taktvolle Skizze zu geben versuchen würde: Erinnerungen an eine *fête champêtre* in den wunderschönen Gärten eines der anderen Colleges – bezaubernde Rasenflächen und ausladende Bäume, Musik von Gardegrenadieren, Gefrorenes in gestreiften Zelten, schüchternes Liebäugeln jugendlicher Talarträger und in Musselin gekleideter Mädchen; Erinnerungen auch an ein ruhiges Dinner im Gemeinschaftsraum, ein wohlanständiges, ausgezeichnetes Mahl; alte Porträts an den Wänden und große Fenster schauen auf den altehrwürdigen Hof, in dem das Nachmittagslicht in der Stille schwand; vorzügliche Gespräche über Themen des Tages und über allem die besondere Aura von Oxford – die Aura der Freiheit, für das Geistige Sorge zu tragen, gewährleistet und gesichert durch eine Maschinerie, die zu spüren an sich schon ein Vergnügen ist.

Es gibt für den Fremden, der etwas über England erfahren möchte, keine bessere Möglichkeit, sich *in medias res* zu stürzen, als vierzehn Tage in Warwickshire zuzubringen. Es ist Kern und Mittelpunkt der englischen Welt; innerstes England, durch und durch England. Das Land hat mich sehr viele englische Geheimnisse gelehrt; ich habe mit dem Geist des pastoralen Britannien Zwiesprache gehalten. Von einem bezaubernden Rasen aus – einem für die empfindsame Schuhsohle köstlichen Rasen – hatte ich einen unverstellten Blick auf eine schwermütige, verschwommene, romantische Masse, deren Umriß durch einen Efeumantel verwischt wurde. Sie gab ein vollkommenes Bild ab, und im Vordergrund wölbten die Bäume von links und rechts ihre Äste darüber, wie um es mit einem majestätischen Rahmen zu versehen. Dieses reizvolle Objekt war Schloß Kenilworth. Es war mühelos zu Fuß erreichbar, aber man dachte kaum daran, hinzugehen, ebensowenig wie man daran gedacht haben würde, zu einem purpurn verschatteten Turm im Hintergrund eines Berchem* oder eines Claude** hinzugehen. Hier gab es purpurne Schatten und mählich wechselndes Licht, mit einer sanft getönten, buschigen Landschaft als Mittelgrund.

Doch ich ging natürlich zu dem Schloß hinüber; und natürlich führte mich der Gang über belaubte Feldwege

---

* Nicolaes Berchem (1620–1683), niederländ. Maler und Ätzer. (Anm. d. Verl.)
** Claude Lorrain (1600–1682), franz. Maler und Radierer. (Anm. d. Verl.)

und an den Rainhecken entlang, die einen verschlungenen Schirm für ausgedehnte, rasenartige Wiesen bilden.
Ebenfalls natürlich, so muß ich hinzufügen, gab es vor
der Schloßmauer eine Reihe ambulanter Händler, die
billige Pamphlete und Photographien aushökerten.
Und natürlich gab es am Fuße der grasigen Erhebung,
auf der die Ruine steht, ein halbes Dutzend Wirtshäuser
und, ebenfalls natürlich, ein halbes Dutzend bierseliger
Vagabunden, die sich im feuchten Sonnenschein im
Grase rekelten. Es gab die übliche, achtbare junge Frau,
die einem das Schloßtor öffnete und die übliche Gebühr
von sechs Penny entgegennahm. Es gab die üblichen,
an ehrwürdigen Oberflächen hängenden, bedruckten
Pappvierecke mit zusätzlicher Aufzählung von zwei,
drei, vier Penny. Ich verweise nicht um zu nörgeln auf
diese Dinge, denn Kenilworth ist ein sehr zahmer Löwe
– ein Löwe, den ich in früheren Jahren mehr als einmal
gestreichelt hatte. Ich erinnere mich genau an meinen
ersten Besuch dieses romantischen Fleckens; wie ich
zufällig auf ein Picknick traf; wie ich über Bierflaschen
stolperte; wie nachgerade die Echos der wunderschönen Ruine ihre sämtlichen *h's* verschluckt zu haben
schienen. Damals war es ein schwüler Nachmittag; ich
ließ den Mut sinken und ging hängenden Hauptes von
dannen. Diesmal war es ein wunderschöner, frischer
Morgen, und ich war in der Zwischenzeit weise geworden. Ich hatte gelernt, daß im Hinblick auf die meisten
romantischen Stätten in England eine beständige Cock-
neyfizierung stattfindet, die man in Rechnung stellen
muß. Es sind immer schon Leute da, und im allgemeinen wird auf dem Gelände etwas getrunken.
Bei der Gelegenheit, von der ich nun spreche, hoffte

ich, daß der Überfall nicht heftig sein würde, und in der Tat gab ich mich die ersten fünf Minuten der falschen Hoffnung hin, dies sei der Fall. In dem wunderschönen, grasigen Schloßhof hielten sich bei meinem Eintreten nicht mehr als acht bis zehn Miteindringlinge auf. Da gab es ein Paar alter Damen auf einer Bank, die etwas aus einer Zeitung aßen; da gab es einen Dissenter-Geistlichen, ebenfalls auf einer Bank, der seiner Frau und seiner Schwägerin laut aus dem Reisehandbuch vorlas. Da gab es drei oder vier Kinder, die einander die kleinen, rasenbedeckten Hügel hinauf- und hinunter-schubsten. Das war allerdings liebliche Abgeschieden-heit; und ich gewann bei den verschiedenen vorneh-men, mit viereckigen Fenstern versehenen Bruchstük-ken der stattlichen Gebäudemasse einen Riesenvor-sprung. Mit ihrer gleichmäßigen, fahlroten Farbe, ihrer tiefgrünen Draperie, ihrem fürstlich gewaltigen Maß-stab sind sie überaus majestätisch. Doch gleich darauf begann die friedliche Ruine zu wimmeln wie ein aufge-scheuchter Bienenstock. Es waren Leute zuhauf da, wenn sie sich zu zeigen geruhten. Sie tauchten mit dem besten Gewissen der Welt aus verfallenden Torwegen und klaffenden Kammern auf; aber ich weiß eigentlich nicht, warum ich ihnen grollen sollte, denn sie lieferten mir einen Vorwand, auf der Suche nach einem ruhigen Standpunkt umherzuwandern. Ich kann nicht sagen, daß ich meinen Standpunkt gefunden hätte, aber indem ich mich danach umschaute, sah ich das Schloß, das gewiß eine bewunderungswürdige Ruine ist. Und nachdem die achtbare junge Frau mich wieder zum Tor hinausgelassen und ich die höflich bleibenden Händler, die eine kleine Gasse für den ankommenden und weggehenden Besucher bilden, mit einem Kopfschütteln abgewiesen hatte, entsprach es meiner sonnigen Stimmung, einen Augenblick auf dem abgetretenen, grasigen Hang zu verweilen und zu überlegen, daß die Szene trotz der Hökerer, der Armen und der Bierkaschemmen immer noch eine ganze Menge vom alten England an sich hatte. Ich sage trotz dieser Dinge, aber es mag bis zu einem gewissen Grade ihretwegen so gewesen sein. Wer soll irgendeinen Eindruck dieser unermeßlich vielschichtigen englischen Welt, wo man die Gegenwart sozusagen stets im Profil sieht und die Vergangenheit ein volles Gesicht zeigt, in seine Bestandteile auflösen? Jedenfalls erhob sich hinter mir das wuchtige rote Schloß, seine kleinen alten Damen und forschenden Pastoren überragend; vor mir, jenseits des Flecks Gemeindeland, stand eine Reihe altehrwürdiger, malerischer Katen mit schwarzem Fachwerk und roten Giebeln, die offensichtlich eine Erinnerung an das Schloß in seinen besseren Tagen hatten. Ein recht wunderliches Dorf zog sich zur Rechten hin, und zur Linken wurden die dunklen, fetten Wiesen von dunstigen Sonnenflecken und grasenden Schafen aufgehellt. Ich sah mich nach dem Dorfpranger um; ich war bereit, die heutigen Landstreicher für Shakespearsche Possenreißer zu halten; und ich war drauf und dran, eines der Ale-Häuser aufzusuchen und Mrs. Quickly* um einen Becher Südwein zu bitten.

Ich habe diese Bemerkungen indes nicht mit dem Vorsatz begonnen, von den berühmten Raritäten zu

---

* Gastwirtin in Shakespeares *Henry IV.*, Teil I und II, *Die lustigen Weiber von Windsor* und *Henry V.* (Anm. d. Verl.)

reden, die in dieser Gegend im Überfluß vorhanden sind, sondern eher mit der Absicht, ein paar Eindrücke von einigen unaufdringlicheren und schwerer faßbaren Zierden des herrlichen Landes festzuhalten. Stratford ist natürlich ein höchst weihevoller Ort, aber ich ziehe es beispielsweise vor, ein Wort über eine bezaubernde, ein tüchtiges Stück entfernte Pfarrei zu sagen und das liebenswerte Bild zu erwähnen, das sie eines Sommernachmittags während eines Landesfeiertages abgab. Das sind die glücklichsten Erinnerungen eines Fremden an das englische Leben, und er glaubt, keine Rechtfertigung dafür vorbringen zu müssen, daß er eine Ecke des Vorhangs lüftet. Ich fuhr durch die belaubten Feldwege, von denen ich eben sprach, und lugte über die Hecken auf Felder, wo wartend die gelbe Ernte stand. Stellenweise wurde sie bereits gemäht, und während das Licht sich im Westen zu röten und den Horizont hinter dem dichten Blattwerk am Wegesrand in Glut zu tauchen begann, brachen hie und da die Ährenleser durch Lücken in der Hecke, gewaltige Garben auf den Schultern. Die Pfarrei war ein altehrwürdiges, giebeliges Gebäude aus fahlroten Ziegeln, mit Verblendungen aus weißem Stein und Kletterpflanzen, die es einhüllten. Es stammt, denke ich, aus der frühen hannoverischen Zeit; und wie es da auf seinem kissenartigen Rasen und inmitten seiner ordentlich gehaltenen Gärten Wange an Wange mit seiner kleinen, normannischen Kirche stand, erschien es mir wie der Inbegriff eines ruhigen, geräumigen, behaglichen englischen Heims. Der kissenartige Rasen, wie ich ihn genannt habe, erstreckte sich bis zum Rande eines Baches und bot einer Anzahl überaus liebenswerter Menschen Gele-

genheit, Tennis zu spielen. Es waren gleichzeitig ein
halbes Dutzend Spiele im Gange, und bei allen zeich-
nete sich eine beträchtliche Zahl ›netter Mädchen‹, wie
es in England heißt, aus. Diese jungen Damen ließen
den Ball mit einer der Schwestern und Liebchen eines
Volkes von Kricketspielern würdigen Behendigkeit
fliegen und boten mir die Möglichkeit, die Biegsamkeit
ihrer Gestalt und die Ungezwungenheit ihrer Bewegungen zu bewundern. Als sie nach dem Spiel ein
wenig errötet und ein wenig zerzaust zum Haus zu-
rückkamen, hätte man sie für die von der Jagd heim-
kehrenden Nymphen aus dem Gefolge der Diana halten
können. Es hatte in der Tat die Möglichkeit für sie
bestanden, den Köcher zu tragen, denn auf dem Rasen
war ein Ziel für das Bogenschießen aufgestellt. Ich
erinnerte mich an George Eliots Gwendolen* und
erwartete, sie aus der Gruppe weiblicher Wesen treten
zu sehen; doch sie erschien nicht, und es war offenkundig, daß, wenn das Tennisspiel zu Zeiten Gwendolens
erfunden worden wäre, die junge Dame ihren Mr.
Grandcourt** durch ihre Leistungen mit dem Schläger
für sich eingenommen haben würde. Sie wäre gewiß
eine Meisterin des Spiels gewesen; und die Flinkheit,
die sie sich dabei angeeignet haben würde, hätte sich,
wenn die Vorstellung nicht zu unfein ist, vielleicht als
Anreiz für sie erweisen können, den unerträglichen
Deronda*** zu ohrfeigen.

---

* Gwendolen Harleth, Figur aus George Eliots Roman *Daniel Deronda*
(1876). (Anm. d. Verl.)
** Henleigh Grandcourt, Gwendolens Ehemann. (Anm. d. Verl.)
*** Daniel Deronda, Hauptfigur in George Eliots gleichnamigem Roman.
(Anm. d. Verl.)

Nach einer Weile wurde es zu dunkel zum Tennisspielen; doch während die Dämmerung noch milde leuchtete, schlenderte ich weiter, vom Grundstück des bezaubernden Pfarrhauses herunter, und bog in den kleinen Kirchhof daneben ein. Die bescheidene, wettergegerbte, rostfarbene Kirche war ihrem Äußeren nach von hohem Alter; die Apsis wies einige merkwürdige, normannische Fenster auf. Leider konnte ich nicht hinein; ich konnte lediglich über den Zwischenraum eines aus altem Fachwerk bestehenden, mit einer schweren Haube bedeckten, verschlossenen Vorbaus hinweg einen Blick durch die offene Tür werfen. Aber die lieblichste Abendstille schwebte über dem Ort, hinter einer dunklen Reihe von Krähen heimgesuchter Ulmen ging rot die Sonne unter. Die Stille schien um so größer, als zwischen den altersgebeugten, tief eingesunkenen Grabsteinen unter kurzen, leisen Rufen drei oder vier Bauernkinder spielten. Ein armes kleines Mädchen, das mißgestaltet zu sein schien, hatte einige Stufen erklettert, die einem großen, mittelalterlich wirkenden Kreuz als Piedestal dienten. Dort hockte sie und starrte mich durch die Dämmerung an. Das war das Herz Englands, unverkennbar; es mochte geradezu der Angelpunkt des Rades gewesen sein, um den sein Schicksal kreist. Man muß kein eifernder Anglikaner sein, um für den Zauber einer englischen Landkirche überaus empfänglich zu sein – und in der Tat auch für einige Züge eines englischen ländlichen Sonntags. In London herrscht eine gewisse Lustlosigkeit bei der Observanz dieses Feiertages; aber auf dem Lande stehen einige der Zeremonien, die ihn begleiten, in unbestimmbarem Einklang mit einer altehrwürdigen, pastoralen Landschaft. Ich stellte diese Überlegung bei einer Gelegenheit an, die in meinem Gedächtnis noch sehr frisch ist. Ich sagte mir, daß der Gang von einem schönen Landhaus zur Kirche an einem herrlichen Sommernachmittag das denkbar hübscheste Erlebnis sein kann. Das Haus thront auf einem Felsensockel und schaut aus seinen Fenstern und Terrassen auf einen schattigeren Fleck in den bewaldeten Wiesen herab, dessen Charakter die stumpfe Spitze eines Turms erhellt. Eine kleine Gruppe von Menschen, deren Gewand die höchste Stufe der Zivilisation kennzeichnet, windet sich durch die blühenden Gärten hinab, tritt durch ein paar schmale Tore und erreicht den Fußpfad über die Felder. Besonders das gefällt dem einfühlsamen Fremden; die ebenen, hie und da mit einer kernigen Eiche besetzten, tiefgrünen Wiesen; die dichtere Grasigkeit des Fußpfades, der lilienbedeckte Teich, an dem er vorbeiführt, die ländlichen Zauntritte, wo der Fremde stehenbleibt und sich zu dem großen Haus und seinem waldigen Hintergrund umblickt. Es ist höchst wahrscheinlich, daß er das Privileg genießt, ein hübsches Mädchen zu begleiten, und es ist moralisch gewiß, daß er ein hübsches englisches Mädchen geradezu für das Urbild des toll machenden Zaubers der Jugend hält. Er weiß, daß sie nicht weiß, wie schön ihr Spaziergang ist. Sie macht ihn – oder einen ebenso guten – schon seit zwanzig Jahren. Doch daß es ihr an unmittelbarem Verständnis dafür mangelt, macht sie nur um so mehr zu einem Teil der zarten Ergötzung. Diese setzt sich ununterbrochen fort, während sie bei dem kleinen Kirchhof anlangen und zu dem altehrwürdigen Vorbau hinübergehen, um den schicklich und ehrerbietig die rosigen Landbewohner stehen, um der Ankunft des schmuckeren Kontingents zuzusehen. Diese Gesellschaft nimmt in einem großen, viereckigen, ringsum mit Stühlen ausgestatteten Oratorium von der Größe eines kleinen Zimmers Platz, und während der einfühlsame Fremde den ehrbaren Intonationen lauscht, liest er die Inschriften auf den Wandtafeln, sämtlich zu Ehren der früheren Träger eines Namens, der für ihn ein Symbol der Gastlichkeit darstellt.

Als ich zum Pfarrhaus zurückkkam, hatte sich die Unterhaltung ins Innere verlagert, und ich hatte Gelegenheit, die jungfräuliche Kraft all der netten Mädchen zu bewundern, die, nachdem sie den ganzen Nachmittag Tennis gespielt hatten, in aller Sittsamkeit erwarteten, den ganzen Abend tanzen zu können. Und im Hinblick darauf ist es nicht ungehörig zu sagen, daß ein Amerikaner von beinahe jeder Gruppe junger englischer Geschöpfe dieser Art – wenngleich vorzüglich von solchen, die ihr Leben in ruhigen Landhäusern zugebracht haben – einen köstlichen Eindruck von etwas empfängt, das er als innerste Gesundheit bezeichnen mag. Er bemerkt Gesicht auf Gesicht, in denen diese Rosigkeit ohne jeden morbiden Zug – diese schlichte, natürliche, liebevolle Ausbildung – auf reine Schönheit hinausläuft. Und hätte die junge Dame keine andere Schönheit, die Miene, von der ich spreche, ist für sich allein schon ein Zauber; doch wenn sie, wie so oft, mit wirklicher Vollkommenheit der Züge und des Teints einhergeht, so ist das Ergebnis das herrlichste Bild der Schöpfung. Es ergibt den höchsten Typus englischer Schönheit, und für mein Empfinden gibt es nichts, was so über alle Wünsche hoch stünde. Vor

143

nicht allzu langer Zeit hörte ich, wie sich ein gescheiter Fremder im Gespräch mit einer englischen Dame – einer sehr klugen und aufgeschlossenen Frau – in einer kleinen, leicht einschränkenden Kritik an ihren Landsmänninnen erging. »Das ist möglich«, antwortete sie im Hinblick auf einen seiner Einwände; »aber so wie sie sind, sind sie ihren Ehemännern unaussprechlich teuer.« Das gilt zweifellos für alle guten Ehefrauen auf der ganzen Welt; aber ich fand, während ich diesen Worten meiner Bekannten lauschte, daß ein englisches Mädchengesicht häufig etwas hat, das ihm einen zusätzlichen Hauch von *justesse* verleiht. So wie die Frau ist, hat sie hier mehr als anderswo einen Ausdruck, als stünde sie, ohne noch anderen Bestimmungen vorbehalten zu sein, ganz und gar dem Manne zu Diensten, den sie liebt. Dieser Ausdruck scheint, wenn man eine Weile in England ist, schließlich so sehr eigentlicher und unverzichtbarer Bestandteil eines ›netten‹ Gesichts zu sein, daß sein Fehlen wie ein Zeichen von Gereiztheit oder Oberflächlichkeit anmutet. Latente Empfänglichkeit für die männliche Anziehungskraft – genau das bedeutet er; und das darf man für eine sehr angenehme Bedeutung halten.

Was die Hübschheit angeht, so kann ich angesichts einer frischen Erinnerung nicht umhin, noch ein Wort dazu zu sagen. Doch was nützen im Hinblick auf Hübschheit Worte? Eben das fragte ich mich neulich, als ich ein junges Mädchen betrachtete, das in schlichtem Gespräch mit einem gutaussehenden Burschen in einem alten, mit Eichenholz vertäfelten Salon stand, dessen rauhe Paneele einen Hintergrund für ihren reizenden Kopf bildeten. Ich sagte mir, daß die Gesichter der englischen Jugend häufig einen vollkommenen Zauber besitzen, daß eben dieser Zauber jedoch etwas zu Scheues und Zartes ist, um darüber zu reden. Das Gesicht dieses lieblichen Geschöpfs war ein reines Oval, und ihre klaren braunen Augen waren von ruhiger Wärme. Ihre Gesichtsfarbe war so leuchtend wie ein Sonnenstrahl nach einem Regen, und sie lächelte auf eine Art, die jede andere Art des Lächelns wie eine oberflächliche Grimasse – ein bloßes Kräuseln der Gesichtsmuskeln – erscheinen ließ. Der junge Mann stand ihr gegenüber, kratzte sich bedächtig am Oberschenkel und trat von einem Fuß auf den anderen. Er war groß und gerade gewachsen, und so sonnenverbrannt, daß sein blondes Haar heller war als seine Gesichtsfarbe. Er hatte ehrliche, einfältige blaue Augen, und ein schlichtes Lächeln, das gute Zähne erkennen ließ. Er sah aus wie ein Gentleman. Gleich darauf hörte ich, was sie sagten. »Es ist wohl ziemlich groß«, sagte das schöne junge Mädchen. »Ja; es ist ziemlich groß«, sagte der gutaussehende junge Mann. »Es ist netter, wenn sie groß sind«, sagte seine Gesprächspartnerin. Der junge Mann sah sie, wie überhaupt alles, mit seinen begriffsstutzigen blauen Augen an, und eine Zeitlang fiel keine weitere Bemerkung. »Es hat zehn Fuß Tiefgang«, sagte er endlich. »Wie tief ist das Wasser?« sagte das junge Mädchen. Sie sprach mit bezaubernder Stimme. »Es ist dreißig Fuß tief«, sagte der junge Mann. »Oh, das reicht«, sagte die Maid. Ich hatte die Vorstellung gehabt, sie kokettierten miteinander, und vielleicht geht das tatsächlich so vor sich. Es war ein altehrwürdiger Raum und überaus herrlich; alles war von der Bräune der Jahrhunderte poliert. Den

Kaminsims zierten ein Fuß tiefe Schnitzereien, und die Fenster trugen, in farbigem Glas, die Wappenschildteilungen der Ahnpaare. Diese waren zweihundert Jahre zuvor abgebrochen; aus neuerer Zeit gab es nichts. Vor den Fenstern verlief ein tiefer, breiter Burggraben, der den Sockel grauer Mauern umspülte – grauer Mauern, übersät mit den zartesten gelben Flechten.

In einer Gegend wie diesem milden, konservativen Warwickshire findet ein verständnisinniger Amerikaner die kleinen Dinge ebenso anregend wie die großen. Fürwahr alles ist anregend, und fortwährend verschmelzen Eindrücke miteinander und tun ihre Wirkung, ehe er Zeit hat, sie zu befragen, woher sie kommen. Er kann kaum eine in Pflanzen gehüllte Kate betreten, um eine freundliche, feine Dame und ein ›nettes Mädchen‹ zu sehen, ohne wahrlich an *Das kleine Haus zu Allington*[*] erinnert zu werden. Warum an *Das kleine Haus zu Allington*? Es gibt ein größeres Haus, in das die Damen sich zu Tisch begeben; aber das ist gewiß ein unzureichender Grund. Daß die Damen bezaubernd sind – selbst das ist nicht Grund genug; denn es hat auf der Welt andere hübsche Mädchen als Lily Dale[**] und andere milde Matronen als ihre Mama gegeben. Erinnert indes wird er – besonders wenn er auf den Rasen hinaustritt. Natürlich wird dort Tennis gespielt, und es scheint alles dazu bereit, daß Mr. Crosbie herauskommt und einen Schläger ergreift. Das ist ein kleines Beispiel dafür, wie auf seiten der Angehörigen eines Volkes, dem notwendigerweise einexerziert wurde,

[*] Roman v. Anthony Trollope (1815–82), 1864 erschienen. (Anm. d. Verl.)
[**] Die weibliche Hauptfigur in Trollopes Roman. (Anm. d. Verl.)

einiges nachzuholen, bei der Teilnahme am englischen Leben fortwährend die Einbildungskraft in Tätigkeit sein muß. Im Fahren und Gehen, beim Zusehen und Zuhören berührte einen alles als in unterschiedlichem Grade charakteristisch für eine reiche, mächtige, altmodische Gesellschaft. Es mußte einem nicht gesagt werden, daß dies ein konservatives Land ist; die Tatsache schien den Heckenrainen und den grünen Morgen dahinter eingeschrieben. Natürlich waren die Besitzer dieser Dinge konservativ; natürlich wandten sie sich halsstarrig dagegen, daß das ebenmäßige Gebäude ihrer festgefügten bequemen Welt auch nur im geringsten erschüttert wurde. Ich hatte beim Umhergehen das Gefühl, daß ich in den schönen alten Häusern, deren aneinandergedrängte Giebel und Schornsteine in der Ferne hie und da über ihren Ziergehölzen erschienen, einige sehr betagte und merkwürdige Ansichten unangefochten antreffen würde. Der unerschütterliche britische Konservatismus ist, auf diese verschwommene und auf Mutmaßungen beruhende Weise – über die Felder und hinter den Eichen und Birken – gesehen, keineswegs etwas, das der leichtfertige Fremde sich fortwünschen würde; er vertieft geradezu die Farbe der Luft; man kann sagen, er sei der Stil der Landschaft. Eine Art mittelbares Gefühl von seiner Gegenwart bekam ich in den malerischen Städtchen Coventry und Warwick, die voll von jenen Einrichtungen – hauptsächlich mildtätiger Art – zu sein scheinen, die letzte Zweifel zerstreuen. Es gibt an diesen Orten so wunderliche und ehrwürdige alte Stifte – Spitäler, Armenhäuser, Asyle, Kleinkinderschulen –, daß sie ein Leben in achtbarer Abhängigkeit beinahe zu einem erfreulichen und zufriedenstellenden Gedanken machen. Besonders in Coventry, glaube ich, sind diese frommen Stiftungen so zahlreich, daß für persönliches Leid nachgerade ein Preis ausgesetzt zu sein scheint. Gehässige Überlegungen beiseite, gibt es indes wenige Dinge, die wunderlicher und anregender von dem alten England, das der Amerikaner liebt, sprächen als diese linkischen kleinen Denkmäler alter Wohltätigkeit. Eine Einrichtung wie Leicester's Hospital in Warwick scheint tatsächlich vorwiegend wegen ihres Schaueffekts auf die amerikanischen Touristen zu existieren, die neben dem daselbst wohlversorgten Dutzend rheumatischer alter Soldaten seine hauptsächliche *clientèle* bilden.

Der amerikanische Tourist kommt normalerweise unmittelbar in diesen Teil Englands – vor allem zu dem Zweck, dem Geburtsort Shakespeares seine Achtung zu erweisen. Einmal hier, kommt er nach Warwick, um das Schloß zu sehen; und einmal in Warwick, bekommt er auch das eigenartige, kleine, theatralisch anmutende Refugium für pensionierte Krieger zu sehen, das sich im Schatten eines der alten Tortürme versteckt. Jedermann wird sich an Hawthornes Schilderung des Ortes erinnern, nach der jeder Erwähnung desselben keine Nuance bezaubernden Geschmacks mehr hinzuzufügen bleibt. Das Spital mutete mich wie ein kleines Museum an, das zur Belustigung und Verwirrung jener Abendländer betrieben wird, die es gewohnt sind, Mildtätigkeit nüchterner und praktischer geübt zu sehen. Die alten Spitalbewohner – ich bin doch nicht sicher, ob sie notwendig Soldaten sind, aber manche sind es zufällig – sind gleichzeitig die Sehenswürdigkeiten und die Aufseher. Sie sitzen auf Bänken vor ihrer

Tür am Zollamt, alle ordentlich gebürstet und herge-
richtet, und bereit, einem die Ehrenbezeugung zu
erweisen. Sie sind nur zwölf an der Zahl, aber ihr
pittoreskes Wohnhaus, auf dem alten Stadtwall thronend und voller düsterer kleiner Höfe, Giebelenden mit
Kreuzbalken und tief eingelassener Gitterfenster,
scheint für seinen bescheidenen Zweck ein erstaunlich
kunstvoller Mechanismus zu sein. Jeder der alten Herren muß mit einer Frau oder ›Haushälterin‹ versehen
sein, und jeder hat sein eigenes, düsteres Empfangszimmer; und sie verbringen ihren Lebensabend in dem
geschrubbten und gewienerten kleinen Refugium
ebenso gemütlich und ehrbar wie eine Gesellschaft im
Ruhestand lebender Gesetzgeber oder pensionierter
Wahrsager.

In Coventry sah ich mir ein paar alte Stifte von
ähnlichem Muster an – Gebäude mit Fronten aus
schwarzem Fachwerk, kleinen, sauber gefegten Höfen
und elisabethanischen Fenstern. Eines davon war der
romantische Wohnsitz einer Handvoll Frauen, deren
jede in einer Art mittelalterlicher Dunkelheit in einer
gemütlichen Laube saß; das andere war eine Schule für
kleine Jungen von niedriger Herkunft, und diese Einrichtung war bezaubernd. Ich fand die kleinen Jungen
beim ›Kreisel‹-Spiel auf einem bekiesten Hof vor dem
hübschesten alten Gebäude aus zartfarbenem Putz und
bemaltem Fachwerk, geschmückt mit zwei zierlichen
kleinen Galerien und einer phantastischen Veranda. Sie
waren mit kurzen, blauen Uniformjacken und merkwürdigen Kappen bekleidet, ähnlich denen, die Seeleute tragen, aber, wenn ich mich recht entsinne, mit
kleinen, gelben Bändern daran. Ich konnte nach Her-

zenslust die ganze Einrichtung durchstreifen; nirgendwo war etwas von einem Pastor oder Schulmeister zu sehen; nichts als die kleinen, gelbköpfigen Jungen, die vor dem altehrwürdigen Haus spielten und höchst korrekt den Akzent von Warwickshire übten. Ich ging hinein und betrachtete eine schöne, alte Eichentreppe; ich erstieg sie sogar, ging eine Galerie entlang und lugte in einen Schlafsaal, auf eine Reihe sehr kurzer Betten; und dann kam ich herunter und saß fünf Minuten lang auf einer Bank, die kaum breiter war als die obere Stange eines Zauns, in einem kleinen, kalten, dämmrigen Speisesaal, wo nicht eine Krume zu sehen, noch irgendein im Raum hängender Duft vergangener Mahlzeiten wahrzunehmen war. Und doch fragte ich mich, wie es kam, daß ihm die Stimmung von vielen Generationen kleiner Esser innezuwohnen schien. Sie rührte, nehme ich an, eben von der Kargheit und, wenn mir der Ausdruck gestattet ist, dem blankgeleckten Anschein des Ortes her, der das Aussehen des berühmten Tellers von Jack Sprat*und seiner Frau hatte.

Natürlich hat sich der empfindsame Tourist unvermeidlich sehr viel darüber zu sagen, daß dies Shakespeares Land ist – daß diese mit dichtem Gras bedeckten Wiesen und Parks für sein sinnendes Auge die normale Landschaft, das grüne Bild der Welt gewesen sind. Zu Shakespeares Zeit war der Mantel der Natur zweifellos weit davon entfernt, so hübsch herausgeputzt zu sein wie heute; aber es gibt gleichwohl einen Ort, den der Reisende, wenn er in der Sommerdämmerung daran

---

* Figur in einem englischen Kindervers: Jack Sprat could eat no fat/His wife could eat no lean/And so, betwixt them both you see/They licked the platter clean. (Anm. d. Verl.)

vorbeikommt, für unverändert zu halten sich alle Mühe gibt. Ich spiele natürlich auf den Charlecote Park an, dessen verehrungswürdiges Grün wie ein Überbleibsel aus einem früheren England wirkt und dessen unzählige Morgen, die sich am frühen Abend zu verschwommen sichtbaren Tudor-Mauern hinziehen, daliegen wie die vergangenen, ins Zeitalter der Elisabeth zurücktretenden Jahre. Es gehörte indes bei diesen Bemerkungen nicht zu meiner Absicht, vor einem so dicht belagerten Heiligtum innezuhalten; und wenn ich auf Stratford eingehen würde, dann nicht im Zusammenhang mit der Tatsache, daß Shakespeare dort sein immerdar größer werdendes, vielumstrittenes, ungelöstes Rätsel aufgab; sondern eher, um von einem herrlichen alten Haus in der Nähe des Avon zu sprechen, das mir wie das ideale Heim für einen Shakespeare-Gelehrten, ja für jeden leidenschaftlichen Freund des Dichters vorkam. Hier, mit Büchern und Erinnerungen und dem immer wiederkehrenden Gedanken, daß er seinen täglichen Spaziergang über die Brücke gemacht hat, die man vom Fenster aus gleich unten an einer Allee schöner Bäume mit einem stets geschlossenen Tor am Ende und einem über die geziemende Einfahrt gespannten Rasenteppich sieht – hier, sage ich, mit alten, getäfelten Kammern, in denen man wohnen kann, alten, polierten Türstufen, die von einer zu anderen führen, tiefen Fensternischen, in denen man, ein Theaterstück auf dem Schoß, sitzen kann, hier könnte ein Mensch, für den die Mühen des Lebens sich in ein Bemühen um das größte Genie aufgelöst haben, das je das Leben darstellte und zierte, ein sehr passendes Asyl finden. Überhaupt gäbe, um ein wenig vom Thema abzuweichen, das bezaubernde, verschachtelte, tiefgiebelige, vieltreppige, vielfach paneelierte Anwesen ein sehr angenehmes Heim für jeden Menschen ab, der ein altes Haus einem neuen vorziehen würde. Ich merke, daß ich genau wie ein Auktionator darüber rede; doch hauptsächlich lag es mir am Herzen, der Tatsache zu gedenken, daß ich dort meinen Lunch eingenommen und mir beim Lunch immer wieder gesagt hatte, daß nichts auf der Welt so ergötzlich ist wie die beglückenden Akzidenzien alter englischer Häuser.

Und doch brachte ich es an eben diesem Tage am Ufer des Avon über mich zu sagen, daß auch ein neues Haus eine sehr bezaubernde Geschichte sein kann. Aber ich muß hinzufügen, daß das neue Haus, von dem ich spreche, wirklich so außergewöhnliche Vorteile hatte, daß es gerechterweise nicht in die Skala eingeordnet werden dürfte. Außerdem, war es überhaupt neu? Das muß es wohl gewesen sein, und doch hatte man dort durchweg den Eindruck einer Art silberweißer Altehrwürdigkeit. Das Haus stand in einer respektablen Straße Stratfords, von der aus es durchaus gewöhnlich wirkte; aber als man, nachdem man eine Weile in einem bezaubernden, modernen Gesellschaftszimmer gesessen hatte, gedankenlos durch eine offene Glastür auf eine Veranda hinaustrat, stellte man fest, daß der Horizont des Morgenbesuchs sich wundervoll erweitert hatte. Ich möchte mir nicht anmaßen, alles, was ich sah, nachdem ich von der Veranda getreten war, im einzelnen zu schildern; es möge genügen, daß Turm und hoher Chor der schönen alten Kirche, in der Shakespeare begraben liegt und deren Sockel der Avon umflutet, eines der Elemente des Bildes war. Dann gab es da die weichsten Rasen der Welt, die sich bis zur Kante dieses gemächlichen Fließens hinabzogen und, wo das Wasser sie berührte, eine Linie, so gleichmäßig wie der Rand eines Champagnerglases, bildeten – einen Rand, bei dem man unvermeidlich verweilte, um den Turm und hohen Chor (die Kirche war nahebei) zwischen den wohlgruppierten Bäumen zu sehen und nach ihrem Spiegelbild im Fluß auszuschauen. Der Ort war ein Garten der Freude; er war eine Bühne, aufgebaut für eine von Shakespeares Komödien – für *Was ihr wollt* oder *Viel Lärm um nichts*. Unmittelbar auf der anderen Seite des Flusses befand sich eine ebene Wiese, die dem Rasen, auf dem ich stand, den Rang streitig machte, und diese Wiese schien vermöge der dickleibigen Schafe, die darauf grasten, nur um so wesentlicher zur Szene zu gehören. Diese Schafe waren keineswegs nur eßbare Hammel; es waren poetische, historische, romantische Schafe; sie waren nicht wegen ihres Gewichts oder ihrer Wolle hier, sie waren hier wegen ihrer Präsenz und ihres kompositorischen Wertes, und sie wußten es sichtlich. Und doch, soviel sie auch wußten, bezweifle ich, ob der weiseste alte Widder mir hätte sagen können, wie ich erklären sollte, woher es kam, daß diese glückliche Mischung aus Rasen, Fluß, gespiegeltem Turm und blühendem Garten mir für eine Viertelstunde wie der reichste Winkel Englands erschien.

Mag Warwickshire auch Shakespeares Land sein, so war ich mir dennoch dessen bewußt, daß es ebenso George Eliots ist. Die Verfasserin von *Adam Bede* und *Middlemarch* hat dem ländlichen Hintergrund jener bewundernswerten Dichtungen einen anderen Namen gegeben, aber ich glaube, es ist schon lange kein

Geheimnis mehr, daß sie ihr heimatliches Warwickshire im Sinn hatte. Der Fremde, der dessen unendlich ausgedehnten, samtenen Boden beschreitet, erkennt auf Schritt und Tritt die Elemente von George Eliots Romanen – besonders wenn er sich in das Warwickshire von vor vierzig Jahren zurückversetzt. Er sagt sich, daß es unmöglich wäre, irgend etwas – irgend etwas gleichermaßen Ländliches – zu ersinnen, das handfester bestimmend, dichter umrissen wäre. Es war in einem der hinter hundert Heckenrainen hingeschmiegten Farmhäuser, daß Hetty Sorrel* in ihre Milchtöpfe lächelte, als suchte sie nach einem Spiegelbild ihres hübschen Gesichts; es war am Ende einer der von belaubten Säulen gesäumten Alleen, daß die arme Mrs. Casaubon** mit ihren vielen Fragen auf- und abging. Das Land gemahnt insbesondere sowohl an die gesellschaftliche als auch die natürliche Szenerie von *Middlemarch*. Es muß dort noch so manchen, anregend verdrehten, alten Mr. Brooke geben, und ob es nun viele Dorotheas gibt oder nicht, es muß noch so manchen Land-Gentleman mit schönen Zügen und schönen Ländereien nach dem Muster von Sir James Chettam*** geben, der, während er über die belaubten Feldwege reitet, sich schwerfällig das Gehirn zermartert, um herauszubekommen, warum ein gescheites Mädchen ihn nicht sollte heiraten wollen. Aber ich bezweifle, ob es viele Dorotheas gibt, und ich vermute, daß es die Sir James Chettams des Landes nicht oft zu derart eingehendem Nachdenken drängt. Man spürt

---

* Figur aus George Eliots Roman *Adam Bede* (1859). (Anm. d. Verl.)
** Figur aus George Eliots Roman *Middlemarch* (1871/72). (Anm. d. Verl.)
*** Figur aus *Middlemarch*. (Anm. d. Verl.)

indes, daß George Eliot ihre Heldin in keine örtliche Umgebung hätte stellen können, die besser geeignet wäre, ihrem schönen Ungestüm Erleichterung zu schaffen – in keine Gemeinschaft, die eher dazu neigte, von einer zweifelnden Haltung seitens einer wohlbehausten und wohlernährten jungen, vornehmen Frau verschreckt und verwirrt zu werden.

Unter den erbaulichen Tagen, die ich an diesen Örtlichkeiten zubrachte, gibt es insbesondere einen, den ich gern im einzelnen schildern würde. Doch wenn ich mein Gedächtnis befrage, stelle ich fest, daß die Einzelheiten zu dem einzigen, tiefen Eindruck einer vollkommenen Reife der Zivilisation verschmolzen sind. Es war ein langer Ausflug per Eisenbahn und Kutsche, zwecks Besichtigung dreier überaus interessanter alter Landhäuser. Unsere Fahrt führte uns zunächst hinein nach Oxfordshire, durch die alte Marktstadt Banbury, wo wir es uns natürlich angelegen sein ließen, nach dem in dem berühmten Kinderreim erwähnten Kreuz Ausschau zu halten. Es stand da ganz selbstverständlich – wenngleich ich fürchte, es ist ›zurechtgemacht‹ worden –, umgeben von verschiedenen altehrwürdigen Giebeln, aus einem von dessen dürftigen Fenstern der in dem Reim angeflehte junge Mensch auf die vorbeireitende alte Frau geblickt und den Klang ihrer Schellen gehört haben mag. Die Häuser, die wir aufsuchen wollten, genießen keinen landesweiten Ruf; es handelt sich schlicht um in das reiche Muster der Midlands eingewobene Formen. Sie genießen freilich lokale Berühmtheit, aber man hält sie nicht für unvergleichlich, geschweige denn außergewöhnlich, und der Fremde hat das Gefühl, man betrachtet seine Überraschtheit und Verzückung als Zeichen eines bei ihm vorhandenen, leeren Hintergrunds. Solche Orte müssen einem gutartigen Warwickshire-Gemüt wie die Pfeiler und Stützen einer vom Himmel eingesetzten Ordnung der Dinge erscheinen; und dementsprechend sind sie in einem Lande, dem der Himmel lächelt, so natürlich wie die Geologie des Landes oder der Bestand an Hammeln. Aber nichts dürfte dem Fremden wohl einen stärkeren Eindruck von dem Reichtum Englands an diesen Dingen – von der endlosen Liste der auf seinem Gebiet befindlichen Häuser – vermitteln, als eben die Tatsache, daß die so hervorragenden Exemplare, von denen ich spreche, nur begrenzten Ruhm genießen, nicht Sehenswürdigkeiten allererster Ordnung sind. Von einem davon, dem schönsten der Gruppe, hatte einer meiner Begleiter, der nur zwanzig Meilen entfernt lebt, noch nicht einmal gehört. Man hielt einen solchen Ort nicht für einen Anlaß zu örtlicher Großtuerei. Ebenbürtiges und Vergleichbares ist übers ganze Land verstreut; die Hälfte davon wird im Reisehandbuch der Grafschaft nicht einmal erwähnt. Man stolpert auf einer Fahrt oder einem Spaziergang darüber. Man erhascht einen flüchtigen Blick auf eine efeuberankte Fassade an irgendeinem innersten Punkt ausgedehnter Ländereien und sieht sich, wenn man sich mit Erlaubnis einer ernsten alten Frau am Tor eines Pförtnerhauses eine von Bäumen überwölbte Allee entlang begibt, mit einem Gebäude bekannt gemacht, das in seiner Schönheit so menschlich wirkt, daß es für den Moment Kunst und Moral geradezu zu versöhnen scheint.

Broughton Castle, das erste, das wir von dieser

wunderschönen Gruppe besichtigten, darf ich nicht mehr als streifen; das liegt aber nicht etwa daran, daß ich es nicht, wie jedes Haus, das ich sehe, für die herrlichste Behausung in England hielte. Es liegt recht tief, und seine Wälder und Weiden senken sich zu ihm hinab; es ist umgeben von einem tiefen, klaren Burggraben, überspannt von einer Brücke, die unter einem bezaubernden, alten Torturm hindurchführt, und nichts kann lieblicher sein, als seine zusammengedrängten Mauern aus gelb-braunem Stein so scharf als Insel abgesetzt zu sehen, während auf der anderen Seite des Gewässers seine Gärten blühen. Wie mehrere andere Häuser in diesem Teil des Landes, spielte Broughton Castle (auf seiten des Parlaments) im Bürgerkrieg eine Rolle, und die verschiedenen Stücke, die an Cromwells Aufenthalt daselbst erinnern, zählen durchaus zu den interessanteren Zügen seines wunderschönen Inneren. Mit der Kutsche ist von hier aus unschwer der Ort zu erreichen, wo 1642 die Schlacht von Edgehill – die erste große Schlacht des Krieges – geschlagen und von keiner Partei gewonnen wurde. Wir gingen uns das Schlachtfeld ansehen, auf dem zur Unterhaltung gesellig gestimmter Besucher ein Turm und (man stelle sich vor) eine künstliche Ruine errichtet wurden. Diese Schmuckstücke thronen am Rande eines Abhangs, der über mehr als eine Meile hinweg einen Ausblick auf den genauen Schauplatz des Kampfes gewährt. Ich blickte in die angegebene Richtung und sah dunstverhangene Wiesen, die vielleicht ein wenig grüner als sonst, und Kolonnaden von Ulmen, die um ein geringes dichter waren. Danach machten wir einem anderen alten Haus unsere Aufwartung, das voller Erinnerungsstücke und

Hinweise auf jene höchst dramatische Zeitspanne der englischen Geschichte steckt. Doch ich verzweifle daran, von Compton Wyniates (dem Namen dieser Stätte des Entzückens) eine stimmige oder angemessene Schilderung zu geben. Es gehört dem Marquis von Northampton und steht das ganze Jahr über leer. Es ruht auf dem Gras am Grunde einer waldigen Senke, und hügelan schweifen die Lichtungen eines prächtigen alten Parks davon ab. Als ich von einer kurzen und steilen, aber stattlichen Zufahrt vor dem Haus herauskam, sagte ich mir, daß wir hier gewiß an den äußersten Grenzen dessen angelangt waren, was unter Efeu begrabenes Mauerwerk und wettergegerbte Giebel, bewußt geschaffene alte Fenster und gedrängte, moosige Dächer für das Auge zu leisten vermögen. Es ist unmöglich, sich ein vollendeteres Bild vorzustellen. Und seine Stimmung von Einsamkeit und zartem Verfall – als sei es in seine grasige Mulde gesenkt worden, wie ein altes Juwel auf ein Kissen gebettet wird –, all das rundet den Eindruck. Das Haus ist nicht, wie große Häuser sonst, weitläufig und ruht, wie ich schon sagte, auf dem Rasen, ohne daß auch nur ein mit Platten belegter Weg oder ein Fußpfad von dem Punkt, an dem die Zufahrt endet, zu dem wunderschönen, mit Skulpturen geschmückten Torweg führte, der einen in den kleinen, wunderlichen Innenhof einläßt. Von diesem Hof aus kann man nach Lust und Laune die verwinkeltste Flucht eichener, von Schätzen alter Täfelung, kunstvoller Türen und Kaminsimse gezierter Hallen und Kammern durchschreiten. Draußen kann man auf einer grasigen Böschung, die höher liegt als die Fläche, auf der das Haus steht, ganz um es herumgehen und es von jedem Standpunkt aus als noch bezaubernde Komposition empfinden. Ich sollte nicht zu erwähnen versäumen, daß Scott angeblich Compton Wyniates im Auge hatte, als er die Behausung des alten königstreuen Ritters in *Woodstock** schilderte. In diesem Falle versetzte er das Haus einfach auf die andere Seite des Landes. Er hat in der Tat einige Züge des Ortes vermittelt, aber er hat nicht vermittelt, was man dessen Farbe nennen könnte. Ich muß hinzufügen, daß, wenn Sir Walter die Farbe von Compton Wyniates nicht vermitteln konnte, es für jeden anderen Schriftsteller sinnlos ist, es überhaupt zu versuchen. Es ist eine Sache für den Pinsel, nicht für die Feder.

Und was soll ich von der Farbe von Wroxton Abbey sagen, das wir als letztes in der Reihe besuchten und das, während wir uns seiner großartigen, efeuumhüllten Front näherten, dem Gemüt im trüber werdenden Zwielicht die Bürde seiner Glückseligkeit auflud? Wroxton Abbey entstammt, so wie es dasteht, in etwa derselben Zeit wie Compton Wyniates – den, wie ich annehme, letzten Jahren des sechzehnten Jahrhunderts. Aber es ist etwas ganz anderes. Das Haus ist bewohnt, ›instand gehalten‹, voll der interessantesten und prächtigsten Details. Seine glücklichen Bewohner hielten sich glücklicherweise gerade nicht dort auf (glückliche Bewohner sind in England fast immer abwesend), und das Haus wurde mit einer seinen Vorzügen würdigen Höflichkeit vorgezeigt. Alles, was das Leben in materieller Hinsicht vornehm und bezaubernd machen kann, ist in einer Fülle darin angesammelt worden, die

---

* Roman aus dem Jahr 1826. (Anm. d. Verl.)

das ganze Haus zu einem Denkmal für versäumte Gelegenheiten macht. Während ich von einem reichgeschmückten Zimmer zum anderen wandelte und diese Gegenstände betrachtete, wurde jene innige Wirkung auf das romantische Empfinden, von dem ich vorhin sprach, unbarmherzig verstärkt. Aber wer kann das romantische Empfinden abhandeln, wenn dieser unstete Geselle sich dem Anlaß wirklich gewachsen zeigt – sich's in einem alten englischen Landhaus wohl sein läßt, während das Zwielicht die Ecken ausdrucksvoller Räume verdunkelt und das Opfer der Szene, am Fenster innehaltend, den Blick vom achtsamen Porträt eines schönen Ahnengesichts abwendet und die sanften Wogen des Rasens zum Park hin verschwimmen sieht?

Der Fremde in England macht häufig die Wahrnehmung, daß Schönheit und Reiz des Landes Privateigentum sind und daß man, um Zugang zu ihnen zu bekommen, stets einen Schlüssel braucht. Der Schlüssel mag groß oder klein sein, aber muß etwas sein, das ein Schloß öffnet. Von allen Dingen, die unter diesen quälenden Umständen zum Glück eines amerikanischen Beobachters beitragen, fallen mir nur sehr wenige ein, die nicht unter diese Definition von Privateigentum fallen. Wenn ich die Heckenraine und die Kirchen erwähnt habe, so habe ich die Liste beinahe erschöpft. Man kann einen Heckenrain von einem öffentlichen Weg aus genießen, und ich nehme an, daß man, selbst wenn man Dissenter ist, von der Straße aus eine normannische Abtei genießen kann. Wenn man daher von etwas Schönem in England spricht, ist es vermutlich privat; und meine Bewunderung für dieses herrliche Land ist in der Tat derart, daß ich zu der Aussage neige, daß, wenn man von etwas Privatem spricht, es vermutlich schön ist. Das bildet ein gewisses Dilemma. Wenn der Beobachter sich erlaubt, bezaubernder Eindrücke zu gedenken, läuft er Gefahr, aller Welt die Früchte von Freundschaft und Gastlichkeit preiszugeben. Wenn er andererseits seinen Eindruck für sich behält, läßt er etwas Bewundernswertes entschlüpfen, ohne sein Auftauchen vermerkt, ohne ihm die geziemende Ehre erwiesen zu haben. Am Ende verbindet er Takt mit Enthusiasmus und sagt sich, daß von den Schätzen eines Landes zu sprechen nicht heißt, es übel zu behandeln, wenn die Erwähnung eines jeden den stillschweigenden Hinweis auf eine erwiesene Freundlichkeit einschließt.

Die Eindrücke, die ich bei der Niederschrift dieser Zeilen im Sinne habe, wurden in einem Teil Englands gesammelt, von dem ich zuvor nicht einmal den flüchtigen Blick eines Reisenden erhascht hatte; im Hinblick auf den ich mich jedoch nach ein, zwei Tagen durchaus bereit fand, einem Freunde zuzustimmen, der dort lebte und ihn gut kannte und sehr liebte, als dieser ganz freimütig meinte: »Ich glaube wirklich, es ist die schönste Ecke der Welt!« An diesem Diktum war nichts auszusetzen, und solange ich mich in der Gegend aufhielt, war ich ganz seiner Meinung. Ich hatte das Gefühl, ich könnte ohne weiteres dahin gelangen, mir ebensoviel daraus zu machen, wie er sich daraus machte; ich erhaschte einen Blick jener Art von romantischer Leidenschaft, die ein solches Land auslösen kann. Es ist ein Hauptbeispiel für jene wesensmäßige Dichte, die das große Charakteristikum englischer Szenerie ist. Es gibt keine überflüssigen Details; alles an der Landschaft ist etwas besonderes – hat eine Geschichte, hat eine Rolle gespielt, hat einen Wert für die Einbildungskraft. Es ist eine hügelige und blau gewellte Gegend, und obgleich keiner der Hügel hoch ist, sind sie sämtlich reizvoll – reizvoll, wie dergleichen in einem alten, kleinen Lande reizvoll ist, nämlich aufgrund einer Art erlesener Modulation, etwas, das die Vorstellung erweckt, Umriß und Färbung seien von der Hand der Zeit retuschiert und verfeinert worden. Unabhängig von ihren Schlössern und Abteien, den eindeutigen Zeugen der Jahrhunderte, scheint eine solche Landschaft vielfach gesättigt und durchsetzt. Sie hat – und hatte schon immer – menschliche Bezüge, die dem Bewußtsein innig gegenwärtig sind. Jene kleine Rede über die Schönheit seines Landes, beziehungsweise seines Landesteils, hielt mir mein Begleiter, während wir den grasigen Hang eines Hügels oder ›Grates‹, wie es dort heißt, hinaufgingen, von dessen Kamm aus wir mit einemmal fast über das ganze übrige England hinwegzublicken schienen. Gewiß würde man eine solche Aussicht ganz genauso liebgewonnen haben, wie man einen großartigen, doch empfindlichen Freund liebgewänne. Der ›Grat‹ fiel plötzlich ab, als sei der entsprechende Hang auf der anderen Seite abgetragen worden, und man könnte, den weiten, bezaubernden Ausblick vor Augen, dem Höhenzug einen ganzen Nachmittagsspaziergang über folgen. Über eine englische Grafschaft hinweg in die übernächste zu blicken ist ein sehr hübscher Zeitvertreib, wobei die Grafschaft keineswegs so klein wirkt, wie man annehmen könnte. Wie kann eine Grafschaft klein wirken, in der man, von einem Aussichtspunkt wie dem, von dem ich spreche, als dunkleren Fleck jenseits des helleren Grüns das große Territorium einer der größten Vertreterinnen territorialer Größe sieht? Dergleichen schafft ungeheure Weiten, und dahinter sind blaue, wellenförmige Erhebungen von wechselndem Ton, und dann wieder eine buschige Landschaft, die, so erfährt man, einer anderen hochgestellten Persönlichkeit Schatten zum Wohnen und anderen Zwecken spendet. Und rechts und links davon liegen in waldigen Flächen andere Domänen von gleicher Bedeutung. Es war daher nicht die Kleinheit, sondern die Weitläufigkeit des Landes, die mir auffiel, und ich war beileibe nicht in der Stimmung eines bestimmten Amerikaners, der einmal in meiner Gegenwart ob der Antwort eines Engländers auf meine Frage, ob mein Gesprächspartner Mr. B. häufig sähe, in Gelächter ausbrach. »Nicht doch«, hatte die Antwort gelautet, »wir sehen ihn nie: er lebt weit weg im Westen.« Es war der westliche Teil seiner Grafschaft, den unser Freund meinte, und mein amerikanischer Spaßvogel sah darin Anlaß zu endlosen Scherzen. »Da könnte ich ebenso auf den Gedanken kommen«, meinte er, »von meinem westlichen oder östlichen Fuß zu reden.«

Ich glaube nicht einmal, daß meine Empfänglichkeit für den Zauber dieser herrlichen Gegend – für seine Hanglandschaft mit alten, roten Farmhäusern, die die dunkelgrünen Giebelsohlen erhellen, und Schornsteinspitzen großer Häuser, die über meilenweite Waldungen lugen, und, an den verschwommenen Stellen des Horizonts, weit entfernten Städten und Örtlichkeiten, von denen man immer gehört hatte – davon abhing, ob ich in dieser Gegend einen ›Besitz‹ hatte, so daß die kleinen Mädchen in der Stadt auf der Straße plötzlich vor mir knicksen würden; obgleich auch das gewiß angenehm gewesen wäre. Gleichzeitig hätte ein kleiner Besitz die Bindung zweifellos verstärkt. Menschen, die ohne Geld in den Taschen in der Welt herumziehen, geben sich Träumen hin – Träumen von den Dingen, die sie kaufen würden, wenn ihre Taschen es erlaubten. Diese Träume beziehen sich höchstwahrscheinlich auf ein gutes Anwesen in irgendeiner Gegend, in der der Wanderer sich zufällig befinden mag. Was mich angeht, so bin ich noch nie in einem Land gewesen, das so reizlos gewesen wäre, daß ich mich nicht zu seinem beispielhaftesten Herrenhaus ›hingezogen‹ gefühlt hätte. In New England und anderen Teilen der Vereinigten Staaten habe ich gespürt, wie mein Herz dem griechischen Tempel, dem kleinen Parthenon aus weißgestrichenem Holz entgegenschlug; in Italien habe ich imaginäre Angebote für die gelbwandige Villa mit Statuen auf dem Dach abgegeben. In England hat sich meine Phantasie selten zu dem allerbesten Haus verstiegen, doch sie ist wieder und wieder um die ruhigen, ungerühmten Plätze gekreist, die am Orte lediglich als ›gut‹ gelten. Besonders eines gab es in der Gegend, auf die ich anspiele, bei dem der Traum, es unglaublicherweise von einem in Geldverlegenheit geratenen Besitzer erworben zu haben, fortwährend in das Wunschbild überging, am anderen Morgen ›einzuziehen‹. Ich sah diesen Ort leider unter nicht sehr günstigen Umständen; ich sah ihn bei Regen, aber ich bin froh, daß sich kein schönes Wetter in die Angelegenheit einmischte, denn in diesem Falle hätte der Stachel des Neides den Eindruck vergiften können. Es war ein langer, nasser Sonntag, und die Wasser waren tief. Ich hatte mich den ganzen Tag im Hause aufgehalten, denn das Wetter läßt sich am besten mit der Bemerkung beschreiben, daß wir es für ausreichend erachteten, uns vom Gottesdienst zu entbinden. Doch am Nachmittag, da die absehbare Pause zwischen Lunch und Tee furchterregende Ausmaße annahm, machte mein Gastgeber einen Spaziergang mit mir, und im Laufe dieses Spazierganges führte er mich in einen Park, den er als ›das Paradies eines kleinen Land-Gentleman‹ bezeichnete. Es war in der Tat ein modernes Eden, und die Bäume hätten

Bäume der Erkenntnis sein können. Sie waren von ehrwürdigem Alter und großartigem Umfang und Wuchs; sie waren in außerordentlicher Fülle über die grasigen Ebenen verstreut und verteilten sich auf eine Weise auf den Hängen und die Hänge hinab, wie ich sie nicht glücklicher erlebt habe, seit ich das letzte Mal die Kastanien über dem Comer See betrachtete. Der entscheidende Punkt war, daß der Besitz klein war, man aber nirgendwo eine Grenze erkennen konnte. Kurz bevor wir in den Park einbogen, hatte es neuerlich zu regnen begonnen, so daß wir unangenehm naß und schmutzig waren; doch da wir einmal in der Nähe des Hauses waren, gedachte mein Begleiter nach gutnachbarschaftlicher Art seine Karte zurückzulassen. Das Haus war höchst gefällig; es stand auf einer Art Terrasse, inmitten eines Rasens und Gartens, und die Terrasse überragte einen der höchst zahlreichen Flüsse Englands und ging außerdem nach den blauen, wellenförmigen Erhebungen hinaus, von denen ich bereits gesprochen habe. Auf der Terrasse befand sich auch ein kleiner Zierteich, und ein niedriger, eiserner Pfahlzaun schied den Rasen vom Garten. All das erblickte ich im Regen. Mein Begleiter gab seine Karte dem Butler mit der Bemerkung, wir seien zu bespritzt, um einzutreten, und wir wandten uns ab, um unseren Rundgang zu beschließen. Als wir uns abwandten, wurde mir heftig bewußt, was ich als die Grausamkeit dieses Vorgehens zu bezeichnen versucht gewesen sein dürfte. Meine Einbildungskraft ermaß die ganze Lage. Es war ein öder, ein verdorbener Sonntagnachmittag – niemand konnte kommen. Das Haus war bezaubernd, die Terrasse herrlich, die Eichen großartig, die Aussicht höchst reizvoll. Aber das ganze offenbarte die Ödheit, wenn nicht Fadheit. Im Hause war ein Empfangszimmer, und im Empfangszimmer war – will sagen *war bestimmt* – eine englische Dame, eine vollkommen harmonische Gestalt. Es hatte nichts Törichtes, davon überzeugt zu sein, daß es ihr an diesem regnerischen Sonntagnachmittag nicht zusagen würde zu erfahren, daß zwei Gentlemen über Land an ihre Tür gekommen waren, nur um die Zeremonie des Hinterlassens einer Karte zu absolvieren. Als ich daher, ehe wir noch sehr weit gegangen waren, den Butler hinter uns hereilen hörte, spürte ich, wie richtig meine Empfindung der Situation gewesen war. Natürlich kehrten wir um, und ich trug meine schmutzigen Schuhe in das Empfangszimmer – genau das Empfangszimmer, das ich mir vorgestellt hatte –, wo ich – ich will nicht sagen genau die Dame, die ich mir vorgestellt hatte, antraf, sondern eine Dame, die sogar noch passender war. Tatsächlich waren zwei Damen da, deren eine sich vorübergehend im Hause aufhielt. In welcher Gesellschaft man sich in England auch befindet, man kann stets sicher sein, daß einer der Anwesenden sich vorübergehend dort ›aufhält‹, und man kommt zur rechten Zeit dahin, die Abgründe in diesem Wort zu erspüren. Die großen Fenster des Empfangszimmers, von dem ich spreche, gingen über den Fluß hinaus auf die verwischten, verhangenen Hügel, wo der Regen tröpfelte und wehte. Es war sehr ruhig, wie ich schon sagte; es herrschte eine Stimmung ausgiebiger Muße. Wenn man hier irgend etwas tun wollte, so hatte man dafür ersichtlich Zeit – wie überhaupt jedes andere Mittel – in Hülle und Fülle. Die beiden Damen redeten über ›die

Stadt‹: darüber reden die Leute auf dem Lande. Wenn ich dazu aufgelegt wäre, könnte ich darstellen, wie sie mit ergreifender Sehnsucht darüber redeten. Jedenfalls fragte ich mich, woher es nur kam, daß man an diesem bezaubernden Ort lebte und sich den Kopf darüber zerbrach, was im Juli in London vorging. Dann nahmen wir feinen, starken Tee und Brot mit Butter zu uns.

Ich kehrte zur Behausung meines Freundes – denn auch ich war des ›vorübergehenden Aufenthalts‹ schuldig – durch ein altes, mit einem wuchtigen Bogen und wunderlichen Skulpturen versehenes, normannisches Portal zurück, hinter dessen ausgetretener Schwelle das Auge der Phantasie die Geister von Mönchen und die Schatten von Äbten lautlos könnte hin- und hergehen sehen. Diese Öffnung führt einen in einen wunderschönen Wandelgang aus dem dreizehnten Jahrhundert – einen langen, steinernen, in zwei Stockwerken angelegten Säulen- oder Kreuzgang, dessen zwischenräumliches Flechtmaßwerk heute abgeschliffen, aber dessen lange, niedrige, schmale, bezaubernde Flucht mit ihren von Mönchssandalen ausgetretenen Steinplatten und gewaltigen, rundbogigen Eingängen, die von seiner Innenseite in große, wie Kathedralen bedachte Räume abgehen, immer noch vollkommen und pittoresk ist. Diese Räume sind mit schmalen Fenstern von beinahe schießschartenartiger Gestalt versehen, die in drei Fuß tiefe und mit kleinen, grotesken, mittelalterlichen Gesichtern geschmückte Gewände eingelassen sind. Sich von einer der kleinen Mönchslarven angegrinst zu sehen, während man sich an- und auskleidet oder während man in den Pausen der Inspiration vom

Briefeschreiben aufblickt, ist ein bloßes Detail der Unterhaltung, in einer *ci-devant* Priorei zu wohnen. Diese Unterhaltung ist unerschöpflich; denn jeder Schritt, den man in einem solchen Hause tut, konfrontiert einen auf die eine oder andere Weise mit der grauen Vergangenheit. Man verschlingt das Dokumentarische, man atmet das Historische ein. An das Haus schließt eine wunderschöne Ruine an, ein Überrest der Mauern, Fenster und Pfeilersockel der großartigen, vom Vorgänger meines Gastgebers, dem infulierten Abt, versehenen Kirche. Diese Überbleibsel sind sehr unzusammenhängend, aber sie sind immer noch reichlich vorhanden und bezeugen die Größenordnung und stattliche Schönheit der Abtei. Man kann am Fuße eines efeuberankten Fragments im Gras liegen, den Umfang der halb unter weichen Kriechpflanzen begrabenen großen Stümpfe der Hauptsäulen ermessen und darüber nachdenken, wie seltsam es ist, daß in dieser stillen Senke inmitten einsamer Hügel ein so erlesenes und vollendetes Kunstwerk entstanden ist. Nur eine Stunde zu Fuß entfernt liegt eine weitere großartige Ruine, die noch vollständiger erhalten ist. Dort hat der Hauptturm bis auf halbe Höhe standgehalten, und die Rundbögen und wuchtigen Pfeiler des Mittelschiffs ergeben eine vollkommene Durchsicht auf den unverbauten Rasen. Man bekommt den Eindruck, Abteien seien, als das katholische England in seiner Blüte stand, so zahlreich wie Meilensteine gewesen. Von einheimischen Bewunderern wird die Gegend noch heute als ›wild‹ bezeichnet, doch amerikanischen Augen erscheint sie in ihrer Sanftheit und Vollendung beinahe vorstädtisch. Eine geräuschlose kleine Eisenbahn läuft durch das Tal, und vor den Abteitoren liegt ein kleines, altes Städtchen – ein Städtchen freilich ohne großen Fahrzeuglärm, aber mit ansehnlichen Backsteinhäusern, mit einem Dutzend Wirtshäusern, mit reinlichen, weißgekalkten Katen und mit kleinen Mädchen, die, wie ich schon sagte, auf der Straße Knickse machen. Doch noch heute dürfte es, wenn man sich per Eisenbahn in das Tal hineingewunden hat, eine ziemliche Überraschung sein, in einer so friedlichen und pastoralen Umgebung ein großes, architektonisches Schaustück vorzufinden. Wie eindrucksvoll muß die wunderschöne Kirche erst in den Tagen ihres Gedeihens gewesen sein, da der Pilger vom grasigen Hang zu ihr hinabtrat und ihre Glocken die Stille fühlbar machten! Die Abtei war in jenen Tagen eine große Sache; sie zog sich, wie mein Begleiter sagte, über den ganzen Ort hin. Wenn man sich von ihr entfernt, meint man, die Grenze ihrer Ausdehnung erreicht zu haben, doch man begegnet ihr immer noch in Gestalt eines zerklüfteten, durch einen frühenglischen Bogen bereicherten Außengebäudes, eines alten, in einer Art mit Skulpturen geschmückter Kaverne verborgenen Brunnens. Es ist bemerkenswert, daß man sich, selbst wenn man als Reisender einem Land entstammt, wo es keine frühenglischen – und fürwahr wenig spätenglische – Bögen gibt und die Brunnenabdeckungen in ihrem altehrwürdigsten Zustand aus neu aussehenden Schindeln bestehen, ohne viel Verzug an all diese Altehrwürdigkeit gewöhnt. Alles sehr Alte scheint höchst natürlich zu sein; nichts lassen wir uns so nahegehen wie die Zeichen des Fernen. Es ist keine Übertreibung zu behaupten, daß, wenn man vierundzwanzig Stunden in einem Haus verbracht hat, das sechshundert Jahre alt ist, man selbst sechshundert Jahre darin gelebt zu haben scheint. Man scheint die Steinplatten selbst mit seinem Schritt gehöhlt und das Eichenholz mit seiner Berührung blankpoliert zu haben. Man geht den kleinen, steinernen Bogengang entlang, wo die Mönche zu wandeln pflegten, schaut dabei aus den gotischen Fensterplätzen auf ihre wunderschöne Kirche und bleibt vor der großen, gerundeten, zerklüfteten Türöffnung stehen, die einen in einen heute als Empfangszimmer genutzten Raum führt. Die wuchtige Stufe, über die man zur Schwelle aufsteigt, ist ein wenig krumm, wie es sich gehört; der Sturz ist rissig und von den unzähligen Fingern der Jahre abgegriffen. Das fällt dem beiläufigen Blick auf. Man schaut den Miniatur-Kreuzgang auf und ab, ehe man eintritt; er wirkt wundervoll alt und sonderbar. Dann begibt man sich ins Empfangszimmer, wo einen zeitgemäße Gespräche, neueste Publikationen und die Aussicht auf ein Dinner erwarten. Das neue und das alte Leben sind miteinander verschmolzen; es gibt keine Scheidelinie. In der Wand des Empfangszimmers befindet sich, das breite Ende nach innen gerichtet, ein sonderbares, trichterförmiges Loch, wie bei einer kleinen Kasematte. Man fragt, was das sei, aber die Leute haben es vergessen. Es ist etwas von den Mönchen; es ist ein bloßes Detail. Nach dem Dinner erfährt man, daß es selbstverständlich auch ein Gespenst gibt – einen Franziskaner, den man in den dämmerigen Stunden am Ende von Fluren sieht. Manchmal sehen ihn die Dienstboten; danach gehen sie zum Schlafen heimlich ins Dorf. Wenn man dann sein Nachtlicht nimmt und sich, durch leere Räume abkürzend, bettwärts begibt, ist man sich einer Haltung gegenüber dem Franziskaner bewußt, von der man kaum weiß, ob man sie als liebevolle Hoffnung oder große Furcht deuten soll.

Einer meiner Freunde, ein Amerikaner, der dieses Land kannte, hatte mir gesagt, ich solle, wenn ich schon in der Gegend sei, unbedingt Stokesay und zwei, drei andere Orte aufsuchen. »Edward IV. und Elisabeth«, sagte er, »treiben sich dort noch herum.« So ermahnt, ließ ich es mir angelegen sein, zumindest Stokesay aufzusuchen, und ich verstand vollkommen, was mein Freund meinte. Edward IV. und Elisabeth sind in der Tat noch beinahe überall in der Grafschaft anzutreffen; was die einheimische Architektur angeht, so sind nur wenige Teile Englands noch lebhafter altenglisch. Ich habe selten ein paar Stunden lang das Gefühl gehabt, persönlich so unmittelbar in die Vergangenheit zurückzufallen, wie damals, als ich im Gras neben dem Brunnen in dem schmalen, sonnigen Hof dieses kleinen Schlosses lag und träge die immer noch deutlichen Details mittelalterlichen Lebens würdigte. Der Bau ist ein Hauptbeispiel für eine *gentilhommière* des dreizehnten Jahrhunderts. Er hat einen guten, tiefen Burggraben, der heute mit wildem Grün angefüllt ist, und ein merkwürdiges Torhaus aus sehr viel späterer Zeit – der Zeit, als man die Verteidigungshaltung so gut wie aufgegeben hatte. Dieses Torhaus, das dem Stil der Behausung überhaupt nicht entspricht, sondern Giebel und schweres Fachwerk mit aus Flächen von grobem Putz hervortretenden, wunderlichen Kreuzbalken aufweist, ist im Hinblick auf die kleine, graue Festung auf der anderen Seite des Hofes ein sehr wirkungsvoller Stilbruch. Ich nenne dies eine Festung, aber es ist eine

Festung, die leicht hätte eingenommen werden können, und sie muß ihre jetzige Gestalt zu einer Zeit angenommen haben, da die Leute aufgehört hatten, durch schmale Schlitze auf mögliche Belagerer zu spähen. Es gibt für solche Späherei Schlitze in den Außenmauern, aber sie sind merklich breit und nicht sonderlich abgeschrägt und hätten leicht für die Zwecke einer friedlichen Unterredung verwendet werden können. Das gehört zum Zauber des Ortes; das menschliche Leben dort muß eine frühere Grimmigkeit verloren haben; er wurde von Menschen bewohnt, die an gute Absichten zu glauben begannen. Sie müssen eng zusammengelebt haben; das ist eine der naheliegendsten Überlegungen im Hof eines mittelalterlichen Wohnsitzes. Der Hof war nicht immer grasig und leer, so wie nun, wo nur ein paar Gentlemen auf der Suche nach Eindrücken der Länge nach daliegen und einer davon mit einer Taschenflasche Wein hantiert, der das klare Wasser färbt, aus dem Brunnen in ein paar Gläser gepumpt von einer ehrbaren, rosigen, lächelnden, geschwätzigen alten Frau, die aus dem Torhaus herausgeeilt gekommen ist und die einen fülligen, wassersüchtigen, arglosen Mann hat, der auf Krücken in der Sonne umhersteht und kein Lebenszeichen von sich gibt, wenn man sich nach seiner Gesundheit erkundigt. Dieser arme Mensch hat jene äußerste Tiefe menschlicher Einfalt erreicht, in der man selbst eine Gelegenheit, über seine Gebrechen zu reden, nicht zu schätzen weiß. Aber die höfliche alte Frau redet für alle, selbst für einen Künstler, der aus einem der Räume gekommen ist, wo ich ihn später dessen verwitternde Ruhe wiedergeben sah. Die Räume sind sämtlich unbewohnt und in einem

Zustand äußersten Verfalls, wenngleich das Schloß bislang alles andere als eine Ruine ist. Aus einem Fenster sehe ich jenseits einer Wiese eine junge Dame mit angezogenen Knien unter einem Baum sitzen und etwas mit den Lippen benetzen. Es handelt sich unzweifelhaft um einen Kamelhaarpinsel; die junge Dame skizziert unvermeidlich. Das sind die einzigen Belagerer, denen der Ort heute ausgesetzt ist, und sie können keinen großen Schaden anrichten, sosehr ich auch zweifle, ob die Absicht der jungen Dame sehr gut ist. Wir durchstreiften das leere Innere in dem Gedanken, wie schade es sei, daß dergleichen in Stücke fällt. Es gibt eine wunderschöne, große Halle – das heißt groß für ein kleines Schloß (in einem modernen Haus nähme sie sich äußerst ansehnlich aus) – mit hohen, an einen Kirchenbau gemahnenden Fenstern und einer langen Treppe am einen Ende, die an der Wand entlang zu einem geräumigen Schlafraum hinaufführt. Man kann immer noch sehr gut die Hauptzüge jenes einfacheren Lebens erfassen; und man muß sagen, daß es zwar einfacher, aber keineswegs bar vieler unserer heutigen Annehmlichkeiten war. Die Kammer am oberen Ende der aus der Halle aufsteigenden Treppe ist mit ihrer unregelmäßigen Form, ihrer tiefgezogenen Decke, ihren Wandschränken, ihrem tiefen, aus einer Reihe kleiner Gitterwerke geformten Erker immer noch bezaubernd. Man kann sich vorstellen, wie Leute von ihr aus auf den Absatz der Treppe traten, deren zerklüftete Holzbalken anstelle von Stufen und deren festgefügtes, tiefgekehltes Geländer erhalten geblieben sind. Sie sahen hinab in die Halle, wo, so nehme ich an, stets eine Schar von Gefolgsleuten, ein großes Müßigsein und Warten und

Kommen und Gehen bei geöffneter Hoftür war. Der Hof war, wie ich eben sagte, nicht der grasige, ästhetische Fleck, als den man ihn gegenwärtig an einem schönen Sommertage vorfinden mag; es gab dort angepflockte Tiere, rührige Bewaffnete, und der Boden war zu Matsch zertrampelt. Aber der hohe Herr und die hohe Frau waren, wie sie von der Kammertür hinunterblickten, Herr der Lage und erteilten ohne Zweifel dementsprechend ihre Befehle. Der Anblick der Gruppen auf dem Boden darunter, das Hin- und Herrufen, die gedeckten Eichentische und die Kohlenpfanne in der Mitte – all das schien wieder gegenwärtig; und es war nicht schwer, der historischen Vision durch den Rest des Gebäudes zu folgen – durch den Teil, der die große Halle mit dem Turm verband (wo der Bundesgenosse der skizzierenden jungen Dame draußen das friedliche, dreibeinige Gerät seines Handwerks aufgestellt hatte); durch die düsteren, grob kreisförmigen Räume des Turmes selbst und die Wendeltreppe desselben hinauf zur bezauberndsten Stelle jeden alten Schlosses, wo Visionen sich von den Zinnen stürzen müssen, um sich einem zu entziehen – der hellen, schwindelerregenden Plattform auf der Turmspitze, der Stelle, wo die Schloßstandarte hing und die wachsamen Insassen die Herannahenden überschauten. Hier holt man den Eindruck des Ortes stets wirklich ein – hier, in der sonnigen Stille, scheint er ein wenig atemlos stehenzubleiben und sich ganz hinzugeben.

Nicht nur in Stokesay verweilte ich eine Zeitlang auf dem höchsten Punkt des Bergfrieds, um den so eingeholten, vollständigen Eindruck zu genießen. Ich brachte noch eine solche halbe Stunde in Ludlow zu, das ein viel grandioseres und berühmteres Monument ist. Ludlow indes ist eine Ruine – die eindrucksvollste und großartigste aller Ruinen. Die bezaubernde alte Stadt und das bewundernswerte Schloß bilden ein Hauptziel für eine Pilgerfahrt. Ludlow ist ein ausgezeichnetes Beispiel für eine kleine, englische Provinzstadt, die nicht von Industrie verunreinigt und entstellt worden ist; sie weist keine hohen Schlote und Rauchfahnen, keine damit verbundenen Randbezirke und Elendsquartiere auf. Die kleine Stadt thront auf einem Hügel, in dessen Nähe der stattliche Severn vorbeizieht, und sie hat eine bemerkenswerte Ausstrahlung von bürgerlicher Würde. Ihre Straßen sind breit und sauber, leer und ein wenig von Gras durchsetzt, und von geräumigen, gelinde dekorativen Backsteinhäusern gesäumt, die aussehen, als sei im ersten Jahrzehnt des Jahrhunderts mehr in ihnen vorgegangen als in der Gegenwart, die aber gleichwohl noch den Kopf hochtragen und ihre Fensterscheiben sauber, ihre Klopfer glänzend und ihre Eingangstreppen geweißt halten können. Der Ort scheint auszudrücken, daß er vor einigen hundert Jahren Mittelpunkt einer großen Provinzgesellschaft und daß diese Gesellschaft in ihrer Art sehr ›gut‹ war. Sie muß sich für die Saison – in rumpelnden Kutschen und schweren Zweispännern – nach Ludlow verfügt und sich dort in schicklicher Nacheiferung der majestätischeren Hauptstadt, die eine Auswahl von Eisenbahnlinien noch nicht in ihre unmittelbare Reichweite gebracht hatte, unterhalten haben. In den Gesellschaftssälen haben Bälle stattgefunden;

Mrs. Siddons* hat hier gespielt; die Catalani** hat hier gesungen. Miss Burneys*** und Miss Austens Heldinnen hätten hier durchaus ihre erste Liebesaffäre haben können; eine Reise nach Ludlow wäre für Fanny Price oder Emma Woodhouse, ja selbst für jene romantischer verbundenen jungen Damen Evelina und Cecilia, ein großes Ereignis gewesen. Es ist ein Ort, dem eine Provinzaristokratie so fühlbar ihren Stempel aufgedrückt hat, daß man sowohl die vornehme Gesinnung als auch die bescheidenen Verhältnisse ermessen kann. Es ist eine sehr interessante Anordnung von Häusern aus der Zeit, nachdem die Poesie der einheimischen Architektur zu schwinden begonnen und ehe die Gewöhnlichkeit Einzug gehalten hatte – eine feine, vertraute, klassische Prosa. Solche Orte, solche Häuser, solche Überbleibsel und Andeutungen versetzen uns zurück in die nahe Vorzeit jenes präviktorianischen England, das sich der Fremde dank des teilweisen Überdauerns vieler seiner Charakteristika immer noch leicht mit einer gewissen Lebhaftigkeit vorstellen kann. Es ist leichter für einen Fremden, der eine Zeitlang in England gewohnt hat, sich eine Vorstellung von dem Ton, den Gewohnheiten, der Erscheinung des gesellschaftlichen Lebens zu bilden, ehe dessen klassische Insularität zu schwinden begonnen hatte, was nach einhelliger Meinung aller Beobachter vor ungefähr dreißig Jahren geschah. Es trifft zu, daß der geistige Vorgang sich hierbei darauf beschränkt, daß wir uns einige Dinge, die die besonderen nationalen Noten

---

* Sarah Siddons, engl. Schauspielerin (1755–1831). (Anm. d. Verl.)
** Angelica Catalani, ital. Sängerin (1780–1849). (Anm. d. Verl.)
*** Frances Burney, engl. Erzählerin (1752–1840). (Anm. d. Verl.)

bilden, als unendlich übertrieben vorstellen: den starr aristokratischen Aufbau der Gesellschaft, das unästhetische Naturell der Leute, den schmalen, öffentlichen Fundus von Annehmlichkeit, von Eleganz. Man lasse sich von einem alten Gentleman mit konservativen Neigungen, der sich an die Jugend des Jahrhunderts erinnert, in einem Club *temporis acti* erzählen – sich von ihm erzählen, woran es liegt, daß von seinem Standpunkt aus London als Wohnsitz für einen Gentleman in den letzten vierzig Jahren nichts als nachgelassen hat. Man wird ihm natürlich mit einer Miene schicklichen Mitgefühls lauschen, aber insgeheim wird man sich sagen, was für ein schwieriger Aufenthaltsort London in jenen Tagen für den Reisenden aus anderen Ländern gewesen sein muß – wie wenig kosmopolitisch, wie sehr, auf tausenderlei Art, engstirnigen Sitten verhaftet. Was damals auf die Großstadt zutraf, traf auf die Provinz natürlich doppelt zu; und eine Gemeinschaft vom Typus Ludlow muß so etwas wie ein Brennpunkt insularen Anstands gewesen sein. Selbst damals indes hätte sich der verärgerte Ausländer in den großartigen Ruinen des Schlosses wieder in gute Laune zurückträumen können. Sie hätten ihn wirkungsvoll über jedes ab- oder zunehmende Philistertum erhoben.

Englische Vignetten

I

Gegen Ende April waren die Schlüsselblumen in Monmouthshire faustgroß. Ich sage Monmouthshire, weil ich glaube, daß ein ganz bestimmter grasiger Berg, den zu besteigen ich mir das Vergnügen machte und zu dem ich mich durch das herrliche Land aufmachte, über Feldwege, wo die Hecken auf blühenden Böschungen thronten, innerhalb der Grenzen dieser alten Provinz lag. Es war die festliche Osterzeit, und an einem Vorwand, London zu verlassen, hatte es nicht gefehlt. Natürlich regnete es – es regnete sehr viel –, denn Mensch und Wetter arbeiten einander normalerweise entgegen. Aber es gab Abschnitte voll Licht und Wärme, und in England machen ein paar helle Stunden ihre Unabhängigkeit geltend und hinterlassen eine ungetrübte Erinnerung. Diese Atempausen waren sogar von längerer Dauer; zum Beispiel den ganzen Vormittag über, an dem ich mit einem Begleiter den kleinen Skirrid hinaufkraxelte. Man hatte das Gefühl, man sei sehr weit weg von London; was man, nach sechs, sieben Stunden in einem schnellen, direkten Zug, auch tatsächlich war. In England ist das eine lange Zeitspanne; sie schien das halb widerwillige Geständnis zu rechtfertigen, welches ich fortwährend zu hören bekam, daß nämlich das Land äußerst ›wild‹ sei. Es gibt Wildheit und Wildheit, dachte ich; und obgleich ich kein großer Entdeckungsreisender war, verglich ich diesen unwirtlichen Landstrich mit verschiedenen Gegenden in einem anderen Teil der Welt, der als zahm galt. Ich ging sogar so weit, daß ich wünschte, einige von dessen rauheren Zügen könnten in jene vergleichsweise ungestaltete Landschaft verpflanzt und mit deren vorstädtischer Unzivilisiertheit vermischt werden. Wir waren dicht an der walisischen Grenze, und ein Dutzend kleine Berge in der Ferne lugten einander über die Schultern, doch das war der schlimmste Vorwurf von Unordnung, dem die Natur sich aussetzte. Dieser Skirrid (es gefällt mir, den Namen zu wiederholen) hatte aus der Ferne zwar das Aussehen eines vergrößerten Löschhütchens; doch als wir nach einem heiteren, luftigen Spaziergang über Feldweg und Wiese die letzte der dicht blühenden Hecken, die wie lose Korallenschnüre um seine Schultern liegen, überklettert und (in ganz ähnlicher Haltung wie Nebukadnezar) den grasigen Kegel zu ersteigen begonnen hatten, erwies sich seine Oberfläche als so glatt wie die eines Gartenhügels. Hart daneben, auf den Flanken anderer Hügel, gab es Scharen grasender Schafe, und das einzige, was sich im mindesten zu einer gewissen Schärfe und Spitze bekannte, war der starke, feuchtkalte Wind. Doch selbst die kräftige Brise war gutmütig und wollte nur etwas, womit sie spielen konnte, während sie die perlgrauen Morgennebel, die von den benachbarten Kämmen aufstiegen, umherwirbelte und den Dunstschleier schüttelte, der drunten im Tal über der pittoresken kleinen Stadt Abergavenny schwebte. Eine luftige, grasige englische Hügelspitze, die auf ein Land voller beziehungsreicher Namen, alter Erinnerungen und dazugehöriger Geschichten herabblickt, zeigt einem (besonders wenn man von einem wunderschönen Spazier-

gang erfrischt ist und eine Taschenflasche bei sich hat)
die Welt als von menschlichem Gebrauch leidlich glatt-
geschliffenen Ort.

Von der Kirche riet mir am Sonntag mein Mißtrauen
gegen deren mittelalterliche Kühle ab – der Hexen-
schuß war dort so eindeutig ansteckend. In den stillen
Stunden, als die Straßen und Feldwege leer waren, ging
ich schlicht zum Kirchhof und setzte mich auf einen der
von der Sonne erwärmten Grabsteine. Ich sagte, die
Straßen seien leer gewesen, aber sie waren mit den
großen Schlüsselblumen bevölkert, von denen ich gerade sprach – Schlüsselblumen so groß wie reife Äpfel
und doch, trotz ihres üppigen Wachstums, von einem
so fahlen und zarten Gelb, als sei ihr Gold mit Silber
versetzt worden. Es war tatsächlich eine Mischung von
Gold und Silber, denn es gab auch Buschwindröschen
in Fülle, und diese zarten Blumen, eine jede von so
vollendeter Prägung, waren den grünen Wegesrand
entlang ausgestreut, als hätte ein Fürst mit vollen
Händen gespendet. Die Umgebung einer alten englischen Landkirche ist zur Gottesdienstzeit ein sehr ange-
nehmer Ort; und näher wage ich mich an die Feier der
anglikanischen Mysterien häufig nicht heran. Ein eben
hinreichendes Gefühl von deren erhabenem Charakter
läßt sich aus dem verschwommenen Klang von Dorf-
musik, die nach draußen in die Stille dringt, und aus der
Lektüre jener Teile des Gebetbuches gewinnen, die auf
verfallenden Steintafeln und verschobenen Ecksteinen
stehen. Die Kirche, von der ich spreche, war ein
wunderschönes Beispiel ihrer Art – ungemein betagt,
verschiedentlich ausgebessert, aber immer noch solide
und nützlich und ohne Spuren von Restauration. Sie

war sehr groß und besaß, in den Feldern verborgen, so etwas wie einsame Größe; in ihrer Nähe gab es nichts Besonderes außer ihrem abgelegenen kleinen Pfarrhaus. Es war nur eines von zehntausend; ich hatte dergleichen schon hundertmal gesehen. Doch ich betrachtete das wäßrige Sonnenlicht auf den Runzeln seines alten Mauerwerks; ich stand eine Weile im Schatten von zwei, drei ausladenden Eichen, die ihre schwarzen Arme über Gräber streckten, welche der Sitte jenes Landes entsprechend zu Ostern mit Girlanden aus Schlüsselblumen und Hundsveilchen geschmückt waren; und ich überlegte, daß es in einer ›wilden‹ Gegend ein Segen war, einen so ruhigen Zufluchtsort zu haben.

Später traf ich zufällig auf zwei andere Freistätten, die geräumiger und nicht weniger friedlich waren. Beide waren Landhäuser, und jedes war auf seine Art bezaubernd. Eines war ein halb modernisiertes, feudales Anwesen, das in einer bewaldeten Mulde lag – einer großen, mit einem herrlichen alten Park gefüllten Senke. Das Haus hatte eine lange, graue Fassade und ein halbes Dutzend Türme sowie den üblichen Bestand an Efeu und zusammengedrängten Kaminen, die sich von einem Hintergrund von Krähen heimgesuchter Ulmen abhoben. Doch die Fenster waren alle geschlossen, und die Zufahrt war unberührt; das Haus war Eigentum einer Dame, die es sich nicht leisten konnte, standesgemäß darin zu leben, und es ›für die Jagd‹ möbliert an einen reichen jungen Mann vermietet hatte. Der reiche junge Mann bewohnte es nur drei Wochen im Jahr und überließ es für die übrige Zeit dem begierigen Blick des vorbeikommenden Fremden, des Möchtegern-Reformers ästhetischer Mißstände, zur Beute. Es scheint ein großer, ästhetischer Mißstand zu sein, daß ein so bezaubernder Ort sichtlich und spürbar kein Heim ist. In England ist all das durchaus üblich. Es braucht sehr viele einfache Leute, um einen ›vollendeten‹ Gentleman zu unterhalten; es braucht sehr viel verschwendete Lieblichkeit, um einen erhaltenen Besitz zu bilden. Allerdings war in dem anderen Fall, von dem ich spreche, die Lieblichkeit, die hier sogar noch größer war, weniger spürbar verschleudert. Wenn dort auch niemand im Hause war, so gab es doch immerhin Gespenster. Es hatte eine dunkelrote Front und grimmig wirkende Giebel. Es thronte recht hoch in der Luft auf einer angedeuteten Terrasse, auf die man über steile, krumme, moosbewachsene Stufen gelangte. Unterhalb dieser Stufen lag ein altes Stück Garten, und von der näher gelegenen Seite des Gartens aus erstreckte sich eine große Rasenfläche. Der Mitte des Rasens entsproß eine großartige Allee von Waldkiefern – eine vollkommene Imitation der italienischen Pinie. Es wirkte, als sei die Villa Borghese in die walisischen Hügel versetzt worden. Die gewaltigen, glatten, in Doppelreihe stehenden Stämme waren von dunklen Parasols gekrönt. Die Waldkiefer oder die italienische Pinie enthält immer ein Element des Eigenartigen; der geöffnete Schirm in einem regnerischen Land ist keine poetische Analogie, und der Fall liegt nicht besser, wenn man den Baum mit einem kolossalen Pilz vergleicht. Doch haben, Analogien beiseite, der Effekt dieser ungeheuren, starren Durchsicht und der grasige Teppich der Allee, auf den das düstere, einsame, hoch gestaltete Haus herabblickt, etwas ungemein Eindrucksvolles. Es hatte etwas Feierliches und Tragisches. Der Ort war wie geschaffen für einen Geschichtensucher, der drinnen seine Figuren hätte finden können; denn da die Bleiglas-Gitterfenster geöffnet waren, schienen die Akteure für ihren Auftritt bereit zu sein.

II

Die Isle of Wight ist zunächst enttäuschend. Ich fragte mich, warum das so sei, und fand den Grund schließlich im Einfluß der abscheulichen kleinen Eisenbahn. Es kann kein Zweifel daran bestehen, daß eine Eisenbahn auf der Isle of Wight eine grobe Ungehörigkeit ist, einen offenkundigen Verstoß gegen den natürlichen Stil der Insel darstellt. Die Insel ist reines Bild, und sonst nichts. Sie ist nur dekorativ – sie existiert für bewundernde Ausrufe und für den Aquarellpinsel. Sie wird von der Natur vom dichten Eisenbahnnetz der weniger kleinen Insel abgetrennt und ist auf der ganzen Welt der Winkel, dem ein guter Fahrweg am besten entspricht. Nie gab es eine eindeutigere Gelegenheit, dem Liebreiz zu opfern; nie gab es eine bessere Möglichkeit, keine Eisenbahn einzurichten; doch nun fahren zwanzig Züge am Tag, und der Liebreiz ist zwanzigmal geringer. Die Insel ist so klein, daß die gräßlichen Bahndämme und Tunnels aufdringlich wirken; ihr Anblick ist so schmerzlich, wie es das Bündel eines Hausierers auf den Schultern einer schönen Frau wäre. Das ist der erste Eindruck, wenn man (natürlich mit dem anstößigen Gefährt) von Ryde nach Ventnor reist; und die Tatsache, daß der Zug sehr sanft dahinrattert und an einem halben Dutzend kleiner Bahnhöfe anhält, wo die Gruppen auf dem Bahnsteig einem die Beobachtung ermöglichen, daß die Bevölkerung beinahe ausschließlich aus Gentlemen in Anzügen, die auf unbegrenzte Muße für die Befassung mit Krawatten und Hosen schließen lassen (eine ungeheuer große Klasse in England), aus alten Damen der in Frankreich als *rentières* bezeichneten Spezies und aus jungen Damen der vornehm erzogenen und zeichnenden Varietät besteht, dieser Umstand vermag einen nicht mit der behördlich genehmigten Narbe zu versöhnen, die den Fahrtweg bildet. In Ventnor indes, Aug' in Auge mit der See und die blühende Schulter des Undercliff dicht hinter einem, verliert man die Überflüssigkeiten der Zivilisation bis zu einem gewissen Grade aus den Augen. Nicht daß Ventnor etwa nicht sorgsam zivilisiert worden wäre. Es ist ein durchgebildetes und vollendetes Seebad, es ist auf ein gebührendes Maß von Vulgarisierung gebracht worden. Doch es bleibt der glitzernde, bisweilen blau und silbern aufschimmernde Ozean, und darüber erheben sich prächtig die großen, mit Stechginster bedeckten Höhenzüge. Ventnor klebt auf dem Hang eines steilen Hügels, und hie und da klammert es sich an und klimmt aufwärts, ist abgestützt und terassenförmig angelegt wie eines der kleinen Städtchen, die mit strahlendem Gesicht auf das Mittelmeer hinabblikken. Um zum italienischen Effekt beizutragen, werden die Häuser sämtlich als Villen bezeichnet, wenngleich hinzugefügt werden muß, daß nichts einer italienischen Villa weniger ähnelt als eine englische. Die, welche die stufigen Gesimse von Ventnor zieren, sind zum größten Teil kleine, halb freistehende Kästen, zur Aufnahme von Logiergästen ausersehen, noch ehe sie recht zur

Welt gekommen sind. Sie stehen allüberall in dichtge-
schlossenen Reihen, und auf ihre Torpfosten sind die
vornehmsten Namen des Adelskalenders aufgemalt.
Ihr strikt gleichförmiges Aussehen indes ist derart, daß
selbst der Unterschied zwischen Plantagenet und Perci-
val, zwischen Montgomery und Montmorency kaum
hinreicht, den verwirrten Besucher aufzuklären. Ein
englischer Erholungsort ist komfortabler als ein amerikanischer; in einer Villa Plantagenet ist die Kunst,
›Sommergäste‹ zu empfangen, normalerweise zu höhe-
rer Vollendung gebracht worden als in einem amerikanischen Landhotel. Doch einem Amerikaner fällt selbst
im Hinblick auf ein so bezaubernd hingeschmiegtes
kleines Städtchen wie Ventnor auf, daß es weit weniger
natürlich, weniger pastoral und buschig ist, als es seiner
kühnen Vorstellung von einem Zufluchtsort für den
Sommer entspricht. Es hat zuviel Backstein und Mör-
tel; es hat zu viele rauchende Schornsteine und Läden
und Wirtshäuser; es hat weder Wälder noch Bäche noch
einsame Landzungen; es hat nichts von der jungfräuli-
chen Stille der Natur. Statt dessen hat es eine größtenteils mit Asphalt gepflasterte, von Bänken und kleinen
Läden gesäumte und mit Straßenmusikanten versehene
Promenade. Um Ventnor indes gerecht zu werden,
muß ich eilends hinzufügen, daß es, entfernt man sich
erst einmal von dem Asphalt, sehr viel Vegetation gibt.
Das kleine Dorf Bonchurch, das dicht daneben liegt, ist
im kunstvollsten Grün begraben, in die weichsten
Rasen und das dichteste Gesträuch gehüllt. Bonchurch
ist schlicht entzückend, in gewisser Weise freilich auch
absurd. Es gleicht einem in einer großen Vitrine aufbe-
wahrten Modell-Dorf aus nachgeahmten Stoffen; die

Grasnarbe könnte aus grünem Samt und das Blattwerk aus ausgeschnittenem Papier sein. Die Dorfbewohner sind sämtlich glückliche feine Leute, die Katen haben Flachglasfenster, und die Rosenstöcke an ihren Wänden sehen aus wie mit ›passendem‹ Band aufgebunden. Von Ventnor aus den eleganten Schatten von Bonchurch passierend und sich Richtung Shanklin an der Küste haltend, gelangt man zum hübschesten Teil des Undercliff oder, mit anderen Worten, zum hübschesten Ort der Welt. Die ungeheuren, grasbedeckten Klippen, die die Küste der Insel bilden, ergeben zur See hin, was die Franzosen als ›falsches Gefälle‹ bezeichnen würden. An einem bestimmten Punkt ist das Gefälle unterbrochen, so daß dort eine breite, ganz mit wilden Sträuchern und Blumen überwucherte Naturterrasse halbwegs über dem Salzwasser frei in der Luft schwebt. Es ist unmöglich, sich etwas Bezaubernderes vorzustellen als diese lange, blühende Plattform, die von Norden durch gewaltige, grüne Klippen geschützt wird und auf der anderen Seite in die murmelnden Fluten abfällt. Diese herrliche Anordnung bildet auf eine Entfernung von einigen fünfzehn Meilen die Südküste der Isle of Wight, doch das beste davon ist, wie ich schon sagte, auf den vier oder fünf anzutreffen, die Ventnor von Shanklin trennen. An einem schönen Aprilnachmittag ergeben diese vier oder fünf Meilen einen bewundernswerten Spaziergang.

Natürlich muß man zuerst einen schönen Nachmittag erwischen. Ich erwischte einen; ich erwischte sogar zwei. Am zweiten kletterte ich die Klippen hinauf und stellte fest, daß es möglich war, ihre mit Stechginster bedeckten Flächen noch anderen als Wanderzwecken zuzuführen – sie sitzenden Genüssen zu weihen. Ein langes Müßigliegen im Schutze einer Steinwand, das verweilende, schwindende Nachmittagslicht, der sich rötende Himmel, das blaue Band der See über den waagrecht gestutzten Ginsterbüscheln – all das, als Unterton zum Gespräch mit einem liebenswerten Landsmann genossen, schien in der Tat ein höchst ausreichender Ersatz für jene urtümliche Stille zu sein, über deren Fehlen ich mich gerade zu beklagen wagte.

III

Es war wahrscheinlich ein Fehler, in Portsmouth halt-zumachen. Ich hatte es indes getan, gemäß einer vertrauten Theorie, derzufolge Seehafenstädte an Lokalkolorit, an merkwürdigen Gestalten, am Wunderlichen und Fremdartigen reich sind. Doch an diesen Reizen gebrach es Portsmouth merklich, durch dessen verkommene Straßen ich, vergeblich nach einer hervorspringenden Fassade oder einer Gruppe maltesischer Seeleute Umschau haltend, eine Stunde lang schlenderte. Es betrübte mich, festzustellen, daß ein berühmter Seehafen gleichzeitig unsauber und prosaisch sein kann. Portsmouth ist schmutzig, aber es ist auch fade. Es läßt sich grob in die Werft und die Wirtshäuser unterteilen. Die Werft, in die ich nicht vordringen konnte, ist eine kolossale Einfriedung, äußerlich gekennzeichnet durch eine abweisende Backsteinmauer, so nichtssagend wie eine leere Tafel. Die Werft frißt sozusagen die Stadt, und es bleibt nichts übrig als die Branntweinkaschemmen, die die Stadt leertrinkt. Es gibt nicht einmal einen schiefen, alten Kai von irgendwelcher Bedeutung, wo hellgetünchte Häuser auf einen Wald von Masten hinaussähen. Zunächst einmal gibt es keine Masten; und überdies gibt es keine mehrsprachigen Wegweiser, keine vorspringenden Obergeschosse, keine fremdländischen, in offenen Gitterfenstern hokkenden Papageien und Aras. Mir blieb noch etwa eine Stunde, ehe mein Zug abfuhr, und sie wäre mir sauer geworden, wenn ich mich nicht darauf besonnen hätte, ein Boot zu mieten und mich im Hafen umherrudern zu lassen. Hier fand sich ein gewisses Maß an Unterhaltung. Es gab große, gepanzerte Schlachtschiffe und weiße Truppentransporter, die verschwommen und gespenstisch wirkten wie das Heim des Fliegenden Holländers, und kleine, teuflische Schiffe, deren Mission es war, den infernalischen Torpedo abzufeuern. Ich fuhr um diese metallenen Inseln herum und ging dann, um meine Unterhaltung zu strecken, an Bord der *Victory*. Die *Victory* ist eine alte Fregatte von ungeheurer Größe, die in den Tagen ihres Ruhms ich weiß nicht wieviele Geschütze führte, deren einzige Aufgabe heute jedoch darin besteht, Jahr um Jahr in den Gewässern von Portsmouth zu liegen und sich dem festlich gestimmten Cockney zur Schau zu stellen. Die Bankferien sind nun ihr großer Tag; einstmals war es Trafalgar. Die *Victory* kurzum war Nelsons Schiff; auf ihrem gewaltigen Deck wurde er getroffen, und in ihrem tiefen Bauch tat er seinen letzten Atemzug. Der ehrwürdige Rumpf ist mit einer Schar Türhüter versehen wie der Tower von London oder Westminster Abbey, und er ist kaum weniger wuchtig und geräumig als eines der Land-Bauwerke. Ein tüchtiger Mann in Uniform machte mir unter schrecklicher Verdrängung der

H's die Honneurs des Schiffes, und die Art, wie es von seiner heroischen Rolle abgefallen war, schien etwas Seltsames zu haben. Es hatte zweihundert Geschütze und einen mächtigen Krieger getragen und wider die Feinde Englands gebrüllt; es war Schauplatz eines der aufwühlendsten und anrührendsten Ereignisse der englischen Geschichte gewesen. Nun war es kaum mehr als eine bloße Einkommensquelle für die Fährleute von Portsmouth, ein Ziel für Pfingst-Ausflügler, etwas, worauf ein von weither kommender Pilger ganz beiläufig anspielen muß, um nicht vulgär oder gar ganz ernst zu erscheinen.

IV

Aber ich hielt mich schadlos, wie es heißt, indem ich danach in Chichester haltmachte. In diesem dichten und vielgestaltigen England können zwei Orte sehr nahe beieinander liegen und doch einen ganz unterschiedlichen Ton anschlagen. Ich wußte ganz allgemein, daß dieser als Hauptsehenswürdigkeit eine Kathedrale besaß, und hatte dieses Merkmal in Form eines wunderschönen Turms auch schon aus dem Zugfenster erspäht. Ich hatte einen Nachmittag in einer kleinen Domstadt schon immer als hochrangiges Vergnügen betrachtet, und ein Vormittag in Portsmouth hatte mich in die Stimmung versetzt, mir eine solche Schaustellung nicht entgehen zu lassen. Der Turm von Chichester ähnelt aus kurzer Entfernung dem von Salisbury. Er ist von geringerem Umfang, doch er verjüngt sich mit einer zarten Schlankheit nach oben, die, ähnlich der seines berühmten Rivalen, ein Bild aus der flachen

Landschaft macht, in der er steht. Anders als der Turm von Salisbury indes besitzt er gegenwärtig nicht den Reiz des Altehrwürdigen. Vor ein paar Jahren stürzte die alte Spitze ein und fiel in die Kirche, und das derzeitige Bauwerk ist nur ein modernes Faksimile. Die Kathedrale ist nicht von höchstem Interesse; sie ist ziemlich ausdruckslos und weist, außer einem merkwürdigen, alten, separaten Glockenturm, der neben ihr steht, kein besonderes Element des Unerwarteten auf. Aber eine englische Kathedrale von beschränkter Großartigkeit kann gleichwohl eine sehr bezaubernde Sache sein; und ich brachte etwa eine Stunde damit zu, dieses höchst achtbare Gebäude zu umkreisen, ohne daß der Zauber der Betrachtung von Überdruß gebrochen worden wäre. Ich näherte mich ihm vom Bahnhof aus durch die übliche, ruhige, aus roten Backsteinhäusern bestehende Straße der üblichen Domstadt – eine Straße mit kleinen, ausgezeichneten Läden, vor denen hie und da eines der Fahrzeuge der benachbarten Oberschicht am Bordstein vorgefahren war, während der Kolonialwaren- oder Buchhändler, der beflissen herausgeeilt war, den behäbigen Insassen bediente. Ich ging in eine Buchhandlung, um mir einen Führer von Chichester zu kaufen, den ich im Fenster bemerkte; ich fand den Ladeninhaber im Gespräch mit einem jungen Kuraten mit weichem Hut. Der Führer schien überaus wünschenswert, wenngleich er nur spärlich gewünscht worden zu sein schien; er war im Jahre 1841 erschienen, und ein sehr großer Rest der Ausgabe, mit Musselinrücken, kleinem, weißem Bändchen und in Papier eingebundenen Deckeln, stapelte sich auf dem Ladentisch. Er war, mit schrecklicher Demut, dem Duke of

Richmond gewidmet und mit primitiven Holzschnitten und Stahlstichen geschmückt; die Tinte war braun und die Seite muffig geworden; und der Stil selbst – der eines von der Größe der Aristokratie durchdrungenen Provinz-Antiquars von über vierzig Jahren – war recht bläßlich und schal geworden. Nichts hätte honigsüßer und verbindlicher sein können als der junge Kurat: er vereinbarte gerade, daß ihm jeden Morgen zur Lektüre die *Times* geschickt wurde. »Es kostet also einen Penny, wenn sie mittags abgeholt wird?« sagte er mit überaus reizendem Lächeln und der denkbar vornehmsten Stimme; »und es kostet dreieinhalb Penny, wenn sie um vier Uhr abgeholt wird?« Am oberen Ende der Straße, in die ich mit meinem Reisehandbuch zurückfiel, befand sich ein altes Marktkreuz aus dem fünfzehnten Jahrhundert – ein überladenes, romantisches kleines Bauwerk. Es besteht aus einem Steinpavillon mit offenen Seiten und einer Anzahl von Fialen, Krabben und Strebepfeilern, neben einem ansehnlichen Medaillon des hochnasigen Gesichts von Charles I., das während der Restauration über einem der Bögen angebracht wurde, als Ausgleich für die schweren Verheerungen, die der kleinen Stadt von den Soldaten des Parlaments zugefügt wurden; diese hatten den Königstreuen den Ort entrissen und amüsierten sich nach ihrer grimmigen Art damit, in der Kathedrale alles kurz und klein zu schlagen. Hier, zur Linken, bietet sich dem Auge die Kathedrale dar, die ihren schmucken, grauen Spitzturm aus einem freundlichen Garten erhebt. Dem Garten gegenüber lag der ›Delphin‹ oder der ›Drachen‹ – kurzum das vorzüglichste Gasthaus. Ich muß bekennen, daß es meine Aufmerksamkeit für eine Weile von der Kathedrale ablenkte, und zwar vermöge eines alten, muffigen Gastzimmers im ersten Stock mit über Haartuch-Sofas aufgehängten Jagdbildern; eines rotgesichtigen Kellners in Abendanzug; und einer großen, kalten Rindskeule nebst einem Humpen Ale. Das Hübscheste an Chichester ist ein bezaubernder, kleiner, dreiseitiger, an die Kathedrale angebauter Kreuzgang, wo man, wie an solchen Orten üblich, auf einem Grabstein im tiefen Gras in der Mitte sitzen und die große Hauptmasse der Kathedrale ermessen kann – die ausgedehnten, grauen Seitenwände, die hohen Grundmauern des Turms, die Vierung von Lang- und Querhaus. Von diesem Punkt aus wirkt die Größe der Kathedrale komplexer und eindrucksvoller. Man sieht zu, wie die großen Schatten langsam ihre Relationen ändern; man lauscht dem Krächzen von Krähen und dem Zwitschern von Schwalben; man hört einen langsamen Schritt im Kreuzgang widerhallen.

V

Wenn Oxford nicht die schönste Sache von England wäre, läge der Fall für Cambridge klarer. Er lag dort übrigens für meine Vorstellungskraft sechsunddreißig Stunden lang durchaus klar. Für das barbarische, auf Kultur begierige Gemüt stellt Oxford das übliche Bild der glücklichen Versöhnung zwischen Forschung und Übernahme des Bestehenden dar. Es verkörpert für einen Amerikaner die Vereinigung von Wissenschaft und Verständigkeit – von Emporstreben und Behaglichkeit. Eine deutsche Universität vermittelt einen größeren Eindruck von Wissenschaft, und ein engli-

sches Landhaus oder eine italienische Villa einen größeren Eindruck von müßigem Genuß. Doch in diesen
Fällen ist einerseits die Erkenntnis zu sauertöpfisch und
andererseits die Zufriedenheit zu banal. Oxford verleiht der Arbeit Süße und dem Müßiggang Würde.
Wenn ich Oxford sage, meine ich Cambridge, denn ein
verirrter Barbar ist nicht im mindesten verpflichtet, den
Unterschied zu kennen, und es erscheint mir mit
einemmal sowohl überaus pedantisch als auch überaus
gutmütig von ihm, vorzugeben, er kenne ihn. Welche
Einrichtung ist majestätischer als das Trinity College?
Was kann auf einen verirrten Barbaren stärker wirken
als die Gastfreundlichkeit einer solchen Einrichtung?
Das erste Geviert ist von ungeheurer Ausdehnung, und
die Gebäude, die es umgeben, sind mit ihren langen,
reichen Fassaden von durch die Zeit vertieftem Grau die
stattlichsten der Welt. Im Zentrum des Hofes liegen
zwei, drei Morgen kurzgeschorenen Rasens, aus dessen Mitte sich ein stattlicher gotischer Brunnen erhebt,
an dem die Knechte ihre Eimer füllen. Es gibt Türme
und Zinnen und Statuen, und außerdem gibt es Kreuz-
gänge und Gärten und Brücken. Es gibt bezaubernde
Räume in einer Art prächtigem Torturm, und die
Räume, die die ganze Tiefe des Gebäudes einnehmen,
haben Fenster, die auf der einen Seite über das großartige Geviert mit einer guten halben Meile hochgoti-
scher Architektur, und auf der anderen zwischen tief-
busige Bäume blicken. Und in den Räumen findet sich
die denkbar beste Gesellschaft – distinguierte Männer,
die zutiefst umgänglich, anheimelnd leutselig sind. Ich
brachte einen wunderschönen Sonntagvormittag damit
zu, mit einem dieser Gentlemen durch den Ort zu

spazieren und ein *débrouillement* seiner Reize zu versuchen. Sie bilden ein sehr verschlungenes Gewirr, und ich maße mir in der Erinnerung nicht an, die Colleges auseinanderzuhalten. Dessenungeachtet gibt es ein halbes Dutzend Punkte, die unauslöschliche Bilder ergeben. Sechs oder acht Colleges stehen, die Rückseiten dem Fluß zugewandt, in einer Reihe; und hierauf folgt das entzückendste Durcheinander von gotischen Fenstern und alten Bäumen, von grasigen Böschungen und moosigen Balustraden, von sonnengefleckten Alleen und Hainen, von Rasen und Gärten und Terrassen, von einbogigen Brücken, die den kleinen Strom überspannen, der schmal und seicht ist und so aussieht, als sei er zu ornamentalen Zwecken aufgedreht worden. Der spärlich fließende Cam scheint schlicht als Anlaß für diese prächtigen kleinen Brücken zu existieren – die wunderschöne, gedeckte Galerie der John's oder den leicht einsinkenden Bogen der Clare. In Hinsicht auf Collegehöfe und ruhige, akademische Säulengänge, auf grau ummauerte Gärten und efeuumrankte Studierwinkel, an all dem malerischen Beiwerk einer großen englischen Universität ist Cambridge herrlich und unerschöpflich reich. Ich sah es mir eines nach dem anderen an und sagte mir stets, das letzte sei das beste gewesen. Forderte man mich indes auf, die hübscheste Ecke der Welt zu nennen, so würde ich einen gedankenvollen Seufzer ausstoßen und nach dem Garten von Trinity Hall deuten. Mein Begleiter, der sehr urteilsfähig war (sich freilich mit der Parteilichkeit eines Sohnes des Hauses äußerte), erklärte, als er mich einließ, es sei seiner Ansicht nach der schönste *kleine* Garten in Europa. Eine so edelmütig eingeschränkte Behauptung ließ ich bereitwillig gelten und gebe ich umgehend wieder. Der kleine Garten bei Trinity Hall ist schmal und krumm; er lehnt sich an den Fluß, von dem ein niedriges, ganz in Efeu gehülltes Geländer ihn trennt; er hat eine alte Mauer, die auf einer Seite mit tausend verfilzten Kriechpflanzen, und auf der anderen mit einer Gruppe außergewöhnlicher Roßkastanien geschmückt ist. Die Bäume sind von ungeheurer Größe; sie nehmen den halben Garten ein und sind deswegen bemerkenswert, weil ihre riesigen Äste sich in die Erde bohren, neuerlich Wurzel schlagen und im Aufragen der Majestät des Mutterstammes nacheifern. Die Art, wie diese großartige Gruppe von Roßkastanien übers Gras hin bis in die Mitte des Rasens wuchert, gehört zu den herzerschütterndsten Zügen des Gartens von Trinity Hall. Natürlich ist der Einzelgegenstand, der in Cambridge den bleibendsten Eindruck hinterläßt, die berühmte Kapelle des King's College – die schönste Kapelle Englands. Die Wirkung, die sie im Inneren zu erzielen versucht, liegt gänzlich in der Sphäre des Sublimen. Der Versuch gelingt, und der Erfolg stellt sich durch eine Gestaltung ein, die so leicht und elegant ist, daß sie sich zunächst beinahe selbst darum bringt. Das Sublime hat normalerweise mehr von einem Stirnrunzeln und Ausweichen an sich, und erst nachdem man sich zehn Minuten umgesehen hat, stellt man fest, daß die Kapelle davor, die hübscheste Kirche Englands zu sein, durch den Umstand bewahrt wird, daß sie eine der vornehmsten ist. Sie ist eine Kathedrale ohne Seitenschiffe, Säulen oder Querschiff, doch (zum Ausgleich) mit einem so wunderschön schlanken, sich die Wände emporschwingenden und unterm Dach sich entfaltenden, krümmenden und ineinanderlaufenden Flechtmaßwerk, daß ihre Schlichtheit nur um so mehr wie ein Reichtum erscheint. Ich stand dort für eine Viertelstunde an einem Sonntagmorgen; es fand kein Gottesdienst statt, doch im Chor hinter dem großen Lettner, der die Kapelle in zwei Hälften teilt, probten die jungen Chorsänger für den Nachmittag. Die wunderschönen Knabenstimmen stiegen gemeinsam auf und berührten die prächtige Kuppel; dort schwebten sie, anschwellend und widerhallend, und dann schwanden sie wie ein ausbrennender Feuerwerkskörper und schmolzen zum Ende des Gebäudes hin. Es war eindeutig ein Engelschor.

VI

Cambridgeshire ist eine der sogenannten häßlichen Grafschaften; was bedeutet, daß es merklich flach ist. Aus eben diesem Grunde bildet das Fehlen terrestrischer Akzente, das in Newmarket seinen Höhepunkt erreicht, ein so vollkommenes Mittel zum Zweck. Das Land gleicht einer mit grünem Tuch bespannten Platte; die Grasnarbe stellt sich als freundliche Vorkehrung der Natur dar. Die Natur bietet ihren sanften Busen als Spieltisch; Kartentische, Billardtische sind nur eine bescheidene Nachahmung von Newmarket Heath. Es war ein eigenartiger Gedanke, daß inmitten eines solchen Anscheins der Bescheidenheit echter Tugend mehr profane Wetten abgeschlossen werden als irgendwo sonst auf der Welt. Die weiten, ordentlichen englischen Wiesen erstrecken sich zu einem feucht aussehenden Himmel, die jungen Rebhühner hüpfen in den Hecken umher, und die Natur wirkt nicht im mindesten so, als biete sie einem Wetten an. Die Gentlemen allerdings wirken so, die Gentlemen, denen man auf den Landstraßen und im Eisenbahnabteil begegnet; sie haben jenes ausgeprägte Aussehen – es durchdringt einen Mann vom Schnitt seines Backenbartes bis zur Form seiner Schuhspitze – wie von einem edlen Gestüt. Es wird einem klar, daß für eine ungeheure Zahl von Menschen in England die Ereignisse im *Rennkalender* den wichtigsten Teil der Gegenwartsgeschichte darstellen. Selbst der Wind hat ein pferdeartiges Schnauben, wenn er auch nicht so laut prustet wie ein Stallknecht; das Blau und Weiß des Himmels, getüpfelt und gefleckt, erinnert an das Muster der Krawatte bei ›Frühjahrsmeetings‹; und die Landschaft ist koloriert, wie ein Sportbild koloriert ist – mit dem gleichen Glanz, eben dem, der auszudrücken scheint, daß tausend Pferdeknechte sie gestriegelt haben.

Die Vernichtung von Rebhühnern ist, wenn auch eine gleichermaßen klassische, so doch weniger ausschweifende Betätigung, für die, glaube ich, Cambridgeshire besondere Möglichkeiten bietet. Zu diesen zählt eine spezielle Jagdhütte, die ein Triumph des vertrauten, des beiläufigen Stils und ein Tempel reiner Gastlichkeit ist. Die Jagd gehört dem Herbst, nicht dieser frühlingshaften Zeit zu; aber da ich von Echos gesprochen habe, hätte ich wohl, wenn ich angestrengt gelauscht hätte, das gespenstische Knallen einiger berühmter Schüsse hören können, die hier abgegeben worden sind. Die Luft war bekanntermaßen von einigen erhabenen Gewehren erzittert, doch alles, was mir beim Lauschen unterkam, waren ein paar ausgezeichnete Gespräche.

In England jedenfalls können, wie ich schon sagte, ein paar Orte sehr nahe beieinander liegen und doch einen, wie die Philosophen sagen, Begriffsinhalt haben, der seltsam unterschiedlich ist. Nur ein paar Meilen weiter als Newmarket liegt Bury St. Edmunds, eine Stadt, deren ruhige Altehrwürdigkeit den Sportzeitungen geradewegs den breiten, grauen Rücken zukehrt. Ich gebe zu, daß ich nach Bury schlicht aufgrund seines Namens fuhr, dem ich schon häufig begegnet war und der mir für den Bildersucher einen hohen Wert zu besitzen schien. Ich wußte, daß St. Edmund ein angelsächsischer Held gewesen war, aber meine Überzeugung, die kleine Stadt, die seinen Namen trug, würde mich zwischen zwei Zügen in Entzücken versetzen, hatte nichts Eindeutiges, worauf sie sich stützen konnte. Das Ereignis indes belohnte meinen Glauben – belohnte ihn mit dem Anblick eines großartigen alten Torhauses aus dem dreizehnten Jahrhundert, des wesentlichsten Überbleibsels einer großen Abtei, die einst dort blühte. Es gibt noch viele andere; sie sind über das ehemalige Gelände der Abtei verstreut, die großenteils in einen üppigen botanischen Garten, zur Pfingstzeit Erholungsort für tausend sehr moderne Vergnügungssuchende, verwandelt wurde. Das Baudenkmal, von dem ich spreche, hat die Ausmaße eines Triumphbogens; es ist gleichzeitig Torweg und Festung; es ist mit wunderschönen Ornamenten bedeckt und alles in allem die große Sehenswürdigkeit von Bury.

Ein englisches Neujahr

Man wird dieses Jahr wohl kaum behaupten, daß das Weihnachtsfest in England fröhlich gewesen sei oder Neujahr sonderlich glücklich zu werden verspricht. Der Winter erweist sich als sehr kalt und scheußlich – als habe die Natur selbst keine Lust, von der allgemeinen Verschwörung gegen das Wohlergehen und die Selbstgefälligkeit des Menschen ausgeschlossen zu werden. Das ganze Land unterliegt einem Gefühl von Beschwernis und Niedergeschlagenheit, das mehr oder weniger jeder Klasse der dicht gestaffelten gesellschaftlichen Hierarchie zum Bewußtsein kommt; das Licht der Weihnachts-Kamine hat die Düsternis keineswegs zerstreut. Nicht daß ich die Düsternis übertrieben darstellen möchte. Es ist schwierig, sich irgendeine Verbindung widriger Umstände vorzustellen, die machtvoll genug wäre, sehr spürbar den Anschein von Emsigkeit und Wohlstand, gesellschaftlicher Stabilität und Luxus zu beschädigen, den das Leben in England einem Fremden stets bieten muß. Nichtsdestotrotz sind die Zeiten eindeutig von der zusammenfassend als hart bezeichneten Art – es gibt dafür Anzeichen zuhauf –, und die Öffentlichkeit ist nicht gehobener Stimmung. Der Tiefstand des Geschäftslebens ist extrem und allgemein; ich weiß nicht, ob er einen so katastrophalen Punkt erreicht hat wie jenes beinahe hoffnungslose Darniederliegen jeder Industrie, das man, so wird uns versichert, letzthin in Amerika erlebte, und ich glaube, die Wehklage erschallt keineswegs so laut wie bei zwei, drei anderen Gelegenheiten in diesem Jahrhundert. Die Möglichkeit der Not unter den niederen Klassen ist durch das gigantische System der Armenfürsorge, das ein so charakteristisches Merkmal der englischen Zivilisation ist und das unter besonderer Belastung (wie derzeit der Fall) von vergleichsweise gewaltiger, privater Wohltätigkeit ergänzt wird, auf das kleinste Maß herabgesetzt worden. Ich stelle außerdem fest, daß in manchen Teilen des Landes kritische Gruppen von Arbeitern sich diese trostlosen Tage als glücklichen Zeitpunkt zum Streiken ausgesucht haben. Wenn die arbeitenden Klassen sich der Erholung eines Streiks gewachsen zeigen, dann läßt sich wohl behaupten, daß die Lage auch ihre heitere Seite hat. Im Norden herrscht indes große Not, und im ganzen Lande das allgemeine Gefühl, das verfügbare Geld sei knapp. Die *Daily News* hat einen Korrespondenten in die großen Industrieregionen entsandt, und seit drei Wochen wird einem beinahe jeden Morgen zum morgendlichen Tee mit Toast ein sehr klug gezeichnetes Bild des Elends in bestimmten Teilen von Yorkshire und Lancashire serviert. Das ist ein gutes Werk und, so nehme ich an, überaus wert, getan zu werden, insofern es eine deutliche Wirkung auf die Geldbeutelschnüre der Wohlhabenden gehabt zu haben scheint. Nichts ist in England auffälliger als der Erfolg, den ein ›Aufruf‹ stets zeitigt. Zu welcher Jahreszeit und für welche Sache auch immer, es scheint stets genug Geld und genug Mildtätigkeit im Lande zu geben, um in ausreichendem Maße darauf zu antworten – eine bemerkenswerte Tatsache, wenn man sich daran erinnert, daß es keinen Moment des Jahres gibt, wo die Sitte des ›Aufrufens‹ aussetzte. Vielleicht gleichermaßen auffällig ist die Vollkommenheit, zu der die Wissenschaft der Verteilung milder Gaben erhoben worden ist – die Art, wie sie analysiert, organisiert und zu einer der exakten Wissenschaften gemacht worden ist. Man nimmt wahr, daß sie unter den Verwaltungsfragen lange Zeit einen vordersten Platz eingenommen hat und in jedem Lichte betrachtet worden ist, das Erfahrung und Praxis darauf werfen können. Hat diese Wahrnehmung für das brütende Gewissen etwas Erleichterndes oder etwas Belastendes? Es gibt wahrlich Aspekte von England, die man nur verständnislos anstaunen kann.

Ich verließ die Stadt kurz vor Weihnachten und machte mich auf, die Feiertage im Norden zu verbringen, in einem Teil des Landes, mit dem ich nicht vertraut war. Es war durchaus möglich, sich ohne das Gefühl eines Opfers von London zu entfernen, denn die Reize der Hauptstadt waren in den vergangenen Wochen von besonders abscheulichem Wetter getrübt worden. Es ist natürlich eine ganz alte Geschichte, daß London neblig ist, und diese schlichte Feststellung treibt der Natur, wie wir sie hier sehen, nicht die Röte ins Gesicht. Aber es gibt solchen und solchen Nebel, und die Falten des schwarzen Mantels sind während des derzeitigen Winters unerträglich undurchlässig gewesen. Die Undurchlässigkeit, die den Rauch von den Dächern herabzieht und verschluckt, ihn in undurchdringlicher Dichtheit über den Straßen hängen läßt, ihn einem in die Augen und die Kehle preßt, so daß man halb blind gemacht und schier zum Erbrechen gereizt wird – diese Form der besonderen Plage war viel häufiger als sonst. Just vor Weihnachten gab es außerdem einen heftigen Schneesturm, wo London schon einem leidlich leichten Schneefall auf Gedeih und Verderb ausgeliefert ist. Das Sinnbild der Reinheit wird beinahe sofort in einen klebrigen, bleifarbenen Brei verwandelt, die Droschken schleichen sich außer Sicht oder nehmen ihren Standort vor den gespenstischen Fenstern eines Wirtshauses ein, das den verzweifelten Wandersmann durch die graupelige Dunkelheit mit einer Miene vulgärer Prahlerei anglotzt. Das einzige Verfahren zur Wiedererlangung des nervlichen Gleichgewichts war Flucht – Flucht aufs Land und die Beschränkung des Blicks auf das ausgedehnte Grundstück eines jener bewundernswerten Anwesen, die zu dieser Jahreszeit von Gastfreundlichkeit und Frohsinn überquellen. Vermöge dessen bringt man die Wiederherstellung erfolgreich zuwege – es sind dies Bedingungen, die man aufrichtig zu schätzen weiß. Von all den großen Dingen, die die Engländer erfunden und dem Nimbus des Nationalcharakters einverleibt haben, ist das vollkommenste, das charakteristischste, das, welches sie in allen seinen Einzelheiten am vollständigsten gemeistert haben, so daß es zu einer bündigen Veranschaulichung ihres gesellschaftlichen Geistes und ihrer Sitten geworden ist: das wohleingerichtete, wohlausgestattete und wohlgefüllte Landhaus. Der dankbare Fremde stellt diese – und noch andere – Überlegungen an, während er an einem unfreundlichen Winternachmittag just zu der Stunde, da der Sechs-Uhr-Tee bevorsteht, die wunderschöne Bibliothek einer solchen Behausung durchstreift. Ein solcher Ort und eine solche Zeit sind überreich an angenehmen Episoden; doch ich vermute, daß die Episode, von der ich vor vierzehn Tagen den unauslöschlichsten Eindruck empfing, nur mittelbar mit den Reizen eines luxuriösen Kamins zu tun hat. Das Land, von dem ich spreche, war eine dichtbevölkerte Fabrikgegend voll hoher Schlote und einer Atmosphäre, die grau und grießig ist. Eine Dame hatte den Kindern eines Armenhauses einen Weihnachtsbaum zum Geschenk gemacht und lud mich ein, sie zu begleiten und bei der Verteilung der Spielsachen behilflich zu sein. Es kam zu einer Fahrt durch die zeitige Dämmerung eines sehr kalten Heiligabends, gefolgt vom Vorfahren eines von Lampen erleuchteten Brougham im schneebedeckten Geviert einer grimmig wirkenden wohltätigen Einrichtung. Ich war nie zuvor in einem englischen Armenhaus gewesen, und dieses versetzte mich mit Hilfe der Erinnerung auf die ersten Seiten von *Oliver Twist*. Wir durchschritten kalte, kahle Flure, denen ein Duft nach Fruchtpudding, das Aroma weihnachtlichen Frohsinns, kein gastliches Gepräge zu verleihen vermochte; und dann, nachdem wir in einem kleinen, dem Vorsteher gehörenden Empfangszimmer, wo die Reste eines Mahles von keineswegs almosenhafter Schlichtheit und die Haltung eines mit gerötetem Gesicht auf dem Sofa schlafenden Gentleman einen stillschweigenden Austausch von Empfehlungen zu bewirken schien, eine Weile gewartet hatten, wurden wir in einen großen, eisigen, hauptsächlich von den schimmernden Kerzen des Christbaumes erleuchteten Speisesaal geführt. Hier kamen einige hundertfünfzig kleine Armenkinder zu uns herein, die ein ausgiebiges Essen hinter sich hatten und – neben anderen Spuren des Anlasses auf ihren Kitteln und kleinen, roten Gesichtern – eine Atmosphäre denkwürdig gestillten Hungers mit sich brachten. Ich habe gesagt, der Ort habe mich an *Oliver Twist* erinnert, und ich überflog diese kleine Schar nach einer kindlichen Gestalt, die so aussähe, als sei sie für romantische Abenteuer bestimmt. Aber es waren alles sehr prosaische kleine Sterbliche. Sie waren in der Tat aus sehr gewöhnlicher Erde gemacht, und eine bestimmte Anzahl von ihnen war schwachsinnig. Sie kamen im Gänsemarsch heran und empfingen ihre bescheidenen Gaben, und dann drängten sie sich zu einer dichten Kindertraube zusammen und richteten, indem sie ihre dünnen, heiseren Stimmen erhoben, eine melancholische Hymne an ihre Wohltäterin. Die Szene war ein Bild, das ich mit seiner merkwürdigen Mischung von Poesie und garstiger Prosa nicht vergessen werde – das schwindende, winterliche Licht in dem großen, kahlen, muffigen Raum; die wunderschöne gute Fee, die im schimmernden Glanz des Christbaumes stand; die kleine Menge gaffender und staunender, doch vollkommen ausdrucksloser Gesichter.

Ich habe gerade ein paar Tage in einem wohlbekannten Erholungsort an der Küste von Kent verbracht, und obgleich eine solche Großtat keineswegs beispiellos ist, so liegt es mir doch – da für den wahrhaft beobachtenden Geist kein Anlaß nichtig und kein Eindruck gänzlich wertlos ist – auf dem Gewissen, von meinem Ausflug Kenntnis zu geben. Oberflächlich gesprochen fehlte es ihm an Originalität; aber ich fürchte, er bot mir ebensoviel Unterhaltung, als hätte ich die Idee, Hastings einen Besuch abzustatten, selbst erfunden. Dies ist so wenig der Fall, daß das auffälligste Merkmal der in Rede stehenden Stadt die ungeheuren Vorkehrungen sind, welche dort für die Unterhaltung von Besuchern getroffen werden. Hastings und St. Leonards, die Seite an Seite stehen, bieten eine gemeinsame Seeseite von mehr Meilen in der Länge, als ich zu überschlagen wage. Es genügt, daß ich bei einem Gang vom einen Ende des Ortes zum anderen stärker das Gefühl hatte, einen langen, geradeaus führenden Spaziergang durch Straßenlandschaft gemacht zu haben, als ich es gehabt hatte, seit ich das letzte Mal der Länge nach den bevölkerten Broadway durchmaß. Das ist kein Bild, das irgendeinen Liebreiz wachriefe, und man muß zugeben, daß die Schönheit von Hastings nicht auf lieblicher Unregelmäßigkeit oder ländlicher Fülle beruht. Wie alle größeren englischen Seebäder ist es schlicht ein kleines London *super mare*. Das Liebreizende – oder zumindest das Malerische – findet sich in England stets, wenn man sich die Mühe macht, danach zu suchen; doch man muß einräumen, daß dieses Element in Hastings weniger augenfällig ist, als es sein könnte. Ich hatte einmal gehört, wie es als ›fades Brighton‹ bezeichnet wurde, und diese Bezeichnung hatte den Ort abtun sollen. Tatsächlich indes – das ist der Eigensinn des forschenden Geistes – hatte sie mein Interesse eher beflügelt denn gedämpft. Mir kam der Gedanke, daß es ebenso unterhaltend sein könnte, den Variationen von Brighton, den möglichen Ausschmückungen des Themas, nachzuspüren, wie man es häufig unterhaltend findet, denen zu lauschen, mit denen ein bereits ausgedrückter musikalischer Gedanke von einem anderen Komponisten überinstrumentiert wird. Vier bis fünf Meilen von Logierhäusern und Hotels, die über eine von eisernen Bänken, von Drehorgeln und Straßenmusikanten, von Kindermädchen und britischen Säuglingen, von Damen und Herren mit Muße – die darob recht verlegen wirken und sich ihrer recht erfolglos zu entschlagen versuchen – gezierte ›Promenade‹ auf die See starren, das ist das große Merkmal, das Brighton und Hastings gemeinsam haben. In Brighton herrscht eine gewisse farbliche Vielfalt und Fröhlichkeit – etwas, das an Verwinkeltheit und gelbe Tünche denken läßt –, die der Szene eine Art heiteres, ungezwungenes, mehr oder weniger vulgäres, fremdländisches Gepräge verleihen. Doch Hastings ist sehr grau und nüchtern und englisch, und gerade weil es mir so englisch vorkam, widmete ich ihm höchste Aufmerksamkeit. Wenn man versucht, Eindrücke von einem Volk zu sammeln und es kennenzulernen, dann ist alles interessant, was, ganz abgesehen von seiner Schönheit, charakteristisch ist. Die englischen Sitten setzen sich aus einer solchen Vielzahl kleiner Details zusammen, daß das Porträt, das ein Fremder insgeheim skizziert hat, jederzeit neue Züge erhalten kann. Und das ist in der Tat die Erklärung dafür, daß er am Ort sehr viele kleine Einzelheiten mit einem Grad von Vergnügen und Dankbarkeit vermerkt, der Menschen, welche nicht in seiner Lage sind, häufig übertrieben, wenn nicht gar albern erscheinen muß. Er hat sich ein geistiges Bild von der Zivilisation des Volkes gemacht, unter dem er lebt und das er, wenn er sehr viel Mut hat, zu studieren zu behaupten sich erkühnt; er hat so etwas wie eine tabellarische Übersicht seiner Sitten und Gebräuche, seiner Eigenarten, seiner gesellschaftlichen Einrichtungen, seiner allgemeinen Grundzüge und Eigenschaften aufgestellt; und wenn er diesen groben Karton einmal in den Kammern seiner Einbildungskraft aufgehängt hat, findet er sehr viel Beschäftigung darin, ihn zu verbessern und zu ergänzen. Wohin er auch geht, was er auch sieht, er fügt ein paar Striche hinzu. Damit verbrachte ich meine Zeit in Hastings.

Ich fand es beispielsweise eine interessantere Frage, als es oberflächlich betrachtet erscheinen könnte, zwischen den Gasthäusern zu wählen – zwischen dem Royal Hotel an der Promenade und einer alten Herberge, einem Überbleibsel aus den Tagen der Postkutsche, in einer Seitenstraße. Ein Freund hatte letzteres Haus mir gegenüber als ›ausgereift‹ bezeichnet, und dieses Epitheton komplizierte das Problem. Der Begriff ausgereift, auf ein Gasthaus angewandt, ist der komparative Grad eines Zustandes, dessen Superlativ (sagen wir) ›schimmelig‹ wäre. Wenn man dieser Tendenz in ihrem komparativen Stadium habhaft werden

kann, so kann es einem in der Tat durchaus wohlergehen; das Ärgerliche ist, daß sie, wie alle Tendenzen,
schon in ihren früheren Phasen die Keime des Überma-
ßes in sich trägt. Ich hielt es für durchaus möglich, daß
der Swan überreif sein würde; doch ich hielt es für
gleichermaßen wahrscheinlich, daß das Royal roh sein
würde. Ich konnte eine gewisse Bekanntschaft mit
›königlichen‹ Hotels geltend machen – ich wußte genau, wie sie beschaffen waren. Ich sah die überlegene
junge Frau voraus, die in einer Art Glaskäfig am Fuße
der Treppe hinter einem Fremdenbuch sitzt und durch
feinste Tongebung ihrer Verachtung für einen Gentleman Ausdruck gibt, der es ablehnt, ein Wohnzimmer
zu ›benötigen‹. Der Bedienstete, den wir in Amerika als
Empfangschef kennen und fürchten, gehört dem Ge-
schlecht an, das nötigenfalls in der Lage ist, über den
Kopf des Gastes hinweg auf einen noch ferneren Punkt
zu schauen. Hierzulande sind die Besitzer und Betreiber
großer Hotels fast immer Gesellschaften, und die Gesellschaft wird vertreten von einer wohlgeformten,
weiblichen Gestalt, die der Klasse angehört, deren
Mitglieder als ›Personen‹ genauer bekannt sind. Das
Zimmermädchen ist eine junge Frau, und die Touristin
ist eine Dame; doch die Insassin des Glaskäfigs, die
einem den Schlüssel aushändigt und einem das Zimmer
zuweist, wird auf die von mir erwähnte Weise bezeichnet. Die ›Person‹ verfügt über verschiedene Methoden,
sich für ihren unscheinbaren Rang auf der gesellschaftlichen Stufenleiter zu rächen, und ich glaube, es geschah
aus einer verschwommenen Erinnerung heraus, bei
früheren Gelegenheiten die Last ihrer Verbitterung
verspürt zu haben, daß ich mich entschloß, die Gast-

freundschaft der bescheideneren Herberge zu suchen, wo jemand, der selbst bescheiden war, wahrscheinlich eine gewisse Zuwendung genießen würde. Tatsächlich wurde ich von der Üppigkeit des mir im Swan erwiesenen Willkommens ziemlich erdrückt. Einmal dort untergebracht, und zwar (am Ende doch) in einem Wohnzimmer, hatte die ganze Affäre soviel Lokalkolorit, wie ich mir nur wünschen konnte.

Ich hatte verschiedentlich Anlaß, über die Dürftigkeit und Dumpfigkeit des altmodischen englischen Gasthauses zu klagen und zu empfinden, daß diese Mängel in Poesie und Prosa sträflich bemäntelt worden sind. Aber ich sagte mir neulich abend, daß noch einigen seiner schmuddeligsten Artungen eine Art ehrwürdiger Schicklichkeit innewohnt und daß man in einer Zeit, da die Vorstellung guter Manieren ihre alte Festigkeit größtenteils einbüßt, einer Einrichtung, die immer noch mehr oder weniger ein Bollwerk der dahingeschwundenen Artigkeiten ist, Gerechtigkeit sollte widerfahren lassen. Es verschafft Genugtuung, beim Umherziehen in der Welt wie ein Gentleman behandelt zu werden, und diese Befriedigung scheint mehr zu sein, als eine Gesellschaft im Lichte der Wissenschaft gewinnbringend zu gewähren sich unterfangen kann. Ich habe eine alte Freundin, eine Person von bewundernswert konservativen Neigungen, von der ich vor kurzer Zeit einen Hinweis dieses Sinnes entlehnte. Diese Dame war mit ihrer Tochter in einem kleinen Gasthaus auf dem Lande abgestiegen; die Tochter, die wir Mrs. B. nennen wollen, hatte das Haus ein paar Tage vor der Mutter verlassen. »Hat Ihnen das Haus zugesagt?« fragte ich meine Freundin; »war es komfortabel?« »Nein, es war nicht komfortabel; aber es hat mir zugesagt. Es war schäbig, und man hat mir viel zuviel berechnet: aber es hat mir gefallen.« »Welchen geheimnisvollen Zauber hat es besessen?« »Nun ja, als ich abreiste, kam die Wirtin – sie hatte mich schrecklich betrogen – an meinen Wagen, machte einen Knicks und sagte: ›Meine Verehrung für Mrs. B., gnädige Frau.‹ Que voulez-vouz? Das hat mir gefallen.« In Hastings gab es einen alten Kellner, der dessen fähig gewesen wäre – ein alter Kellner, der seit vierzig Jahren dem Hause angehörte und nicht so sehr ein individueller Kellner als vielmehr geradezu die Quintessenz und der Geist, die Verkörperung und Überlieferung des Kellnertums war. Er war verwelkt, matt und rheumatisch, aber er bot so etwas wie eine Mischung aus dem Väterlichen und dem Ehrerbietigen, dem Gleichmütigen und dem Pedantischen, die durch die Gabe einer kleinen Münze nur grob vergolten zu sein schien. Ich mag keinen Hasenpfeffer zum Dinner, weder als leichtes *entrée* noch als *pièce de résistance*; doch dieser vollendete Bediente beherrschte die Kunst, einem ein solches Gericht auf eine Weise zu präsentieren, die einen für den Augenblick überzeugte, daß es ernsthafter Erwägung wert sei. Der Hase hätte im übrigen, ehe er dem geheimnisvollen Vorgang des Schmorens unterworfen wurde, zusammen mit einer erlesenen Auswahl anderer Köstlichkeiten an einem Haken im Schankraum des Gasthauses hängen können. Man konnte den Küchenzettel beim Betreten und Verlassen des Hauses in elementarer Form studieren und sich ein *menu* für den Tag zusammenstellen, indem man mit dem Stock auf ein saftig aussehendes Steak oder ein vielversprechendes Stück Geflügel deutete. Der Wirt und seine Gemahlin standen stets auf der Schwelle des Schankraums, polierten einen messingnen Kerzenleuchter und entboten einem ihren Gruß; das Haus war von einem Aroma von Rum mit Wasser und den Scherzen von Handlungsreisenden durchdrungen.

Dieser Schilderung fehlt es indes am Element der Vornehmheit, und ich möchte sie nicht weiterführen, denn ich gäbe einen sehr falschen Eindruck von Hastings, wenn ich ein so charakteristisches Merkmal wegließe. Es war, denke ich, das Element der Vornehmheit, das mich am meisten beeindruckte. Ich weiß, daß das Wort, das ich gerade zu benutzen wagte, vom zeitgenössischen Geschmack geächtet wird; und so kann ich ebensogut offen sagen, daß ich es bei fast jedem Versuch eines Porträts der englischen Sitten für unverzichtbar halte. Für einen Beobachter solcher Dinge ist es nutzlos, so zu tun, als käme er ohne es aus. Man kann endlos von ausländischem Leben reden – von den Sitten und Gebräuchen Frankreichs, Deutschlands und Italiens –, ohne je das Bedürfnis nach diesem vielsagenden, doch rätselhafterweise verrufenen Wort zu verspüren. Man kann das bemerkenswerte Antlitz der amerikanischen Zivilisation überschauen, ohne Anlaß zu finden, diesen besonderen Ton anzuschlagen. Doch in England genügt keine Umschreibung – der Ton muß eindeutig angeschlagen werden. Zu versuchen, von einem englischen Badeort im Winter zu sprechen und ihn schweigend zu übergehen, hieße, jeden Anspruch auf einen analytischen Geist zu verwirken. Für einen Fremden zumindest ist der Begriff umschätzbar – er ist passender, als es mir zu sagen leichtfällt. Unmittelbar in mir wachgerufen wird er durch lange Reihen bräunlich verputzter Häuser mit einem im Fenster des Wohnzimmers im Erdgeschoß – dem Teil des Hauses, der in der Logierhaus-Sprache als ›gute Stube‹ bekannt ist – aufgehängten Schild mit der Aufschrift ›Zimmer‹. In der Tat alles legt ihn nahe – die zur Vermietung in melancholischer Reihe aufgestellten Rollstühle; die unzähligen, ausgezeichneten Läden, geschmückt mit den neuesten Photographien der königlichen Familie; das kleine Lesezimmer nebst Leihbibliothek auf der Promenade, wo man für eine geringe Gebühr die ordentlich ausgelegten Tageszeitungen lesen kann und die Romane der Saison wie die Honigwaben in einem Bienenhaus eingeschichtet sind; der lange, sich aufs Meer hinaus erstreckende Pier, auf den man nach Zahlung eines Pennys an einem Schalter vorgelassen wird und wo man die Musik einer unermüdlichen Kapelle, die Verlockungen verschiedener kleiner Stände für den Verkauf feiner Handarbeiten und die persönliche Anwesenheit guter, örtlicher Gesellschaft genießen kann. Nur die zwinkernde, blinzelnde, leicht gekräuselte See ist nicht vornehm. Doch in Hastings war ich wirklich geneigt zu sagen, daß, wenn die See nicht vornehm ist, dann um so schlimmer für Neptun; denn es war der vorteilhafte Anblick der großen britischen Eigentümlichkeiten und Förmlichkeiten, der mir auffiel. Hastings und St. Leonards bieten mit ihrer langen, warmen Seeseite und ihrer Vielzahl kleiner, wohlfeiler Labsale und Annehmlichkeiten eine Art *résumé* der englischen Mittelklassen-Zivilisation und von Vorzügen, die geringzuschätzen einem Amerikaner schlecht anstünde. Ich glaube nicht, daß das Leben in Hastings das aufregendste oder zufriedenstellendste der Welt ist, aber es muß gewiß seine Vorzüge haben. Wenn ich eine ruhige alte Dame von bescheidenem Einkommen und wählerischem Wesen – oder auch ein ruhiger alter Gentleman von gleichem Zuschnitt – wäre, ginge ich gewiß nach Hastings. Dort würde ich, inmitten der kleinen Läden und der kleinen Bibliotheken, der Rollstühle und der Straßenmusikanten, der Promenade und des langen Piers, bei mildem Klima, mäßigem Preisniveau und im Bewußtsein einer hochentwickelten Zivilisation eine Abgeschiedenheit genießen, die nichts Primitives oder Karges hätte.

Es war mir so, als sei ich mir schon vor meinem Eintritt
in die Grafschaft Suffolk Anfang August, neben meinem Anteil an dem, was wir alle unvermeidlich für eine
Provinz fühlen, die dem Geburtsort eines Copperfield
als Schrein dient, einer persönlichen Beziehung zu ihr
bewußt gewesen. Die Anfangszeilen von Davids Geschichte boten meiner jugendlichen Einbildungskraft in
dieser Hinsicht fruchtbaren Boden; und sie sich heute,
wenngleich mit einer lange unaufgefrischten Erinnerung, zurückzurufen heißt, sich einmal mehr darüber
zu verwundern, wie tief sich frühe Eindrücke einwur-
zeln. Besonders dieser war freilich das Privileg jener
Millionen von Lesern, die Dickens die Glut der ersten
Resonanz auf das Romantische, jenen ersten Bissen
vom Apfel der Erkenntnis verdanken, der für immer
einen Geschmack auf der Zunge hinterläßt. Die großen
Urheber verleihen bloßen Namen solche Farbe, daß die
Dinge, die sie darstellen, schon vor einem Zusammentreffen häufig lebendiger Teil der Erfahrung sind. Es ist
daher, wenn es zu einem Zusammentreffen kommt, für
ein wehrloses Opfer dieser Art von Gefühl schwer, die
Menge der bereits aufgespeicherten Bilder zu ermessen,
auf den Grundstock der Galerie zu deuten oder der
Geschichte der Bekanntschaft nachzuspüren. Allerdings hat die göttliche Pflanze der Empfänglichkeit in
der Jugend nie verschwenderisch begossen werden
müssen. In einem bestimmten Falle erblühte sie gleich-
viel im richtigen Moment zum verästelten Bild von
Blunderstone – das ich übrigens in Ortslexika jüngeren

Datums und von mehr als fragwürdigem Takt zu meinem Leidwesen als ›Blunderton‹ aufgeführt sehe. Dickens nahm seinen ›Krähenhorst‹ genau von daher, wo er ihn fand, und hielt ihn schlicht für immer fest; er ließ der Wiege der Copperfields das Vorrecht ihres herrlichen Namens; oder vielleicht sollte ich eher sagen, er ließ dem herrlichen Namen und dem obskuren Winkel das Vorrecht einer unauslöschlichen Gedankenverbindung: weswegen ich mich um so mehr schäme, noch nicht den richtigen Nachmittag – er würde wahrhaftig abnorm lang sein müssen – für eine fromme Pilgerfahrt zu der ablenkenden kleinen Kirche gefunden zu haben, wo man sich an Davids schläfrigen Sonntagen mit dem genialischen Phiz* zu verlieren pflegte. Einer der bei früherer Betrachtung so profanen Gründe für dieses Versäumnis besteht zweifellos darin, daß in England, in alten Ecken, alles einen Anknüpfungspunkt und die Eigenschaft der Veranschaulichung besitzt und daß in einem besonders goldenen August, wo in jedem Busch ein Eindruck harrt, das unmittelbare Bild, wo immer man ihm begegnet, leicht haftenbleibt und ausreicht. Ein weiterer muß, so gebe ich zu, die etwas bedrückende Erinnerung an einen Besuch sein, den ich vor einigen Jahren dem alten Heim der Peggottys abstattete, das angeblich so ›ansprechend‹ ist, heutzutage aber, wie sich dann herausstellte, nur noch wenig von dem Glanz besitzt, den es für die Phantasie getragen hatte. Great Yarmouth, so wird man sich erinnern, war von Blunderstone aus in beque-

---

* Phiz = Pseudonym von Hablot K. Browne, Illustrator vieler Romane von Dickens. (Anm. d. Übers.)

mer Fahrt zu erreichen; aber Great Yarmouth mit seiner eine Meile langen, cockneyfizierten Seeseite und seinem Überfluß an als Neger geschminkten Sängern schlägt heute so unablässig den falschen Ton an, daß ich mir, für meinen Teil, vor Ort einer Abkühlung des Forschergeistes bewußt wurde.

Diesmal habe ich jenem Geist deshalb seinen Frieden gelassen; und vielleicht kann ich einsichtig machen, worum es mir geht, wenn es mir irgendwie auszudrükken gelingt, daß ich mich fast den ganzen Monat damit beschäftigt fand, einen umfassenderen Sinn in den für ein unvoreingenommenes Gemüt von meiner Überschrift ausgehenden, nachklingenden Ton hineinzudeuten und zuzusehen, wie das, wofür sie auch immer stehen mag, allmählich von einer kräftigeren Einflößung erglühte. Es bedarf in England zudem keiner wundervollen Ecke des Landes, um die Violinsaite zum Schwingen zu bringen. Die alten, üblichen, ländlichen Dinge tun dies zur Genüge, und der Reiz, ihnen ausgesetzt zu sein, besteht zum Teil darin, daß sie einem nichts Hochtrabendes abverlangen. Was ist der Reiz schließlich anderes als bloß der Abgrund des Vertrauten? Die bevölkerte Phantasie, die belebte Erinnerung selbst bezahlen die Rechnung. Das Spiel läßt sich dementsprechend mit herrlicher Sparsamkeit spielen, einer Wirtschaftlichkeit, die wenig mehr als die Kosten für ein gutes Fahrrad nach sich zieht. Das Fahrrad kann freilich, da ich auf dieses Eingeständnis zurückgreife, für die Landstraßen unschwer zu gut sein. Die der gewundeneren Art erzeugen, wie die aristotelische Tragödie, hierzulande oft Jammer und Schauder; aber fast ebenso wie andere führen sie in so manchem Fall zu den bäuerlichsten, grünsten Weilern. Das heißt nichts anderes, als daß ich an so manchem Tag das süße Gefühl hatte, ästhetisch unter wirklich hohem Druck zu leben, ohne gewissermaßen auf den großen Fundus zurückzugreifen. Mit dem großen Fundus meine ich das öffentliche Schauspiel, das Schauspiel, für das einem Eintritt berechnet und zu hoch berechnet wird und bei dem man vom Baume möglicher Enttäuschung zu kosten bekommt. Die Schönheit des alten Suffolk im allgemeinen, und vor allem die seiner äußersten Tiefe, aus der heraus ich schreibe, besteht darin, daß diese Dinge einen jeder denkbaren Berührung mit letzterer Gefahr geradewegs entreißen.

Ich möchte den sehen, der im verlassenen, köstlichen Dunwich von irgend etwas enttäuscht ist. Die Molltonart wird hier mit einer Trefflichkeit angestimmt, daß einem kein Seufzer auszustoßen, kein Verlust zu erleiden bleibt; ein Monat an dem Ort stellt eine wirkliche Erziehung für die geduldige, die innere Anschauung dar. Die Erklärung dafür liegt merklich darin, daß die Umstände einen nicht nach Art mancher ruhiger Länder mit dem befassen, was mager und dünn ist, sondern mit dem, was buchstäblich weitgehend überhaupt zu bestehen aufgehört hat. Dunwich ist nicht einmal mehr der Geist seines toten Selbst; es läßt sich kaum mehr davon sagen, als daß es aus den bloßen Buchstaben seines alten Namens besteht. Meilenweit wird die Küste zu beiden Seiten seit mehr Jahrhunderten, als ich zu zählen mir anmaße, vom Meer weggefressen. Alle Derbheit seines wirklichen Lebens liegt heute auf dem Grunde der Nordsee, die wie ein wiederkäuendes Tier immerfort ihre unersättliche, unermüdliche Lippe bewegt. Wenige Dinge sind so melancholisch – und so durch Traurigkeit vor bloßer Häßlichkeit bewahrt – wie diese lange, künstliche Geradheit, die das Ungeheuer unparteiisch aufrechterhalten hat. Wenn man bei Ebbe am Strand entlanggeht, zeigen einem die nicht sehr hohen Klippen eine Wehr, die so abgenagt ist wie ein Knochen; und man kann von der allgemeinen Demut und der allgemeinen Lieblichkeit des Landstrichs nichts Freundlicheres sagen, als daß ihm dieser wie eine Säge wirkende Vorgang für die Phantasie ein Interesse, eine Art Geheimnis verleiht, welches für das, was er hingegeben haben mag, mehr als entschädigt. Er griff zu geschichtlicher Zeit zu Städten und Vorsprüngen hinaus, von denen heute nichts weiter sichtbar ist als die leeren Augenhöhlen eines Schädels; und der halbe Effekt der ganzen Sache, das halbe Geheimnis des Eindrucks und das, was ich wohl wirklich als Quell der Einzigartigkeit bezeichnen darf, ist gerade die Sichtbarkeit der Verstümmelung. So jedenfalls liegt der Fall für ein Gemüt, das grüblerisch veranlagt ist. Es liegt Präsenz in dem, was fehlt – daß so wenig da ist, zeugt von Geschichte. Es ist heutzutage so wenig, daß jedes Stück der Handvoll zählt.

Die größten Stücke sind natürlich die beiden Ruinen, die große Kirche und ihr hoher Turm, heute ganz am Rande der Klippe, und die verfallene, efeubedeckte Mauer der ungeheuren Umgürtung der Priorei. Diese Dinge haben sich fast aller Anmut entschlagen, aber sie fahren in der Arbeit fort, mit der sie seit Jahrhunderten beschäftigt sind und die sich am ehesten als das Aufhäufen von Geheimnis auf Geheimnis beschreiben läßt. Diese gegenwärtig gewaltige Ansammlung ist, obwohl sich das zusammengeschrumpfte kleine Dunwich von heute ihrer nicht bewußt sein mag, für den grübelnden Geist das A und O der ganzen Geschichte. Ich beeile mich hinzuzufügen, daß ich nur zu dem grübelnden Geist, und aus ihm heraus, spreche. Das Geheimnis erklingt immerdar im harten, geraden Wellenschlag und schwebt, durch die langen, stillen Sommertage und über den niedrigen, eingedeichten Feldern, im weichen, trüben Licht. Wir spielen damit wie mit der unbeantwortbaren Frage, der Frage nach dem nie wieder zu erweckenden Geist und der Haltung der kleinen, untergegangenen Stadt. Denn es *war* eine Stadt, der Haupthafen von Suffolk, wie selbst seine armseligen Überreste zeigen; mit eigener Flotte auf der Nordsee und einem großen Sakralbau auf dem Hügel. Wir fragen uns, welches die vermeintlich sicheren Umstände waren und aufgrund welcher groben Berechnung ein Gemeinwesen sich baulich so vergreifen konnte, daß es sein Schicksal ereilte. Heutzutage fällt es einem hier leicht, sich das Ganze als einen großartigen Irrtum vorzustellen. Aber Mr. Swinburne blickt in Versen von außergewöhnlicher poetischer Beredtheit, durchaus kühn genug für alles, was immer dagewesen sein mag, viel weiter in die richtige Richtung, als ich das kann. Lesen Sie außerdem, um weiterer Blicke willen, die *Letters of Edward Fitzgerald** des ehrenwerten und schrulligen Bürgers von Suffolk, der, ganz in der Nähe in Woodbridge lebend, fast sein ganzes Leben lang diese Gegenden durchstreifte und zum Nutzen des nacheifernden Besuchers auf herrlichen Seiten das Echo jeder

---

* Edward Fitzgerald (1809–1883), engl. Dichter. (Anm. d. Verl.)

eigenartigen, wunderlichen Weise überliefert hat, die
sie seinem gesprungenen, lieblichen Instrument zu
entlocken vermochten. Er erwies, so meine ich mich zu
erinnern, der besonderen, zarten Blume – der blassen
Dunwich-Rose – seine Hochachtung, die auf den Mauern der Priorei blüht. Der nacheifernde Besucher folgte
erst gestern auf dem gewöhnlichsten aller Fahrzeuge –
bei dem er sich indes, wie er sich durchaus bewußt ist,
zwischen Gebrauch und Mißbrauch entscheiden muß –
im milden Nachmittag einem jener flüchtigen Hinweise über Land, bis hin zu der alten, alten Stadt
Aldeburgh, dem Geburtsort und ›Borough‹ ehrenden
Andenkens des Dichters Crabbe*.
Wie dem Dichter war Fitzgerald offenbar nicht weniger
dieser kleinen Unterbrechung der weiten, niedrigen,
heidekrautbedeckten Öde zugetan, die die lieblichen
Commons von Suffolk – zart purpurn und golden, als
ich eintraf – beinah an den Rand des Meeres versetzt.
Wir gewinnen nichtsdestotrotz nicht immer den besonderen Eindruck, den zu suchen wir tapfer ausziehen.
Wir gewinnen freilich zweifellos einen anderen, mit
dem einem in jeder nur denkbaren Weise ebensogut
gedient sein wird. Wenn es also auch irgendwie nicht
einfach war, Fitzgerald mit der bescheidenen Vornehmheit der Seeseite zusammenzubringen, der kleinen ›marina‹ wie von einem viertrangigen Badeort, die
offensichtlich in den zurückliegenden Jahren die alte
Handvoll Charakter verdrängt hat, so konnte man, um
dies wettzumachen, immerhin entweder auf das allge-

* George Crabbe (1754–1832), engl. Dichter, Arzt und Pfarrer. (Anm. d.
Verl.)

meine Gefühl der trefflichen Kunstgriffe des Genies oder auf die besondere Schönheit der Mischung bei dem Sänger des Omar Chajjam* zurückgreifen, die, indem sie ihm einen solchen Ort als Schauplatz gab, doch seine Phantasie so reichlich nähren konnte. Crabbe ist, was das angeht, in Aldeburgh vielleicht noch wundervoller – im Lichte dessen, meine ich, was von dem Ort übrigbleibt, wenn man sich die kleine, moderne, vulgäre Ansammlung fortdenkt. Was übrigbleibt, ist bloß der steinige Strand, die großen Heidemyrten, das Häuflein Fischerhütten und die kleine, breite, kurze Straße aus anständigen, heimeligen Ladenhäusern. Dies sind die geheimen Empfindungen des historischen Sinns – flüchtige Blicke, in denen wir für eine Stunde, oder intensiv vielleicht eher nur für den Schimmer einer Minute, die Umstände wiederauffinden, die, durchaus unerbittlich, Meisterwerke oder in jedem Falle Klassiker hervorbringen können. Was für ein bloßes Quentchen von Sitten und Gebräuchen inmitten von Wind und Wellen! Doch wenn es eines seiner Merkmale war, einen Abgeordneten ins Parlament zu entsenden, was Wunder, daß das tote Dunwich bis zur Reform Bill zwei entsandte?

Die flüchtigen Blicke, von denen ich spreche, sind in alle Richtungen ständige Begleiter der nachmittäglichen ›Spritztour‹. Durchaus bescheiden in Dunwich beginnend, enden sie, was Intensität angeht, so weit landeinwärts, wie man zu fahren Zeit hat; weit genug – das ist der entscheidende Punkt –, um einem, in ihrer

---

* Omar Chajjam, persischer Dichter, Astronom und Mathematiker, gest. 1123, dessen Gedichte 1859 in der Übersetzung Fitzgeralds in England erschienen. (Anm. d. Übers.)

ruhigen Lebendigkeit des Typus, eine friedliche Reihe
der Dinge gezeigt zu haben, in die man am ehesten die
alte Geschichte dessen, was in der englischen Kom-
plexität am sanftesten ist, hineinlesen kann. Ich weiß
kaum, was für ein Murmeln ich seit Wochen im Ohr
habe, wenn nicht das des unaufhörlichen Wortes, das,
um die Geschichte wachzurufen, dazu dienen mag,
unter die Vignette gesetzt zu werden. Und doch ist
dieses Wort in seiner letzten Form keineswegs beredter
als die Mahnung, sich zu freuen. Nun, das tut man, so
wie ich mich gestern in Wesselton an dem charakteristi-
schen ›Wert‹ freute, der sich, wie zaghaft auch immer,
in dem reizenden, alten, roten Wirtshaus ausdrückte,
bei dem ich auf das sonderbare Stärkungsmittel – ich
begleiche hiermit meine Schuld ihm gegenüber – einer
Flasche Limonade mit ›Schuß‹ haltmachte. Der Schuß
bestand nur aus Bier, war aber ungemein erfrischend.
Das war sogar der Anblick einer trüben, verhüllten,
sphinx-ähnlichen Gestalt, die am Ende eines gewienerten Flurs schemenhaft aus einem kleinen, düsteren
Hinterzimmer auftauchte, das ein Fenstervoll vom
gedämpften Licht eines kleinen, grünen Gartens hatte –
eine Gestalt, die sich als alte Frau entpuppte, darauf
erpicht, sich über all die Jahre zu verbreiten, die sie mit
›äußerst grausamem‹ Rheumatismus dort gesessen
hatte. Unausrottbar erfrischend – und in diesen Fällen
ohne Nachgeschmack – auch die hübschen kleinen
Parktore, die man durchschreitet, um an den Mauern
und Hecken entlangzustreifen, hinter denen die große
Sache, die größte von allen, das tiefe, stille Haus
inmitten seiner Morgen steht und einen, eben weil es so
unberühmt ist, um so mehr beeindruckt. Die bezau-

bernde, wiederholte Lektion besteht darin, daß die Anmut der berühmten Stätten dieses Landes nichts ist im Vergleich mit der der verlorenen und begrabenen. Besonders dieser Eindruck mag einen harmonisch wieder auf Dunwich und vor allem vielleicht auf die Stelle bringen, wo die Priorei, die, so möchte ich sagen, flach auf dem Rücken liegend, ihren weitläufigen Umriß auf das stützt, was einst hochgelegenes Gelände war, mit dem unvermeidlichen ›großen‹ Haus dahinter und ein wenig darüber, das zwecks Zurückgezogenheit von einem hübschen, undurchdringlichen Wald umhüllt wird. Hier wie anderswo bietet die Anordnung ohne Kompliziertheit nur die Merkmale des Typus. Am Fuße des Hügels steht das Dutzend Katen, auf die das Dorf sich verkleinert hat und deren eine, wie ich, leider ganz im Gegensatz zu ihm, höre, einen sehr alten Mann beherbergt, der einem, bis sie nicht mehr ausreichen, an den Fingern all die Morgen herzählt, die er den Weg der anderen hat gehen sehen. Er malt sich gerne aus, daß er vor alters pflügte, wo heute nur noch die See pflügt. Dunwich indes wird auch seine Zeit überdauern; und die jedes anderen, den es – um meinen Hinweis zu wiederholen – hierher ziehen mag (wenngleich, so hoffe ich, nicht aufgrund dieser sparsamen Zeilen), um selbst zu urteilen, zu wieviel Bedeutungen sich wenige Elemente gestalten können. Man braucht sich schließlich niemals zu langweilen, wenn wirklich eine ›Gestaltung‹ herrscht. Sie herrscht in der Art, wie der braune Weiler sich verteilt und der graue, viereckige Turm der Kirche genau im richtigen Verhältnis hinter Bäumen hervorlugt, die mich genau an jene erinnern, welche meiner kindlichen Leichtgläubigkeit auf dem Frontispiz von Birket Foster das eigentliche Wesen Englands darboten. Ich möchte es, was das alte Suffolk angeht, ganz direkt so ausdrücken, daß diese Leichtgläubigkeit sich hier, am Ende der Zeit, mehr denn je gerechtfertigt sieht. Vielleicht sollte ich auch sagen, daß das eigentliche Wesen Englands die Eigenart besitzt, sich vollständig überhaupt in jeder beliebigen Verbindung ländlicher Gegenstände zu zeigen, so daß man, wo man sich auch befindet, verkleinert und vereinfacht die gesamte Stufenleiter geboten bekommt. Das große Haus und seine Wälder sind stets zur Hand; stets mit einer ›Gesellschaft‹, die man in den Pausen der Jagd zu den ländlichen Belustigungen hinunterführen kann, die die Tradition des Dorfangers aufrechterhalten. An dem bäurischen Wirtshaus mit der niedrigen Decke, dem ›Ale-Haus‹ Shakespeares, dem uralten Quell des Bieres, der über diese Fläche schaut, baumelt mit einem Geschichten aus alter Zeit erzählendem Knarren das Schild des Marquis of Carabas. Die hübschen Mädchen entsteigen in Sichtweite davon dem Gesellschaftswagen des Marquis; die jungen Männer mit Monokel und neuem Hut sitzen neben ihnen auf den zu ihrer alleinigen Bequemlichkeit bereitgestellten Bänken, und dank ihnen hat der über Gebräuche Nachdenkende ein wenig das aus verblichenen Romanen von weiblicher Hand gewonnene Bild der Gesellschaft vor sich, die, um den Triumph der Heldin zu erleben, zur Jagd oder dem ländlichen Ball herkutschiert wird. Und es sind im Grunde stets Hodge und Gaffer* *qui font les frais* – stets

---

* typische Bezeichnungen für den engl. Landarbeiter (Hodge) und den Aufseher (Gaffer). (Anm. d. Verl.)

die sanften Kinder der Scholle, auf denen letzten Endes der vielschichtige Überbau ruht.

In grauer Vorzeit die Vorzüge von Hodges breitem, gebeugtem Rücken als Baugrund entdeckt zu haben, bleibt gewiß einer der klügsten Streiche des Volkes, aus dem der Squire und der Parson hervorgehen sollte. Er ist dort stark vertreten – bei den ländlichen Belustigungen –, stark oder schwach vertreten, mit Mrs. Hodge und den Miss Hodges, die mit stiller Freude an der Jagd auf ein Schwein mit gefettetem Schwanz teilnehmen, über Felder, wo ihre Schatten lang sind. Er zupft sich in dem Zelt an der Stirnlocke, in dem, wenn das Schwein gefangen ist, von der Gemahlin des Squire die Belohnungen für Tapferkeit verteilt werden, und falls er als Respektsperson in Gunst steht und mit der Pacht nicht in Rückstand ist, dringt er später auf den Rasen im Wald vor, wo ihn eine Musikkapelle und ein Imbiß aus Bier, Semmeln und Tabak erwarten.

Ich erwähne diese Dinge als ein paar leichte Töne, aber das Bild ist nie so leer, daß nicht auch ein kräftigerer erschallen könnte. Der kräftigste in Dunwich ist freilich einer, der, ohne die Tonleiter im mindesten zu verfälschen, als Füllsel von ungeheurem Wert ist. Die Palme beim ländlichen Sport gebührt den Blaujacken; wie überhaupt in England für den Dorfanger nichts leichter ist, als sich mit dem Element abzuwechseln, das Britannien noch bewunderungswürdiger beherrscht. Ich hatte oft davon geträumt, daß das ideale Refugium für einen Literaten ein Landhaus sei, das so an der Küste liegt, daß es gewissermaßen vom schützenden Arm der Admiralität umfaßt wird. Ich entsinne mich, im alten Land – in New York und Boston – die Bemerkung gehört zu haben, der beste Ort zum Leben sei neben einem Spritzenhaus, und analog dazu habe ich schützenden Frieden in unmittelbarer Nachbarschaft einer jener Stationen der Küstenwacht gesucht, die, in kurzen Abständen um den ganzen Saum Englands herum auf Fels und Sand und Heide, mit leuchtendem Kalk und Teer, tadellos, wie ein großer Staat zumindest theoretisch tadellos ist, jeweils ihr eigenes Bild von der Einflußsphäre des Empire abgeben. Es ist in jedem Falle ein Bild, auf das man aus dem einen oder anderen Grunde mit so etwas wie Erschauern reagiert; und die Sache wird so konkret, wie man sich das nur wünschen kann, wenn man in den drei, vier einzelnen Mitgliedern der einfachen Besatzung alle Arten gebildeten Anstands und viele Arten der Verlockung zum Umgang mit ihnen entdeckt. Unter letzteren wahrhaft die wichtigste ist die großartige Gabe des Garnspinnens. Sie ist von Mann zu Mann verschieden, aber hie und da leuchtet sie wie ein geschliffener Rubin. Möge das letzte Dunkel hereinbrechen, ehe ich aufhöre, Seebären zugetan zu sein! – wenngleich dies, wie ich mich hinzuzufügen beeile, nicht die private Vorliebe ist, die ich in diesen unzusammenhängenden Aufzeichnungen am eingehendsten zu streifen beabsichtigte. Ich möchte sie lediglich als Hinweis darauf erwähnt haben, daß es allein meine Schuld ist, wenn der Arm der Admiralität diesen Sommer nicht im vollen Maße meiner Theorie den Schutz darstellte, unter dem der lange literarische Morgen – Abgrund der Täuschung! – nichts als sich selbst kennen kann.

London

I

Es gibt einen ganz bestimmten Abend, den ich als eigentlich ersten Eindruck betrachte – das Ende eines feuchten, schwarzen Sonntags vor fünfundzwanzig Jahren, um den ersten März herum. Es hatte ein früheres Bild gegeben, aber das war grau geworden wie verblichene Tinte, und der Anlaß, von dem ich spreche, war ein frischer Beginn. Zweifellos hatte ich ein mystisches Vorwissen, wie sehr ich das düstere, moderne Babylon eines Tages liebgewinnen würde; gewiß ist, daß ich rückblickend jeden kleinen Umstand jener Stunden der Annäherung und Ankunft noch so lebendig finde, als habe sie die Feierlichkeit einer anbrechenden Ära angehaucht. Das Gefühl der Annäherung war schon in Liverpool fast unerträglich stark, wo, wie ich mich entsinne, die Wahrnehmung des allem innewohnenden englischen Charakters mich so ungestüm durchfuhr wie eine Überraschung, wenngleich es nur eine Überraschung ohne Schreck sein konnte. Es war köstlich gestillte, in überreichem Maße bestätigte Erwartungsfreude. Da war sogar so etwas wie Verwunderung, daß England so englisch war, wie es sich zu meiner Unterhaltung zu sein bemühte; aber die Verwunderung wäre größer gewesen, und alle Freude nicht vorhanden, wenn die Empfindung nicht heftig gewesen wäre. Da scheint sie wieder zu sitzen wie eine Geistererscheinung, so wie sie mir beim Frühstück an einem kleinen Fenstertisch in der alten Kaffeestube des

231

Adelphi Hotel gegenüber saß – des (damals noch) unausgebauten, des unverschönerten, des unbeschämt ortstypischen Adelphi. Liverpool ist keine romantische Stadt, aber jener rauchverhangene Samstag kehrt mir, gemessen an seiner Verbindung mit der Art von Gefühl, in dessen Hoffnung wir uns größtenteils in ferne Länder begeben, als höchster Erfolg wieder.

Er nahm diesen Charakter zu früher Stunde an – ja, eigentlich schon vierundzwanzig Stunden zuvor – beim Anblick der über den winterlichen Ozean gesehenen, fremdartigen, dunklen, einsamen Frische der Küste Irlands. Noch besser waren, ehe wir die Stadt erreichten, die schwarzen Dampfer, die im gelben Mersey umherstampften, unter einem so niedrigen Himmel, daß sie ihn mit ihren Schornsteinen zu berühren schienen, und im trübsten, windigsten Licht. Der Frühling lag schon in der Luft, in der Stadt; es regnete nicht, aber es gab trotzdem wenig Sonne – man fragte sich, was auf dieser Seite der Erde aus dem großen, weißen Fleck am Firmament geworden war; und die graue Milde, die sich unter jedem Vorwand ins Schwarze verschattete, schien an sich schon eine Verheißung zu sein. So umfing sie mich, zwischen Fenster und Kamin, in der Kaffeestube des Hotels – spät am Vormittag beim Frühstück, da wir lange gebraucht hatten, um uns auszuschiffen. Die anderen Passagiere hatten sich zerstreut, hatten mit Bedacht Züge nach London genommen (wir waren nur eine Handvoll gewesen); ich hatte den Raum für mich allein, und mir war, als hätte ich das ausschließliche Eigentumsrecht an dem Eindruck. Ich verlängerte ihn, ich opferte ihm, und nun ist er vollkommen wiederherstellbar, mit dem genauen Geschmack des einheimischen Muffin*, dem Knarren der Schuhe des Kellners, wenn er kam und ging (könnte etwas englischer sein als sein ungemein berufsmäßiger Rücken? Er offenbarte ein Land mit Tradition) und dem Rascheln der Zeitung, die zu lesen ich zu aufgeregt war.

Ich fuhr für den Rest des Tages fort zu opfern; es schien mir nicht einfühlsam, mich jetzt schon nach den Mitteln, von hier wegzukommen, zu erkundigen. Meine Neugier muß freilich erlahmt sein, denn am folgenden Tag fand ich mich im langsamsten Sonntagszug, der mit einer stockenden Gemächlichkeit nach London zuckelte, die ohne das Gespräch mit einem alten Gentleman, der das Abteil mit mir teilte und dem sich mein ausländischer wie auch vergleichsweise jugendlicher Charakter offenbart hatte, ermüdend gewesen wäre. Er unterwies mich in den Sehenswürdigkeiten Londons und prägte mir ein, daß nichts meiner Aufmerksamkeit mehr wert sei als die große Kathedrale von St. Paul. »Haben Sie St. Peter in Rom gesehen? St. Peter mag üppiger ausgeschmückt sein, wissen Sie; aber Sie können sich darauf verlassen, daß St. Paul das bessere Gebäude von beiden ist.« Der Eindruck, von dem ich anfangs sprach, war strenggenommen der einer Fahrt nach Einbruch der Dunkelheit, von Euston zu Morley's Hotel am Trafalgar Square. Sie war nicht schön – sie war in Wirklichkeit ziemlich furchtbar; aber wenn ich, in der schmierigen Droschke, der mich anzuvertrauen mein Gepäck mich gezwungen hatte, noch einmal die düsteren, verschlungenen Meilen abfahre, so erkenne ich den ersten Schritt einer Einwei-

* engl. Teegebäck. (Anm. d. Verl.)

hung, deren folgende Stufen an erfreulichen Dingen reich sein sollten. Es bedeutet so etwas wie eine Erniedrigung, in einer großen Stadt nicht zu wissen, wohin man fährt, und Morley's Hotel war damals, in meiner Phantasie, nur ein verschwommener, rötlicher Fleck in der allgemeinen Riesigkeit. Die Riesigkeit war das überragende Faktum und zog einen in ihren Bann; die meilenweit sich hinziehenden Dächer und Viadukte, das Gewirr der Weichen und Signale, durch die der Zug sich seinen Weg zum Bahnhof suchte, hatten mir bereits die Größenordnung vermittelt. Das Wetter war feucht geworden, und wir fuhren tiefer und tiefer in die Sonntagsnacht. Auf dem Wege von Liverpool hatten die Schafe auf den Feldern in ihrem Verhalten ein gewisses Bewußtsein des Tages erkennen lassen; aber diese bedeutsame Kutschfahrt war eine Einführung in die Rigidität der Sitten. Die niedrigen, schwarzen Häuser waren so leblos wie Reihen von Kohlekästen, ausgenommen dort, wo an den zahlreichen Ecken aus einer Branntweinkaschemme ein Lichtschein drang, der noch brutaler war als die Dunkelheit. Die Sitte des Gintrinkens – sie war gleichermaßen starr, und für diesen ersten Eindruck waren die Wirtshäuser viel wert.

Morley's Hotel erwies sich in der Tat als rötlicher Fleck; leuchtend ist in meinem Gedächtnis das Feuer in der Kaffeestube, das gastliche Mahagoni, das Gefühl, daß dies, zumindest vorderhand, in der gewaltigen Stadt eine Zuflucht und einen Standpunkt bot. Meine Erinnerung des restlichen Abends – ich war wahrscheinlich sehr müde – ist im wesentlichen eine Erinnerung an ein riesiges Himmelbett. Mein kleines, in seine tiefe Schale gesetztes Nachtlicht bewirkte, daß dieses Monument einen gewaltigen Schatten warf und mich, ich weiß kaum wie, an die *Ingoldsby Legends** denken ließ. Wenn ich mich am nächsten Tage zu leidlich früher Stunde dabei ertappte, wie ich mich St. Paul's näherte, so nicht aus Willfährigkeit gegen den alten Gentleman aus dem Eisenbahnabteil: Ich hatte in der City eine Besorgung zu machen, und die City war zweifellos ungeheuer. Doch hauptsächlich entsinne ich mich der romantischen Empfindung beim Passieren des Temple Bar und der Art, wie mir in Gedanken zwei Zeilen aus *Henry Esmond*** wiederkehrten, während ich auf das Meisterwerk von Sir Christopher Wren zufuhr. ›Die stämmige, rotgesichtige Frau‹, die Esmond den Hirschhunden über die Hänge bei Windsor hatte nachjagen sehen, war ganz und gar nicht wie das Standbild, das St. Paul's seinen steinernen Rücken zudreht und das Gesicht den Kutschen zuwendet, die sich Ludgate Hill hinaufquälen.‹ Während ich über das Schoßleder der Droschke hinweg Queen Anne betrachtete – sie kam mir sehr klein und schmutzig vor, und das Gefährt erklomm die leichte Steigung ohne Mühe –, erregte mich der Gedanke, daß die Statue dem Helden des unvergleichlichen Romans vertraut gewesen war. Alle Geschichte schien wiederaufzuleben und die Fortdauer aller Dinge meinen Geist zu durchschauern.

Bis zur Stunde mache ich, wenn ich den Strand

---

* Geschichten und Balladensammlung von Richard Harris Barham (1788–1845). (Anm. d. Verl.)
** Roman von William Makepeace Thackeray (1811–1863). (Anm. d. Verl.)

entlanggehe, immer aufs neue den Spaziergang, den ich an jenem Nachmittag dort machte. Ich liebe den Ort bis heute, und er war der Beginn meiner Leidenschaft. Er schien mir Phänomene zu bieten und Gegenstände aller Art zu enthalten, die von unerschöpflichem Interesse waren. Insbesondere kam es mir wünschenswert, ja unverzichtbar vor, die meisten Artikel in den meisten Läden zu kaufen. Mein Blick ruht mit einer gewissen Zärtlichkeit auf den Orten, wo ich widerstand, und denen, wo ich erlag. Der Duft von Mr. Rimmels Etablissement kitzelt mir erneut die Nase; ich sehe die schlanke junge Dame (ich höre ihren Tonfall), die mich dort bediente. Heilig bis auf den heutigen Tag ist mir das besondere Aroma des Haarwaschmittels, das ich von ihr kaufte. Ich halte vor dem Granit-Portikus von Exeter Hall inne (er war unerwartet schmal und keilförmig), und er ruft eine Wolke von Gedankenverbindungen hervor, die trotz ihrer Verschwommenheit nicht weniger eindrucksvoll sind; die, ich weiß nicht woher, rühren – aus *Punch*, aus Thackeray, aus in der Kindheit durchblätterten Jahrgängen der *Illustrated London News*; und die mit Mrs. Beecher Stowe und *Onkel Toms Hütte* zu tun zu haben scheinen. Denkwürdig ist ein Sturm, den ich auf einen Handschuhmacherladen bei Charing Cross unternahm – den, bei dem man ostwärts gehend vorbeikommt, ehe man in den Bahnhof einbiegt; das muß indes, wenn ich es mir recht überlege, morgens gewesen sein, sobald ich das Hotel verlassen hatte. In meinem Inneren war ein heftiges Gefühl von der Dringlichkeit, diesen Laden zu schänden, zu plündern.

Ein, zwei Tage später, am Nachmittag, sah ich mich in mein Kaminfeuer starren, in einer Unterkunft, von der ich in der Voraussicht Besitz ergriffen hatte, daß ich mehrere Wochen in London verbringen würde. Ich war gerade eingezogen und hatte mich, nachdem ich mich der Verteilung meines Gepäcks gewidmet hatte, hingesetzt, um über meine Behausung nachzudenken. Sie lag im Erdgeschoß, und das schwindende Tageslicht erreichte sie in arg mitgenommenem Zustand. Sie kam mir stickig und ungesellig vor mit ihrem modrigen Geruch und ihrem Schmuck von Lithographien und Wachsblumen – ein unpersönliches, schwarzes Loch in der gewaltigen, allgemeinen Schwärze. Am Ende der Straße brauste in einem fort der Lärm von Piccadilly, und das herzlose Rattern einer Droschke strich dicht an meinem Ohr vorbei. Ein plötzliches Entsetzen vor dem ganzen Ort kam über mich, als fiele mich Heimweh an wie ein Raubtier, das den geeigneten Moment abgepaßt hatte. London war abscheulich, tückisch, grausam und vor allem erdrückend; ob der Stadt nun an der Erhaltung der Art lag oder nicht, sie war so gleichgültig gegen das einzelne Leben wie die Natur selbst. Binnen einer Stunde würde ich zum Essen gehen müssen, das nicht im Hause gereicht wurde, und diese Bemühung nahm die Form eines verwegenen, abenteuerlichen Ritterzuges an. Mir schien, ich würde lieber ohne Essen bleiben, ja lieber verhungern, als mich in die infernalische Stadt aufmachen, wo es das natürliche Schicksal des unbedeutenden Fremden sein würde, auf Piccadilly zu Tode getrampelt und als Leichnam in die Themse geworfen zu werden. Ich verhungerte indes nicht und verhaftete mich der schrecklichen, herrlichen Stadt schließlich durch hundert menschliche Bande. Der flüchtige Anblick ihres besudelten Gesichts und ihres steinernen Herzens ist mir denkwürdig geblieben, aber es freut mich, sagen zu können, daß ich leicht andere wachrufen kann.

II

Sie ist zweifellos nicht nach jedermanns Geschmack, aber für den echten London-Liebhaber macht allein die riesige Ausdehnung der Stadt einen Gutteil ihres Reizes aus. Ein kleines London wäre ein Greuel, wie es glücklicherweise auch undenkbar ist, denn Vorstellung und Name sind vor allem Ausdruck von Ausdehnung und Zahl. Praktisch lebt man natürlich in einem Viertel, einem Flecken; doch in der Phantasie und durch ein fortwährendes geistiges Bezugnehmen genießt der eingewöhnte Besucher das Ganze – und nur ihn erachte ich für der Rede wert. Er schmeichelt sich, wie es heißt, ein Teilchen in einer so beispiellosen Anhäufung zu sein, und ihre unermeßliche Peripherie, wenngleich unbesucht und rauchverhüllt, vermittelt ihm das Gefühl eines gesellschaftlichen, eines geistigen Spielraums. Es hat etwas Genüßliches zu wissen, daß er unbemerkt kommen und gehen kann, auch wenn sein Kommen und Gehen keinem schändlichen Ziel dient. Ich meine damit nicht, daß London keine sehr lebhafte Zunge hätte; tatsächlich wäre die Zunge Londons ein eigenes Kapitel wert. Aber die Augen, die ihrer Lebhaftigkeit zumindest in gewissem Maße Nahrung geben, werden zum allgemeinen Vorteil glücklicherweise jeden Augenblick von tausend verschiedenen Gegenständen gereizt. Mag die Stadt auch groß sein, so ist beileibe nicht alles, was sie enthält, ebenfalls groß; doch läßt sich immerhin sagen, daß kleine Fragen, wenn sie dort eine

Rolle spielen, diese Rolle ohne Illusionen von ihrer Bedeutung spielen. Es gibt zu viele Fragen, ob klein oder groß; und jeder Tag, der heranbricht, führt seine Kinder wie eine Art Bettelmutter bei der Hand. Daher ist vielleicht der allgemeinste Wesenszug das Fehlen von Beharrlichkeit. Gewohnheiten und Neigungen blühen und vergehen, doch Intensität gehört nicht dazu. Der Geist der großen Stadt ist nicht analytisch, und anfallende Themen empfangen von ihrer Hand selten eine trübselig ernste oder geschmacklos ausgiebige Behandlung. Es gibt nicht viele – von denen, die London mit der aus seiner langen Erfahrung erwachsenen Sicherheit abtut –, die sich anderswo nicht zu behutsamerem Umgang eigneten. Es braucht schon eine sehr große Affäre, eine Drehung der irischen Schraube oder einen Scheidungsfall, der sich viele Tage hinzieht, um erschöpfend erörtert zu werden. Wenn es Mayfair danach verlangt zu zeigen, was es kann, kreisen seine Gedanken um die Hoffnung auf einen neuen Scheidungsfall, und eine nachsichtige Vorsehung – London ist in bestimmter Hinsicht eindeutig das verhätschelte Kind der Welt – erkennt diesen besonderen Hang voll und ganz an und befriedigt die Laune.

Man wird dadurch entschädigt, daß sich durchaus Stoff ergibt; daß große Vielfalt, wenn nicht morbide Nuanciertheit herrscht; und daß der ganze Aufzug der Ereignisse und Themen einem über die Bühne marschiert. Im Augenblick spreche ich von der Anregung, die man aus dem Gefühl entlegener Grenzen beziehen mag; der London-Liebhaber verliert sich in diesem gesteigerten Bewußtsein, schwelgt in dem Gedanken, daß die Stadt, die ihn umgibt, am Ende nur ein gepflastertes Land, ein Staat für sich ist. Das ist gleichermaßen sein Seelenzustand, ob er nun ein angenommener oder ein natürlicher Sohn sei. Ja, ich bin mir keineswegs sicher, ob er der angelsächsischen Rasse angehören und das Geburtsrecht der englischen Sprache geerbt haben muß; wenngleich ich andererseits keinen Zweifel daran hege, daß diese Vorteile der Vertrautheit der Bindung sehr dienlich sind. Die große Stadt breitet ihren düsteren Mantel über unzählige Rassen und Bekenntnisse, und ich glaube, es gibt kaum eine bekannte Form der Gottesverehrung, die hier nicht einen Tempel (habe ich nicht in Gesellschaft einer amerikanischen Dame, eines undefinierbaren alten Gentleman und mehrerer Näherinnen die Church of Humanity in Lamb's Conduit besucht?) oder irgendeine Gemeinschaft von Menschen, die nicht einen Club oder eine Gilde hätte. London ist fürwahr ein Abriß des Erdballs, und wie es ein Gemeinplatz ist zu sagen, es gäbe hier nichts, was man nicht ›bekommen‹ könnte, so gilt gleichermaßen, daß es nichts gibt, was man nicht aus erster Hand studieren könnte.

Man erprobt diese Wahrheiten nicht jeden Tag, aber sie bilden einen Teil der Luft, die man atmet (und willkommen, sagt der London-Hasser – denn es gibt solche verbohrten Klügler – in dem pestilenzialischen Gemisch). Sie färben den verhangenen, trüben Hintergrund, der meiner Meinung nach die romantischste Stadtansicht der Welt ist; sie vermengen sich mit dem dunstigen Licht, dem die geradlinige, schmucklose Öffnung in der Hauswand Einlaß gewährt und das ein Inneres aus freundlichen Ecken, geheimnisvollen Schattierungen und verborgenen Sinnigkeiten ergibt,

wie auch mit dem großartigen Medium des niedrigen
Himmels, wo der Qualm und der Nebel und das Wetter
im allgemeinen, die merkwürdig unbestimmte Tages-
und Jahreszeit, die Ausdünstungen der Industrie und der
Widerschein der Hochöfen, das rote Schimmern und
Glimmen, das vom Sonnenuntergang stammen mag
oder auch nicht – da man nie irgendeine *Quelle* der
Strahlung sieht, kann man es nicht im mindesten sagen
–, sämtlich in kunterbunter Wirrnis, als wechselhafter,
aber unabnehmbarer Baldachin zusammenhängen. All
das bildet den Unterton der tiefen, steten Stimme der
Stadt. Man erinnert sich ihrer, wenn die eigene Loyalität
sich in der Defensive befindet; wenn es darum geht, so
viele eindrucksvolle Wesenszüge wie möglich in die
Liste der guten Gründe aufzunehmen, die man bisweilen
aufstellen muß, jenes beredte Verzeichnis, das man der
feindseligen Anklage entgegenhält – der Phalanx *anderer*
Gründe, die ohne weiteres ellenlang sein kann. Diesen
anderen Gründen zufolge ist einleuchtend und schlüssig
bewiesen, daß London als Ort, wo man glücklich sein
kann, niemals taugen wird. Ich behaupte nicht, es sei
nötig, einer so absurden Behauptung entgegenzutreten,
es sei denn, dem eigenen Wohlbehagen zuliebe. Wenn
die Gleichgültigkeit in einem derart prallvollen Orga-
nismus immer noch lebhafter ist als die Neugierde, so
mag man von seinem eigenen Anteil daran Gebrauch
machen und schlicht der Ansicht sein, wenn dem oder
jenem nichts an Fülle liege, dann um so schlimmer für
den Betreffenden. Doch dann und wann verspürt auch
der Glaubensstärkste die Regung, seine Religion in
Ordnung zu bringen, den Tempel seiner Gedanken
auszukehren und die heilige Lampe zu putzen. Und in

ebensolchen Stunden erhebt ihn der Gedanke, daß die britische Hauptstadt genau der Ort auf der Welt ist, der das stärkste Gefühl von Leben vermittelt.

III

Der Leser wird feststellen, daß ich nicht einmal vor dem äußersten Zugeständnis, unsere Hauptstadt als britisch zu bezeichnen, zurückschrecke, und dies in schamloser Verbindung mit der Frage der Loyalität von seiten eines angenommenen Sohnes. Denn ich beeile mich zu erklären, daß, wenn das eigene Interesse daran seinen Ursprung zur Hälfte in dem Gefühl hat, sie sei Eigentum, ja Heimat des Menschengeschlechts – Hawthorne, jener hervorragende Amerikaner, sagt das irgendwo und stellt sie in dieser Hinsicht Rom zur Seite –, die eigene Wertschätzung für sie eigentlich eine ausgedehnte Zuneigung, eine umfassende Liebe für die Menschheit ist. Um dieser Nächstenliebe willen mag man mit seiner Behauptung ein wenig zu weit gehen; und noch der ausländischste Cockneyfizierte wird, mag er noch so wutschnaubend gegen die Andeutung aufbegehren, London habe ihm seinen Stempel aufgedrückt, mit bewußtem Stolz freimütig einräumen, daß er sich der Londonisierung unterworfen hat. Es ist ein echter Glücksfall für ein besonderes Land, daß die Hauptstadt des Menschengeschlechts zufällig britisch ist. Gewiß würde jedes zweite Land sie gern für sich haben, wenn es könnte. Ob die Engländer es verdienen, sie weiter innezuhaben, könnte ein interessantes Untersuchungsgebiet sein; aber da sie sie noch nicht haben fahren lassen, bekennt der Schreiber dieser Zeilen ohne Skrupel, daß die Regelung nach seinem Geschmack ist. Denn wenn das Gefühl von Leben dort am stärksten ist, so ist es schließlich ein Gefühl des Lebens von Menschen unserer geheiligten englischen Sprache. Es ist das Hauptquartier jener merkwürdig biegsamen Zunge; und ich mache diese Bemerkung im vollen Bewußtsein der schrecklichen Art und Weise, wie das Idiom von der Bevölkerung im allgemeinen mißbraucht wird, der es wie kaum einem anderen Volk gegeben ist, dem Gespräch weniger klanglichen Liebreiz zu verleihen. Für einen Literaten, der sich, wie bescheiden auch immer, bemüht, das Medium Shakespeares und Miltons, Hawthornes und Emersons, zu pflegen, der die Vorstellung hegt, was es vollbracht hat und gar noch vollbringen mag, muß London stets großen Anschauungs- und Anregungswert, ja so etwas wie Heiligkeit haben. Es ist der einzige Ort, an dem die meisten Leser, die denkbar meisten Liebhaber, versammelt sind; es ist die umfassendste öffentliche und die größte gesellschaftliche Verkörperung der Sprache, der Tradition. Ein solcher Mensch mag es dabei wohl bewenden und die Deutschen und die Griechen für sich selbst sprechen lassen, auf daß sie die, vermutlich ganz anderen, Gründe für *ihre* Vorliebe nennen.

Wenn ein gesellschaftliches Gebilde so ausgedehnt und vielfältig ist, so kann man sich ihm von tausenderlei Seiten nähern, es aus tausenderlei Gründen mögen oder nicht mögen. Das Für und Wider von Piccadilly ist nicht das Für und Wider von Camden Town, noch sind die Merkwürdigkeiten und Beeinträchtigungen von Kilburn die gleichen wie die von Westminster und Lambeth. Die Gründe von Piccadilly – ich meine die,

die dafür sprechen – sind die, die dem fest verwurzelten Besucher im allgemeinen am nachhaltigsten bewußt sind; doch muß man zugeben, daß selbst sie größtenteils nicht zutage liegen. Das Fehlen von Stil, oder vielmehr Stilwillen, ist gewiß der allgemeinste Wesenszug des Angesichts von London. Unter diesem Eindruck Paris zu durchqueren, heißt, sich von ganz anderen Maßstäben umgeben zu finden. Dort erinnert einen alles daran, daß der Gedanke der schönen und stattlichen Anordnung nie aus der Mode gekommen ist, daß die Kunst der Gestaltung stets am Werk oder im Spiele war. Alleen und Plätze, Gärten und Quais sind auf Wirkung hin angelegt worden, und heute erntet die glanzvolle Stadt die Anhäufung all dieser Genialität. Das Ergebnis ist nicht in jedem Viertel interessant, und es herrscht eine ermüdende Monotonie des ›Geschmackvollen‹ und vor allem Symmetrischen, der tödlichen Leidenschaft, alles aufeinander ›abzustimmen‹. Andererseits hat die Stadt durchweg ein architektonisches Gepräge. An den Ufern der Themse handelt es sich um eine schreckliche Serie von Zufällen – der London-Liebhaber muß die Existenz von Meilen und Abermeilen der trübseligsten, schwerverdaulichsten Gewöhnlichkeit eingestehen. Tausende von Morgen sind von niedrigen, schwarzen Häusern der billigsten Bauart bedeckt, ohne Schmuck, ohne Anmut, ohne Charakter oder auch nur Identität. Tatsächlich gibt es selbst in den besten Vierteln, im gesamten Gebiet von Mayfair und Belgravia, viele von so armseliger und unpassender, und insbesondere so geringfügiger Sorte (die, die in Unterkünfte aufgeteilt sind – und derart ärmliche Unterkünfte geben sie ab –, mögen als Beispiel dienen), daß man sich fragt, welch absonderlich eingeschränkten, häuslichen Bedürfnissen ihr Bau wohl entsprechen sollte. Das große Unglück Londons für das Auge ist (wenngleich diese Bemerkung auf die City viel weniger zutrifft) der Mangel an Aufragendem. Es gibt keinen architektonischen Eindruck ohne ein gewisses Maß von Höhe, und das Straßenbild Londons weist keine derartige Zierde auf.

Gleichwohl gibt es, wenn nicht den Willen zum Stil, so immerhin dessen zufälliges Vorkommen, das, wenn man es wohlwollend betrachtet, drei Ursachen zu entspringen scheint. Eine davon ist schlicht die allgemeine Größe und die Art, wie sie jeder beliebigen Stelle ein anderes, ein besseres Gesicht gibt; so daß es einem, mag man sich auch oft in einem schäbigen Winkel empfinden, niemals in den Sinn kommt, das sei schon alles. Eine weitere ist die Atmosphäre mit ihren großartigen Mystifikationen, die schmeichelt und überglänzt, die alles braun, leuchtend, matt, verschwommen macht, Entfernungen vergrößert und Einzelheiten verkleinert, den Rückschluß auf Riesigkeit bestätigt, indem sie die Vorstellung erweckt, die große Stadt mache sich, da sie doch alles macht, ihr eigenes Wettergeschehen und ihre eigenen optischen Gesetze. Die letzte ist die Ansammlung der Parks, die einen anderwärts unerreichten Schmuck bilden und dem Ort eine Erhabenheit verleihen, der keine seiner Häßlichkeiten etwas anhaben kann. Sie breiten sich mit derart verschwenderischer Weitläufigkeit inmitten der Stadt aus, daß sie einen Teileindruck eines jeden Spazierganges, fast jedes Ausblicks bilden und mit einer ganz eigenen Kühnheit eine pastorale Landschaft unter dem rauchverhangenen Himmel schaffen. Es gibt keine Stimmung des reichhaltigen Londoner Klimas, die ihnen nicht zu Gesichte stünde – ich habe sie im nassesten Winter herrlich romantisch erlebt, wie Parks in Romanen –, und es gibt kaum eine Stimmung des empfänglichen Bewohners, der sie nicht etwas zu sagen hätten. Die hohen Bauwerke Londons, die hie und da über ihnen hervorlugen, machen die Räume nur noch ausgedehnter, indem sie einen daran erinnern, daß man sich doch nicht in Kent oder Yorkshire befindet; und diese Bauwerke, was sie auch sein mögen – ob Reihen ‹annehmbarer› Behausungen, Kirchtürme oder Kuppeln öffentlicher Gebäude –, nehmen eine so wirkungsvolle, grau-blaue Tönung an, daß es einem scheinen möchte, als habe ein begabter Aquarellist sie aus künstlerischen Gründen hinzugefügt.

Die Aussicht von der Brücke über die »Serpentine« hat etwas außerordentlich Vornehmes, und mir schien oft, daß der mit seinen geringen Ansprüchen geneckte Londoner mit allem Selbstbewußtsein darauf verweisen kann. Unter allen Stadtszenerien Europas dürfte es wenig geben, was so schön wäre; der einzige Vorwurf, dem diese Aussicht sich aussetzt, ist der, daß sie der Frage ausweicht, indem sie – obwohl sie der Stolz von fünf Millionen Menschen ist – gar nicht zu einer Stadt zu gehören scheint. Die Türme von Notre Dame, die in Paris von der Insel, die die Seine teilt, aufragen, nehmen sich nicht eindrucksvoller aus als die von Westminster, wenn man sie, doppelt so weit schauend, jenseits der glänzenden Fläche des Hyde-Park-Gewässers sieht. Ebenso köstlich ist, wie sich die »Serpentine« nach Art eines großen Flusses zwischen ihren waldigen Ufern ausweitet. Gleich nachdem man die Brücke überquert hat (ebenderen Geländersäulen, alt und verziert, aus gelblich-braunem Stein, ich besonders mag), genießt man zur Linken, durch das Tor von Kensington Gardens, wenn man Richtung Bayswater geht, einen ganz und gar hinreißenden Ausblick – einen Fußweg über das Gras, der sich zwischen den verstreuten Eichen und Ulmen verliert, geradeso als wäre der Ort eine ›Jagd‹. Nichts könnte London im allgemeinen weniger ähnlich sehen als gerade dieses Kleinod, und doch braucht es von allen Städten ausgerechnet London, um einem einen solchen Eindruck vom Lande zu vermitteln.

IV

Es braucht London, um einem die Möglichkeit eines rein ländlichen Spazierganges von Notting Hill nach Whitehall zu verschaffen. Man kann diese immense Entfernung – eine höchst gehaltvolle Diagonale – ganz und gar auf weichem, feinem Rasen, unter dem Gesang von Vögeln, dem Geblöke von Lämmern, dem Gekräusel von Teichen, dem Rascheln bewunderungswürdiger Bäume zurücklegen. Häufig habe ich mir gewünscht, ich wäre, eines solchen täglichen Luxus, einer romantisch gemachten Ertüchtigung wegen, ein Regierungsangestellter, lebte in behaglichen, häuslichen Verhältnissen in – so will ich einmal annehmen – einer Villa in Pembridge und hätte meinen morgendlichen Schreibtisch in Westminster. Ich würde an der Nordwestgrenze in Kensington Gardens einbiegen und hätte die Wahl unter hundert angenehmen Wegen zu den Toren von Hyde Park. Im Hyde Park würde ich dem Ufer, der Row oder irgendeiner Laune des Augenblicks folgen; wobei ich doch vielleicht die Row in ihrer

Morgenstimmung am liebsten mag, wenn der Dunst über der dunkelroten Bahn liegt und die vereinzelten, frühen Reiter Gestalt annehmen, während der geräuschlose Galopp sie näherbringt. Ich räume bereitwillig ein, daß man der Row während der Saison, zu den üblichen Stunden, überdrüssig wird (ausgenommen vielleicht bei einem ganz kurzen Blick einmal im Jahr, um sich selbst daran zu erinnern, wie sehr sie an Du Maurier* gemahnt); der anderweitig beschäftigte Bürger meidet sie und überläßt sie weitgehend dem gaffenden Barbaren. Ich spreche jetzt vom Standpunkt des Fußgängers von ihr; doch auch für den Reiter zeigt sie sich von ihrer besten Seite, wenn er entweder zu früh oder zu spät unterwegs ist. Dann wird sie ihm – so er nicht darauf versessen ist, sie zu ihrem Nachteil mit den blaueren, buschigeren Alleen des Bois de Boulogne zu vergleichen – auch nicht dadurch verleidet, daß sie mit ihrer wie Gerberlohe wirkenden Oberfläche, ihren Brüstungen wie von einer Manege, auf der der Clown steht, um der jungen Dame den Reifen hinzuhalten, ihren leeren Bänken und Stühlen, ihren verstreuten Orangenschalen, ihren wie erwartungsvolle Statisten dann und wann die Runde machenden, berittenen Polizisten wirkliche Berührungspunkte mit einem Zirkus aufweist, dessen Lichter erloschen sind. Der Himmel, der sich darüber spannt, ist häufig keine schlechte Nachahmung des schmuddeligen Zeltes eines solchen Unternehmens. Die Geister vergangener Kavalkaden scheinen die neblige Arena heimzusuchen, und irgend-

---

* George Du Maurier (1834–1896), engl. Zeichner und Romanschriftsteller. (Anm. d. Verl.)

wie sind sie eine bessere Gesellschaft als die Stutzer und entrückten Schönheiten der laufenden Saison. Es ist nicht ohne Interesse, sich daran zu erinnern, daß die meisten herausragenden Gestalten der englischen Gesellschaft im gegenwärtigen Jahrhundert – und englische Gesellschaft bedeutet, oder bedeutete vielmehr bislang, weitgehend englische Geschichte –, zwischen Apsley House und Queen's Gate im Sattel auf- und niedergehoppelt sind. Man mag die Namen verlesen, wenn einem daran liegt, und die Luft wird von stummen Stimmen und toten Namen geschwängert sein wie die manches römischen Amphitheaters.

Daß man eine Rechtfertigung für einen so stümperhaften Versuch über einen großen, öffentlichen Ort wie Hyde Park Corner vorbringt, ist zweifellos ein außergewöhnlicher Beweis dafür, daß man ein London-Liebhaber *quand même* ist. Gewiß ist, daß die unlängst dort verfügten Verbesserungen und Verschönerungen nur dazu beigetragen haben, mehr Aufmerksamkeit auf die Ärmlichkeit der Grundbestandteile und auf die Tatsache zu lenken, daß diese Ärmlichkeit auf schreckliche Weise die allgemeinen Zustände veranschaulicht. Der Ort ist das schlagende Herz des großen West-End, doch seine Hauptmerkmale sind ein schäbiges, verputztes Hospital, die niedrigen Parktore in ihrem ordentlichen, aber wenig imponierenden Rahmen, die Salonfenster von Apsley House und der nichtssagenden Fronten der kleinen Terrasse nebenan; wozu natürlich noch der einzige Punkt der Aussicht gezählt werden muß, der einigermaßen monumental ist – der Bogen, der die Privatstraße neben den Gärten von Buckingham Palace überspannt. Dieses Bauwerk ist mittlerweile des jämmerlichen Standbildes beraubt, das es zu krönen pflegte – der Eiserne Herzog, als Zinnsoldat verkleidet –, und wurde durch diese Tat nicht so bereichert, wie man es hätte erwarten können. Man hat einen schönen Blick auf Piccadilly und Knightsbridge sowie auf die von den Häuseragenten so genannten vornehmen Anwesen von Grosvenor Place, mitsamt einem Gefühl von Weiträumigkeit jenseits des gewöhnlichen kleinen Geländers von Green Park; doch mit Ausnahme des Eindrucks, daß Platz für etwas Besseres vorhanden wäre, hat all dies nichts, was die Phantasie anspräche: fast so sehr wie die rußige Einöde von Trafalgar Square vermittelt die Aussicht die Vorstellung einer ungenutzten Gelegenheit.

Nichtsdestoweniger besitzt sie an einem schönen Frühlingstag eine Ausdruckskraft, deren Ursprung ich nur insoweit zu erklären mir anmaße, als ich sage, daß der Fluß des Lebens und Wohllebens dort unermeßlich groß ist. Die Gebäude sind dürftig, aber der gesellschaftliche Strom selbst ist gewaltig, und für den nicht völlig stumpfen Beobachter haben die langen, verzweigten Verkehrswellen, deren Rhythmus die standhaften Polizisten setzen und die so viele Stunden zusammen- und auseinanderrollen, mehr Erregendes und Anregendes, als ich zu begründen wüßte. Dann wird die große, trübe Stadt hell und freundlich, und die Rauchglocke verwandelt sich in einen nachlässig getragenen Dunstschleier, die Luft ist gefärbt, ja beinahe durchduftet von der Gegenwart der größten Gesellschaft der Welt, und die meisten Dinge, auf die der Blick trifft – oder vielleicht sollte ich sagen mehr Dinge, denn zweifellos gehört in London das meiste immerdar

dem Reich des Schmuddeligen an –, bieten sich ›wohl-
ausgeputzt‹ dar. Alles glänzt mehr oder weniger, von
den Fensterscheiben bis zu den Hundehalsbändern. So
nimmt sich all das mit seinen unzähligen Abwechslun-
gen und Abwandlungen für jemanden aus, der es über
das Schoßleder einer Droschke hinweg betrachtet,
während dieses Aussichtsgefährt, besser als jede
Opernloge, mit der Strömung anruckt und stockt.

Nicht in einer Droschke indes haben wir uns unseren
pünktlichen jungen Mann vorgestellt, den wir nicht
verlassen dürfen, während er südostwärts wandelt, und
der nur Hyde Park Corner überqueren muß, um seinen
Weg wieder ganz grasig zu finden. Ich habe eine
Schwäche für die bequem gelegene, familiäre, baumlose, oder fast baumlose, Fläche des Green Park und die
freundliche Rolle, die er als eine Art Förderer von
Piccadilly spielt. Ich mag Piccadilly so sehr, daß ich
allem und jedem dankbar bin, das ihr einen Dienst
erweist, und nichts ist anerkennenswerter als der Blick
nach Süden, den die Straße genießen darf, gleich wenn
sie an Devonshire House vorbeikommt – ein Rund-
horizont, der unter anderen, von Menschen besuchten
Orten schwerlich seinesgleichen haben dürfte und dank
dem man an einem Sommertag hinter den abgegrasten
Wiesen des Vorder- und Mittelgrundes, hinter den
kalten Schornsteinen von Buckingham Palace, den
Türmen von Westminster, dem wimmelnden Flußviertel und allen südlichen Gemeinden das grelle, neu-
zeitliche Blitzen des Daches von Crystal Palace erspä-
hen kann.

Wenn der Green Park familiär ist, so hat sein An-
hängsel, wie man es nennen könnte – denn es hängt

buchstäblich hügelabwärts an ihm –, etwas noch weniger Unnahbares – das Überbleibsel des ehemaligen Gartens des sonderbaren, schäbigen, alten Palastes, dessen schwarze, unelegante Vorderfront die St. James's Street hinaufstarrt. Dieser beliebte Erholungsort hat sehr viel Charakter, doch ich bekenne freimütig, daß viel von seinem Charakter von seiner Nähe zu den Elendsquartieren von Westminster herrührt. Es ist ein intimer Park und vielleicht der demokratischste Winkel Londons, obgleich er sich im königlichen und militärischen Viertel und dicht bei aller Art von Vornehmheit befindet. Es gibt wenige Stunden des Tages, da nicht tausend schmutzige Kinder darin umherwuseln, und die Stellungslosen liegen in Scharen im Gras und bedekken die Bänke mit einer Bruderschaft schmieriger Beinkleider. Wenn die Londoner Parks die Empfangszimmer und Clubs der Armen sind – das heißt, jener Armen (das verringert eingestandenermaßen die Zahl), die nahe genug wohnen, um sie zu erreichen –, so läßt sich sagen, daß ebendiese Grasflecken und Parkwege geradezu den Salon der Elendsquartiere bilden.

Ich weiß nicht warum, da es sich doch um einen solchen Bereich von Größe handelt – große Türme, große Namen, große Erinnerungen; am Fuße der Abbey das Parlament, das schöne Fragment von Whitehall mit den Quartieren des Souveräns zur Rechten und Linken –, aber der Saum von Westminster erweckt ebensoviele Gedanken an Elend wie an das Empire. Die Gegend hat seit kurzem sehr gewonnen, aber sie enthält immer noch – wenngleich sie in dieser Hinsicht alles andere als einzigartig ist – eine erlesene Kollektion von Elementen des Niedrigen, Schwarzen. Die Luft erscheint mit stets drückend und trübe, und mehr als anderswo hört man hier das alte England – den keuchenden, rauchverschmierten Titanen aus Matthew Arnolds schönem Gedicht – mit Mühe tief Atem holen. Tatsächlich ist man seinen heroischen Lungen näher, wenn dieses Organ von dem großen, mit Spitztürmen und Gitterwerk verzierten Debattierhaus am Rande des Flusses verkörpert wird. Aber ebendiese dichte, dem Bewußtsein gegenwärtige Luft spielt dem Auge immerfort Streiche, so daß das Foreign Office, von der Brücke aus gesehen, oft romantisch, und die Wasserfläche, über der es aufragt, poetisch wirkt – es läßt an einen indischen Palast denken, der seine Füße im Ganges badet. Wenn unser Fußgänger einen solchen Vergleich zustande bringt, dann bleibt ihm nichts anderes übrig, als an seine Arbeit zu gehen – die er in bequemer Reichweite finden wird. Er wird den ganzen Weg vom äußersten Nordwesten auf Grün zurückgelegt haben – was zu beweisen war.

V

Mir ist, als hätte ich einen beinahe prahlerischen Ton angeschlagen, und zweifellos betrachtet man die Sache am besten so, daß man – ohne sich auf die Tücken einer Begründung einzulassen – schlicht sagt, man möge, was einen selbst betrifft, diese oder jene Gegend. Doch dieses Verfahren wäre insofern nicht ganz ungefährlich, als wir uns nach ein paar solcher Bekundungen auf eine Duldsamkeit gegen vieles, was beklagenswert ist, festgelegt sehen könnten. London ist so ungeschlacht und brutal und hat so viele der finstersten Seiten des Lebens zusammengerafft, daß es beinahe lächerlich ist, von der

Stadt wie ein Liebhaber von seiner Geliebten zu sprechen, und beinahe frivol, den Eindruck zu erwecken, man ließe ihre Entstellungen und Grausamkeiten unbeachtet. Sie gleicht einer mächtigen Riesin, die Menschenfleisch frißt; doch für mich liegt ein mildernder Umstand darin – wenngleich es nicht jedermann so empfinden mag –, daß die Riesin selbst menschlich ist. Nicht aus Mutwillen füllt sie sich den Rachen, sondern um sich am Leben zu halten und ihr gewaltiges Werk zu verrichten. Sie hat keine Zeit für spitzfindige Unterscheidungen, aber am Ende ist sie so gutmütig, wie sie riesig ist, und je mehr man ihr, wie es so schön heißt, die Stirn bietet, desto mehr Spaß versteht sie. Sie verschlingt einen vorwiegend dann, wenn man vor ihr im Staube kriecht. Es schert sie wenig, was sie zu sich nimmt, solange sie ihr Teil bekommt, und der kleinste Schubs nach rechts oder links wird das wankelmütige Ungetüm von einer Form von Beute auf eine andere lenken. Es läßt sich nicht leugnen, daß das Herz in ihrer Gesellschaft dazu neigt, sich zu verhärten; aber sie ist ein kapitales Gegengift gegen das Morbide, und erfolgreich mit ihr zu leben stellt eine Erziehung des Gemüts, eine Weihe der persönlichen Lebensanschauung dar. Sie gibt einem einen Schliff, für den man in einer rauhen Welt gar nicht dankbar genug sein kann. Sie mag Reputationen rauben, aber sie formt den Charakter. Sie lehrt ihre Opfer, sich nicht zu ›kümmern‹, und die große Gefahr für jene besteht vielleicht darin, daß sie die Lektion nur allzugut lernen.

Es ist manchmal verwunderlich festzustellen, was sie kümmert, die abgehärtetsten ihrer Kinder. Viele von ihnen wohnen, ohne mit der Wimper zu zucken, den unergründlichsten Dramen bei, und die gewöhnliche Rede anderer zeigt Vertrautheit mit dem Entsetzlichen an. Sie hat die Theorie, daß sie das Erlesene sowohl hervorbringt als auch zu würdigen weiß; doch wenn man sie bei einer flagranten Zurückweisung beider Verantwortungen ertappt und ihr das Pflichtversäumnis vorhält, wirft sie einem, die kolossalen Schultern zuckend, einen Blick zu, der auf immer eine persönliche Beziehung zu einem herstellt. Sie scheint zu sagen: »Nimmst du mich wirklich so ernst, du lieber, hingebungsvoller, leichtgläubiger Gimpel, und weißt du nicht, was für ein unermeßlicher Humbug ich bin?« Man entgegnet, daß man es fürderhin beherzigen wird; aber man schlägt einen gutmütigen Ton an, mit einem Anflug des Zynismus, den sie selbst einen gelehrt hat; denn man ist sich bewußt, daß, wiewohl sie sich besser macht, als sie ist, sie sich auch viel schlechter macht. Sie ist ungeheuer demokratisch, und das macht zweifellos einen Teil der Art aus, wie sie dem einzelnen zuträglich ist; sie lehrt ihn mit unvergleichlicher Zucht, ›wohin er gehört‹, nimmt ihm jedoch jeden Anlaß zur Beschwerde, indem sie ihn erkennen läßt, daß sie für jeden Rücken genau den gleichen Hieb hat. Wenn er die Lektion geschluckt hat, mag er ihre grobe, aber unfehlbare Gerechtigkeit genießen, durch die anderswo für hoch erachtete Reputationen und Positionen unter ihren Augen auf das gehörige Maß gestutzt werden. Es gibt so viele Reputationen, so viele Positionen, die das Überragende zunichte macht, und es ist schwer, so vortrefflich zu sein, daß London einem nicht gewachsen ist. Es gehört zur Gutmütigkeit der Stadt und ist eine ihrer plumpen Koketterien, daß sie manchmal vorgibt, sie sei einem nicht gleichwertig, so etwa, wenn sie es sich in den Kopf setzt, den Löwen zu jagen oder einen Ring um eine Berühmtheit zu bilden. Aber dieser Kniff ist so überaus durchsichtig, daß der Löwe schon sehr arglos und die Berühmtheit sehr unbedarft sein muß, um sich davon einfangen zu lassen. Die Sache ist ganz und gar subjektiv, wie die Philosophen sagen, und die große Stadt kümmert sich vorwiegend um sich selbst. Berühmtheiten kommen gelegen, und Löwen-Koteletts, auf Eis gelegt, ernähren in Zeiten des Mangels eine Familie.

Genau das meine ich, wenn ich London als demokratisch bezeichne. Man kann natürlich dort sein, ohne Teil davon zu sein; aber von dem Augenblick an, wo man *Teil* davon ist – und über diesen Punkt wird einen die eigene Vernunft bald genug aufklären –, gehört man einem Gemeinwesen an, in dem allgemeine Gleichheit herrscht. Wie hochstehend, wie befähigt, wie reich, wie berühmt man auch sein mag, es gibt zu viele Menschen, die es mindestens ebensosehr sind, als daß diese Eigenschaften etwas gälten. Ich glaube, nur wenn man schön ist, kann man wirklich besonders hervorstechen; was den Liebreiz der Frauen angeht, ist schon lange bemerkenswert, wie London von seiner gewohnten Art abweicht. Wenn die Stadt diesen besonderen Löwen jagt, wird sie am gefährlichsten; dann gibt es wirklich Augenblicke, wo man schier glauben möchte, sie sinne darauf, was sie geben, nicht was sie bekommen kann. Liebreizende Damen haben vordem dafür büßen müssen, daß sie es glaubten, und werden auch inskünftig dafür büßen müssen. Alles in allem sind die Leute, die sich am wenigsten täuschen lassen, vermut-

lich die, die sich in ihrem eigenen Interesse die Überzeugung gestatten, daß Armut keine Schande ist. In
London wird sie gewiß nicht dafür gehalten, und
tatsächlich läßt sich kaum sagen, wo sie – vermöge ihrer
Verbreitung – selbstverständlicher davon befreit wäre.
Der Besitz von Geld ist natürlich ein ungeheurer Vorteil, aber das ist etwas ganz anderes als eine Abwertung
aufgrund des Mangels daran.

Trotz ihres zynischen Mundwerks in so vieler Hinsicht gutmütig und trotz ihres gewaltigen Schrittes
gemächlich, gibt es nichts, worin sich die Nachsicht der
Stadt stärker zeigte als in der weitherzigen Art, wie sie
gastliche Verpflichtungen auffaßt, und in dem Spielraum, den sie bei solchen und verwandten Angelegenheiten zuläßt. Sie will vor allem amüsiert werden; sie
führt ihre Bücher nachlässig, rechnet Geben und Nehmen nicht kleinlich auf und weiß nicht, erinnert sich
nicht oder fragt nicht danach, ob die Leute ›vorgesprochen‹ haben, falls sie sich als Zerstreuung erweisen. Sie
vergißt es sogar, wenn sie selbst vorgesprochen hat. In
Fragen der Etikette läßt sie die Zügel schleifen und
vergeudet keine Zeit für Floskeln und Umschweife. Es
ist zweifellos unbestreitbar, daß ein Ergebnis ihrer
Unfähigkeit, sich an Lappalien zu stoßen und auf
Nebensächliches zu achten, darin besteht, daß sie in
gewisser Weise genötigt war, das Niveau ihrer Umgangsformen recht verhängnisvoll zu senken. Sie pflegt
das Schroffe – denn selbst wenn sie einen einen Monat
im voraus zum Essen bittet, platzt sie mit der Einladung
heraus wie aus der Pistole geschossen – und nähert sich
ihren Zielen nicht gerade *par quatre chemins*. Sie gibt
nicht vor, der in Matthew Arnolds Gedicht ›The Sick

King in Bokhara‹ vermittelten Lektion große Bedeutung beizumessen, derzufolge,

Wiewohl wir raffen, was wir wünschen,
Wir es nicht gierig raffen dürfen.

London rafft es mehr als gierig, wenn das der einzige
Weg ist, es zu bekommen. Gute Umgangsformen sind
eine Aufeinanderfolge von Details, und ich will nicht
sagen, daß sie sich ihrer nicht befleißigt, wenn sie Zeit
dazu hat. Die hat sie indes nur selten – *que voulez-vous?*
Die Sache mit dem Verfassen von Billetts ist vielleicht,
so gut wie etwas anderes, ein Beispiel dafür, was in
ihren Händen unvermeidlich aus gewissen älteren Traditionen wurde. Die Stadt lebt aufgrund von Billetts –
sie sind geradezu ihre Herzschläge; aber die, die ihre
Unterschrift tragen, sind so unzusammenhängend wie
Faseleien im Delirium und haben mit der Kunst des
Briefeschreibens nichts als eine Briefmarke gemein.

VI

Wenn die Stadt nicht auf Einzelheiten eingeht, so mag
es höchst widersinnig erscheinen, dies in ihrem Namen
versucht zu haben, und der Leser wird zweifellos
meinen, ich sei dadurch gestraft worden, daß meine
Aufzählung mir gründlich mißlungen ist. Tatsächlich
könnte wohl nichts schwieriger sein, als die einzelnen
Punkte zusammenzurechnen – die Spalte wäre insgesamt zu lang. Man mag davon geträumt haben, den
Schimmer seiner Laterne – wenn es denn ein Schimmer
ist – nacheinander auf jede Facette des Juwels zu richten;
doch am Ende mag es Erfolg genug sein, wenn das
Ergebnis ein wirres Licht ist. Man hat nicht die Alterna-
tive, von London als einem Ganzen zu sprechen, aus

dem einfachen Grunde, weil es so etwas wie dessen Ganzes nicht gibt. Es ist unermeßlich – die umfassenden Arme berühren sich nicht. Es ist eher eine Ansammlung vieler Ganzer, und von welchen soll man vordringlich reden? Man muß unvermeidlich eine Auswahl treffen, und ich kenne keine wissenschaftlichere, als schlicht wegzulassen, wofür wir uns vielleicht zu entschuldigen hätten. Die Häßlichkeiten, die ›verrufenen‹ Viertel, die Brutalitäten, die Nachtseiten vieler Straßen, die Branntweinkaschemmen und die Stunde, zu der sie vor dem Schließen leergeräumt werden – es gibt viele derartige Elemente, die ausgenommen werden müssen, ehe ein freundliches Resümee gezogen werden kann.

Und doch würde ich nicht so weit gehen, zu behaupten, es sei eine Voraussetzung solcher Freundlichkeit, die Augen vor dem ungeheuren Elend zu verschließen; ich meine im Gegenteil, daß die Tatsache, daß es nach wie vor den Hauptreiz Londons ausmacht, das größte Kapitel menschlicher Unglücksfälle zu sein, zum Teil darauf zurückgeht, daß wir uns jener dunklen Kluft unabänderlich bewußt sind. Ich habe keine Ahnung, welche Entwicklung das seltsam zusammengewürfelte Monstrum künftig nehmen wird; ob die Armen die Reichen vertreiben oder die Reichen die Armen enteignen, oder ob sie alle weiterhin im gegenwärtigen, unvollkommenen Verkehrsverhältnis zusammenleben werden. Gewiß ist jedenfalls, daß der Eindruck des Leidens Teil der allgemeinen Schwingung ist; es gehört zu den Dingen, die sich mit allen anderen zu dem Geräusch vermischen, das dem beständigen London-Liebhaber überaus teuer ist – dem Rumpeln der ungeheuren menschlichen Mühle. Das ist der Ton, der ihn in allen seinen Abweichungen verfolgt, fasziniert und anregt. Und ob es ihm nun gelingt oder nicht, das Elend aus dem Bild herauszuhalten, so wird er doch freimütig zugeben, daß letzteres ihm durch einige seiner düstersten Seiten nicht verdorben wird. Wir sind weit davon entfernt, London genügend zu mögen, ehe wir nicht seine Fehler mögen: die undurchdringliche Dunkelheit eines Großteils seines Winters, den Ruß auf den Schornsteinkappen und überall sonst, das frühe Lampenlicht, das verwischte Braun der Häuser, das Platschen der Droschken in der Oxford Street oder der Strand an Dezembernachmittagen.

Es liegt trotzdem etwas, das mir die Verzauberung von Kindern ins Gedächtnis zurückruft – die Vorfreude auf Weihnachten, das Vergnügen eines Feiertagsspazierganges –, in der Art, wie die Schaufenster in den Nebel leuchten. Es läßt jedes wie eine kleine Welt aus Licht und Wärme erscheinen, und ich kann immer noch Zeit damit vergeuden, sie zu betrachten, das schmutzige Bloomsbury auf der einen, und das noch schmutzigere Soho auf der anderen Seite. Es gibt winterliche Effekte, an sich nicht reizvoll, so möchte es scheinen, die in Abwesenheit irgendwie an die Saiten der Erinnerung, ja den Quell von Tränen rühren; wie beispielsweise die Vorderfront des Britischen Museums an einem schwarzen Nachmittag oder, wenn das Wetter scheußlich ist, der Portikus eines der großen, kantigen Clubs in der Pall Mall. Ich kann die zarte Poesie solcher Erinnerungen nicht angemessen wiedergeben; sie hängt von Gedankenverbindungen ab, deren Faden wir oft verloren haben. Die breite Kolonnade des Mu-

seums, seine symmetrischen Flügel, der hohe, schmie-
deeiserne Zaun in seiner Granitbettung, das Bewußtsein der dämmrigen Hallen im Innern, wo die Schätze
liegen – all das schimmert geduldig durch atmosphäri-
sche Schichten hindurch, die ihm, anstatt es trübselig zu
machen, etwas vom Trost roter Lampen in einem
Unwetter verleihen. Ich glaube, das Romantische eines
Winternachmittages in London ergibt sich zum Teil
daraus, daß das herrschende Lampenlicht, wenn es
nicht gänzlich verschluckt wird, diesen gastlichen Ton
annimmt. Das ist die Farbe des Schimmers im Innern
der Clubs in der Pall Mall, die ich schlechterdings dann
am liebsten mag, wenn der Nebel ihre monumentalen
Treppen hinaufkriecht.

Wenn ich gerade eben sagte, daß diese Zufluchtsorte
für den Heimatverschlagenen leicht zum Blendwerk
des Heimwehs gehören können, so habe ich damit
keineswegs schlicht auf ihr feierliches Äußeres angespielt. Und wenn sie drinnen noch feierlicher sind, so
macht sie das, zumindest rückblickend, dem Besucher,
der darauf bedacht ist, sein London durchweg zu
mögen, nicht weniger teuer. Was ist die Feierlichkeit
anderes als ein Tribut an die eigenen Nerven, und die
Stille anderes als ein ausgeklügelter Beweis für die
Intensität des Lebens? Um solche Ergebnisse wie dieses
hervorzubringen, muß man ein Gleichgewicht vieler
Geschmacksrichtungen finden, und das ist nur in einer
sehr hochentwickelten Kultur möglich. Wenn ich an-
zudeuten scheine, daß dieser eben gefallene abstrakte
Begriff der Trost dessen sein muß, der sich des einsamen Besitzes einer nebligen Bibliothek erfreut, ohne
auch nur die Aufregung zu erleben, auf jemanden zu

warten, der ihm die gewünschte Zeitschrift herauslegt, so bin ich bereit, die Annahme gelten zu lassen, denn die Wertschätzung für einen Londoner Club zu einer der leeren Jahreszeiten ist nichts als der starke Ausdruck einer Vorliebe für die große Stadt – die keineswegs so ungesellig ist, wie es oberflächlich erscheinen mag – zu Zeiten relativer Verlassenheit. Das Londoner Jahr ist übersät mit Ferien, glücklichen kleinen Inseln des vergleichsweisen Müßiggangs – Fristen der Abwesenheit für die gute Gesellschaft. Dann kommt die wundervolle englische Fähigkeit, sich außerhalb der Stadt ein wenig Abwechslung zu gönnen, unvergleichlich zum Zuge; Familien schaffen ihre Kinderzimmer und ihre Badewannen in ländliche Gefilde, die die eigentliche Grundlage des öffentlichen Lebens bilden. Solche Momente wie diese sind das Paradies des echten London-Liebhabers, denn er findet sich Aug in Auge mit dem Gegenstand seiner Leidenschaft: er kann sich einem Umgang hingeben, der zu anderen Zeiten von seinen Rivalen hintertrieben wird. Dann ist jeder, den er kennt, nicht in der Stadt, und das erhebende Gefühl der Gegenwart aller, die er nicht kennt, wird um so tiefer.

Deshalb bezeichne ich seine Zufriedenheit nicht als ungesellige, sondern durchaus liebevolle Empfindung. Es ist die Stimmung, in der er die ungeheure Menschlichkeit der Stadt am stärksten ermißt und in der ihre Grenzen am weitesten in eine mit möglichen Veranschaulichungen bevölkerte Verschwommenheit zurückweichen. Denn seine Bekanntschaft, wie zahlreich sie auch sein mag, ist endlich; wohingegen das andere, das unbesuchte London, unendlich ist. Es ist eines seiner Vergnügen, an die Experimente und Exkursionen zu denken, die er darin unternehmen kann, selbst wenn diese Abenteuer nicht recht zustande kommen. Der freundliche Nebel scheint sie zu beschirmen und zu bereichern – sowohl zur Rätselhaftigkeit als auch zur Geborgenheit beizutragen, so daß die Phantasie meist in den Wintermonaten solche Wonnen ersinnt. Ihren Höhepunkt erreichen sie vielleicht während der ausschließlich gesellschaftlichen Trostlosigkeit der Weihnachtswoche, wenn die Landhäuser auf Kosten der Hauptstadt überfüllt sind. Gerade dann liegt mir das London Dickens' am stärksten im Sinn, ist mir am stärksten zumute, als sei es wiederherstellbar, verströme noch stellenweise seine dem Empfänglichen wahrnehmbare Wunderlichkeit. Dann lodern die großen Kaminfeuer im einsamen Zwielicht der Clubs, und die neuen Bücher auf den Tischen sagen »Jetzt endlich hast du Zeit, mich zu lesen«, und der Nachmittagstee mit Toast und der träge alte Gentleman, der aus seinem Schlummer erwacht, um Pottasche-Wasser zu bestellen, scheinen die Beteuerung zu belegen. Für einen Literaten ist es auch kein Kleines, daß dies die beste Zeit zum Schreiben ist und daß an den lampenerleuchteten Tagen die weiße Seite, die er zu schwärzen versucht, auf seinem Tisch, im Lichtkreis der Lampe, unter dem ihn umhüllenden Schirm des Klimas, lebhafter und fesselnder wird. Wem es verboten ist, die frühen Morgenstunden schreibend zu durchwachen, der kann zwischen November und März etwas diesem Luxus Ähnliches am Vormittag genießen. Das Wetter bewirkt eine Art ortsfeste Mitternacht und dämpft mögliche Störungen. Es ist schlecht für die Augen, aber ausgezeichnet für die bildliche Vorstellung.

VII

Natürlich ist es übertrieben zu behaupten, alles Zufrie-
denstellende des Lebens in London rühre daher, daß
man buchstäblich dort lebt, denn es ist kein Paradoxon,
daß ein Großteil davon darin besteht, wegzukommen.
Es ist fast leichter, es zu verlassen, als das nicht zu tun,
und viel von seinem Reichtum und seinem Reiz ergibt
sich aus seinen Verästelungen, der Tatsache, daß ganz
England in einem vorstädtischen Verhältnis dazu steht.
Verglichen damit ist es eine ziemliche Affäre, von Paris
weg- oder nach Paris hineinzukommen. London geht
durch ausgedehnte, häßliche Zonen in das grüne Land
über und wird auf hinterlistige, unbeabsichtigte Weise
hübsch – ohne aufzuhören, sich zu ändern. Das ist
vielleicht das Verderben des Landes, macht die unersättliche Stadt aber groß, und wenn man ein unverbes-
serlicher, schamloser Cockney ist, so ist das das einzige,
das im Auge zu haben man verpflichtet ist. Alles ist
entschuldbar, was das städtische Bewußtsein erweitert.
Es trägt ungemein zu dem des London-Liebhabers bei,
daß er dank des ungeheuren Systems von Kommen und
Gehen, des rührigen, gastfreundlichen Wesens der
Menschen, der Vervollkommnung des Eisenbahnnet-
zes, der Häufigkeit und Schnelligkeit der Züge und
nicht zuletzt der Tatsache, daß ein Gutteil der schönsten
Landschaften Englands im Umkreis von fünfzig Meilen liegt – daß er dank alledem das Ländlich-Pittoreske
vor seiner Haustür hat und, was die Trennungslinie
zwischen Zentrum und Umkreis angeht, grenzenlose
Unbestimmtheit üben kann. Es steht ihm völlig frei,
den Rest des Vereinigten Königreichs, oder das Briti-

sche Reich als ganzes oder gar, falls er Amerikaner ist, die Gesamtheit der englischsprachigen Territorien des Erdballs als bloßen Rand, als gut sitzenden Gürtel anzusehen.

Liegt es daran – weil mir der Gedanke gefällt, wie groß wir alle zusammen im Lichte des Himmels und im Angesicht der übrigen Welt mit dem gemeinsamen Band unserer herrlichen Sprache sind, in der wir uns abmühen, Artikel und Bücher zur gegenseitigen, unbefangenen Lektüre zu schreiben, wie groß wir alle sind, und wie groß die große Stadt ist, die wir in brüderlicher Einigkeit als die Hauptstadt unserer Rasse betrachten dürfen –, liegt es daran, daß ich eine eigenartige Zuneigung für die Londoner Bahnhöfe empfinde, daß sie mir ästhetisch zusagen, daß sie mich interessieren und faszinieren und daß ich sie mit Wohlgefallen sehe, selbst wenn ich weder abzureisen noch anzukommen wünsche? Sie erinnern mich an all unsere Wechselbeziehungen und Umtriebe, unsere Tatkraft und Wißbegierde, und daran, daß wir uns allesamt von anderen Völkern durch unser großes, gemeinsames Kennzeichen der fortwährenden Bewegung unterscheiden, unsere Leidenschaft für Meere und Wüsten und die andere Seite des Erdballs, das Geheimnis des Eindrucks von Kraft – ich sage nicht gesellschaftlicher Abgerundetheit und Vollendung –, den wir in jeder Ansammlung angelsächsischer Typen hervorrufen. Wenn ich mich in der geliebten nebligen Jahreszeit am Schauspiel von Paddington, Euston oder Waterloo ergötze – ich gebe zu, ich bevorzuge die gesetzten, nördlichen Stationen –, so bin ich bereit, mich gegen den Vorwurf zu verteidigen, ich sei kindisch; denn was ich in diesen gewöhnlichen

Schauplätzen suche und finde, sind im Grunde schlicht lauter Beweise für unsere weitherzigere Art, das Leben zu betrachten. Die Zurschaustellung einer Vielfalt von Typen ist im allgemeinen eines der Bestechungsgeschenke, mit denen London einen veranlaßt, seine Schändlichkeiten zu verzeihen, und der Bahnsteig ist so etwas wie ein Kompendium dieser Vielfalt. Ich glaube, daß die Menschen – für das beobachtende Auge – nirgendwo so sehr wie in London deutliche Zeichen des Schlages tragen, dem sie wohl auch angehören. Wenn man vor allem den Menschenschlag erfahren möchte, begrüßt man dieses Faktum mit Freude; man erkennt, daß die Engländer, wenn sie sich von anderen Völkern ungeheuer unterscheiden, sich außerdem gesellschaftlich – und das zieht in England eine ganze Reihe moralischer und geistiger Folgen nach sich – aufs äußerste voneinander unterscheiden. Man kann sie allesamt mit dem reichen Kolorit ihrer Unterschiede im zarten Schimmer eines von Mr. W. H. Smiths Bücherständen sehen – ein Merkmal, das in keiner Aufzählung der Reize von Paddington und Euston fehlen darf. Er ist ein Brennpunkt von Wärme und Licht in der riesigen, rauchigen Höhle; er vermittelt die Vorstellung, die Literatur sei etwas Glanzvolles, etwas wesenhaft Blendendes, etwas unendlich gaserleuchtet Rot-Goldenes. Ein Zauber schwebt über dem glitzernden Stand, und eine verlockende Aura geistvoller, neuer Dinge. Wie brillant müssen die Bücher alle sein, wie wahrheitsliebend und artig die frischen, unberührten Journale. An Sonntagabenden, während man in der Ecke seines Abteils auf die Abfahrt des Zuges wartet, bildet das Fenster einen Rahmen für das leuchtende Bild. Ich sage an Samstagabenden, weil das die charakteristischste Zeit ist – sie zeugt am stärksten von der unaufhörlichen Umtriebigkeit und besonders von dem per Express kurz vor dem Dinner erfolgenden, raschen Sprung nach dem Sonntag, in die Halle des Landhauses und die Formen innigerer Freundlichkeit, die ausgedehnten Gespräche, die trauten Spaziergänge, die London ausschließt.

Da ist außerdem die Leere des Sommers, wenn man die Stadt für sich haben kann, und ich würde davon reden – wobei ich den Sommer ab ersten August rechne –, müßte ich nicht befürchten, unfreundlich zu erscheinen, indem ich so sehr auf den negativen Seiten beharre. In Wirklichkeit werden sie in anderer Hinsicht positiv, und ich habe eine liebenswerte Erinnerung an gewisse glückliche Zufälle im Zusammenhang mit dem einzigen Zeitraum, von dem sich sagen läßt, das Londoner Leben lasse Zufälle zu. Es ist das luxuriöseste Dasein der Welt, doch von jenem besonderen Luxus – dem Unerwarteten, dem Extemporierten – hat es im allgemeinen zu wenig. In einer dichtgedrängten Menge kann man sich nicht am Bein kratzen, und in London ist der gesellschaftliche Druck so stark, daß es schwierig ist, von der Senkrechten abzuweichen oder sich anders als mit der Masse zu bewegen. Es gibt zu wenig brachliegende Zeit; jede halbe Stunde hat ihren vorherbestimmten, Monat für Monat in ein Büchlein eingetragenen Nutzen. Wie ich indes andeutete, weisen die Seiten dieses Bändchens von August bis November eine gewinnende Leere auf; sie stellen die Jahreszeit dar, in der man von der höchsten Form der Eingebung kosten kann, der Eingebung des Augenblicks.

Genau das hatte zweifellos ein Gentleman im Sinn, der einmal im Hinblick auf die riesigen Möglichkeiten Londons und darauf, daß es für jeden Geschmack etwas habe, zu mir sagte: »Aber ja doch; wenn Sie sich langweilen oder ein wenig Abwechslung möchten, können Sie das Boot nach Blackwall nehmen.« Ich habe bislang keinen Anlaß gehabt, zu diesem speziellen Heilmittel zu greifen. Vielleicht beweist das, daß ich mich nie gelangweilt habe. Warum Blackwall? fragte ich mich allerdings seinerzeit; noch habe ich bislang ermittelt, welche Zerstreuungen der geheimnisvolle Name vorstellt. Die Person, mit der ich sprach, gebrauchte ihn vermutlich als Gattungsbegriff, als freie, vielsagende Anspielung auf den Fluß als ganzen. Hier schließt sich ihm der London-Liebhaber vorbehaltlos an, und die Themse ist in der Tat eine so wunderbare Geschichte, daß er das Gefühl hat, er habe sein Bild sehr unbeholfen gegliedert, indem er sie nicht ganz in den Vordergrund stellte. Man fahre sie auf- oder abwärts, sie ist gleichermaßen eine Beigabe des Londoner Lebens, ein Ausdruck der Londoner Sitten.

Von Westminster bis zum Meer ist ihre Bestimmung kaufmännischer, aber deshalb nicht weniger malerischer Natur; während sie in der anderen Richtung – wenn man sie, wie es sich gehört, ein Stückchen aufwärts fährt – persönlicher, gesellschaftlicher, sportlicher, idyllischer Natur ist. Ich kenne keinen anderen klassischen Strom, der aus schierem Vergnügen derart umherschwappend verläuft. Es liegt etwas beinahe Drolliges und gleichzeitig Anrührendes darin, wie sich die mächtige Bevölkerung unter dem kleinsten Vorwand eines Feiertages oder schönen Wetters in die

Boote begibt. Sie rammen einander in dem schmalen, bezaubernden Kanal; zwischen Oxford und Richmond bilden sie einen ununterbrochenen Zug. Nichts ist bezeichnender für die persönliche Tatkraft der Menschen und ihre Begierde, sich an Ertüchtigung und Abenteuer zu nehmen, was sie bekommen können. Ich füge eilends hinzu, daß das, was sie auf der Themse bekommen, trotz des kleinen Maßstabes und des Gegensatzes zwischen der Vielzahl und dem verfügbaren Platz erlesen ist. Mit einem Wort, wenn der Fluß der geschäftigste Vorort Londons ist, so ist er auch bei weitem der hübscheste. Von den Brücken abwärts trifft dieses Wort natürlich weniger auf ihn zu, aber nur deshalb, weil er an dieser Stelle seines Werdegangs ein noch größeres Lob verdient. Folgerichtig mag ich ihn am liebsten, wenn er von der Stadt ganz gefärbt und entstellt ist und man von Brücke zu Brücke – sie wirken alle wunderbar groß und trübe – über den braunen, öligen Strom, die Kähne und die Penny-Dampfer, die schwarzen, garstigen, uneinheitlichen Ufer blickt. Dieser Ausblick, der so viele schändliche Elemente hat, ätzt sich dem Auge des Liebhabers von ›Kleinigkeiten‹ mit einer Macht ein, die vielleicht einer besseren Sache würdig wäre.

Wie London es trotz seiner großartigen Gelegenheit versäumt hat, ein Flußviertel zustande zu bringen, ist natürlich der bestmögliche Beweis dafür, daß es in der Vergangenheit selten in der baumeisterlichen Stimmung war, die es derzeit, etwas wohlfeilen Anzeichen zufolge, angewandelt zu haben scheint. Hie und da entschuldigt sich ein schönes Fragment für den Mißstand, dem es nicht abhelfen kann. Somerset House hält sich auf seinem Granitsockel vielleicht noch am besten, und der Palast von Westminster lehnt – man kann kaum sagen, er stehe – auf der großen, parlamentarischen Bank seiner Terrasse. Das Embankment, das bewundernswert, wenn auch nicht sonderlich interessant ist, tut, was es kann, und die gekünstelten Häuser von Chelsea starren über den Battersea Park wie Damen aus dem achtzehnten Jahrhundert, die eine gräßliche Wildnis überschauen. Andererseits ist der Bahnhof von Charing Cross dort, wo er steht, ein nationales Verbrechen; das Gefängnis von Millbank ist eine schlimmere Gewalttat als jede, zu deren Bestrafung es errichtet wurde, und das Ufer allgemein ein schamloser Verzicht auf Wirkung. Wir erkennen indes an, daß sein bloßer Zynismus kostspielig ist; so daß man, wenn man – abgesehen davon, daß es keinen Londoner Louvre gibt – noch einmal zwischen der üblichen englischen Verantwortungslosigkeit in solchen Dingen und einem Anflug von Gewissen zu wählen hätte, vielleicht gut daran täte, den Fall auf sich beruhen zu lassen. Wir wissen, was sie ist, die Strecke von Chelsea nach Wapping, aber wir wissen nicht, was sie sein könnte. Das hält mich nicht davon ab, an einem Sommernachmittag von der Fahrt nach Greenwich auf einem Penny-Dampfer mehr oder weniger freudig erregt zu sein.

VIII

Doch warum rede ich von Greenwich und erinnere mich so an eine der unausgeführten Vignetten, mit denen ich diese oberflächlichen und, so fürchte ich, etwas sprunghaften Bemerkungen zu verzieren vorhatte? Sie werden dem Leser nur die Vignetten bieten, die der Künstler, der sich freundlicherweise bereit erklärte, sich meinen Grillen anzuschließen, ihnen mitzugeben die Güte haben mag.* Warum sollte ich von Hampstead sprechen, wozu die Frage der Sommernachmittage mich gerade zu veranlassen drohte, nachdem ich das Thema Greenwich, das ich vielleicht gar nicht berühre, erschöpft hätte? Warum sollte ich so willkürlich vorgehen, wo ich mich selbst um den Raum geprellt habe, den ich insgeheim für eine Reihe lebhafter und geistreicher Skizzen der jeweiligen Stadtviertel vorgesehen hatte? Ich hatte davon geträumt, sie alle darzustellen, mit ihren Eigenheiten und den Merkmalen, an denen man sie erkennen kann. Es gereicht mir zur Freude, diese Merkmale erfahren zu haben – ein ungemein interessanter Zweig der Beobachtung –, aber ich muß auf die Darlegung meiner Kunde verzichten.

Ich habe nicht das Gewissen, über Hampstead zu reden und wie vergnüglich es ist, den langen Hügel zu ersteigen, der St. John's Wood gewissermaßen überragt und bei Swiss Cottage beginnt – man muß ihn zugegebenermaßen von dort erklettern, wenn man kann –, bei einem Haus der Freundschaft auf der Spitze einen Freund abzuholen, mit ihm über die rostrote Heide zu schlendern und an den Gartenmauern der alten, eckigen, im achtzehnten Jahrhundert erbauten Häuser entlangzugehen, die die Zeit überdauert haben, da der Ort, so nahe er heute bei London liegt, eine Art Provinzmittelpunkt mit Joanna Baillie** als Muse war,

---

* Die Erstausgabe von *English Hours* wurde von Joseph Pennell illustriert. (Anm. d. Übers.)
** Schottische Lyrikerin und Dramatikerin (1762–1831), lebte ab 1806 in Hampstead. (Anm. d. Verl.)

sodann den Weg an den Three Spaniards vorbei einzuschlagen – das würde ich um nichts versäumen wollen – und hinab auf die rauchverhangene Stadt oder über sie hinweg auf die Kiefern und den roten Sonnenuntergang zu blicken. Es ginge keinesfalls an, in diese Richtung abzuschwenken, wo ich Kensington unbesungen, Bloomsbury unbehandelt gelassen und kein Wort über die mächtige östliche Region verloren habe – die wunderlichen Ecken, die dunklen Geheimnisse, die reichhaltigen Überbleibsel und Mahnzeichen der City. Besonders bedaure ich, Kensington geopfert zu haben, das ehemals herrliche, das Thackeraysche, mit seinen literarischen Zeugnissen, seinem ruhigen, prunkvollen roten Palast, seinem Platz der Queen Anne, seinem Haus der Lady Castlewood, seiner Greyhound-Schenke, wo Henry Esmond logierte.

Aber damit kann ich mich versöhnen, wenn ich überlege, daß ich auch die Saison geopfert habe, die vom Standpunkt der eleganten Welt aus zweifellos das zentrale *morceau* des Panoramas hätte sein müssen. Ich habe vermerkt, daß der London-Liebhaber alles an der Stadt liebe, aber ich habe mich nicht der Möglichkeit benommen zu sagen, daß seine Zuneigung Abstufungen kennt, oder zu äußern, daß die Empfindung des Verfassers dieser Seiten sich nie vorbehaltlos dem dichten Treiben des britischen Karnevals angeschlossen hat. Das ist tatsächlich das Wort für den Zeitraum von Ostern bis zum Hochsommer; es ist ein feiner, schicklicher, kostspieliger, protestantischer Karneval, bei dem die Masken nicht aus Samt oder Seide, sondern aus wundervollem, trügerischem Fleisch und Blut sind, dem Stoff der schönsten Antlitze der Welt. Vertritt man die Ansicht, der große Reiz Londons sei das Gefühl mannigfaltigen Lebens, das die Stadt uns vermittelt, so ist es zweifellos folgewidrig, sich nicht am meisten aus der Phase größter Intensität zu machen. Aber das Leben ist so und so, und das Gewühl und Gedränge dieser Wochen der feinen Lebensart ist am Ende nichts als ein leidlich mechanischer Ausdruck menschlicher Kräfte. Niemand würde bestreiten, daß er universeller, glänzender, großartiger ist, als man ihn anderswo zu sehen bekommt; und es ist kein Fehler, daß diese Kräfte häufig die Gestalt überaus schöner Frauen annehmen. Ich wage die Behauptung, daß die Londoner Saison Jahr um Jahr eine unerreichte Ansammlung gutaussehender Menschen zusammenbringt. Ich spreche nicht von den häßlichen; Schönheit ist bestenfalls einer kleinen Minderheit vorbehalten und überall nur eine Frage der Anzahl, aufgrund derer diese Minderheit am wenigsten unbedeutend ist.

Es gibt Augenblicke, da kann man des Lächelns wegen, das die skeptische alte Stadt während dieser Zeit aufsetzt und das, wie ich an einer früheren Stelle dieser Abhandlung bemerkte, geradezu in Gelächter umschlagen kann, wo sie vom Wirbel des Hyde Park gekitzelt wird, die Narreteien des Juni beinahe verzeihen. Am meisten scheint sie vielleicht am Ende der Sommertage zu lächeln, wenn das Licht verweilt und verweilt, wenngleich die Schatten länger werden, der Dunst sich rötet und die verspäteten Reiter, die sich zum Dinner umkleiden müssen, aus der zertrampelten Arena des Parks forteilen. Die Bevölkerung wogt zu dieser Stunde hauptsächlich westwärts und sieht den Staub des langen Tagestrubels in einen mattgoldenen Schleier verwandelt. Es gibt etwas, das in einem solchen Augenblick zweifellos schon oft die Phantasie selbst der Gelangweilten und Blasierten angerührt hat, – in einer derartigen Emanation von Gastlichkeit, von bevorstehenden Dinners, der Festlichkeit und der Art, wie sich das West End auf einen sechs Gesellschaften starken Abend vorbereitet. Der Aufwand, mit dem es empfängt, ist erstaunlich, und seine Einladungen und ›Erinnerungsschreiben‹ sind so zahlreich wie die Blätter im Walde.

Eine halbe Stunde lang, zwischen acht und neun, bietet jedes Paar Räder das Porträt eines Tischgastes dar. Nur die ratternden Droschken, die weißen Halsbinden und ›zurechtgemachten‹ Köpfe zu betrachten, die einen in rascher, unendlicher Folge über das Schoßleder hinweg begrüßen, vermittelt den überwältigenden Eindruck einer komplizierten Welt. Wer sind sie alle, und wo gehen sie alle hin, und von wannen sind sie gekommen, und welche dampfenden Küchen und gähnenden Portale und aufmarschierten Lakaien sind, von den südlichsten Grenzen eines großzügig aufgefaßten, eines fast schon jenseits der Brücken gelegenen Belgravia bis zu den hyperboreischen Rändern von St. John's Wood, zu ihrem Empfang bereit? Vor jeder Tür stehen Broughams* und sind Teppiche für den Fuß des herauskommenden, wenn nicht eintretenden Feiernden ausgelegt. Das Pflaster ist nun leer im schwindenden Licht, auf den großen, fahlen Plätzen und in den stuckverzierten Straßen der Vornehmen, bis auf die Gruppen kleiner Kinder, die andere, noch kleinere, an der Hand

* engl. Pferdedroschken. (Anm. d. Verl.)

halten – Ameliar-Ann, die auf Sarah Jane achtgeben muß – und sich versammeln, wo immer der Teppichläufer liegt, um die feinen Ladies aus der Kutsche oder dem Haus schreiten zu sehen. Das West End ist übersät mit diesen rührenden, gaffenden kleinen Gruppen; das ist die Abendgesellschaft der Armen – *ihre* Saison und Art, außer Hause zu speisen, und eine treffliche Veranschaulichung der ›Sympathie, die zwischen den Klassen herrscht‹. Die Schaulustigen, sollte ich hinzufügen, sind beileibe nicht alle Kinder, sondern auch magere Erwachsene, und ich bin sicher, diese am Wege liegenden Freuden sind einer der Gründe für ein vielbeklagtes Ärgernis – der Neigung der ländlichen Armen, nach London zu strömen. Wer nur gelegentlich oder überhaupt nie diniert, hat reichlich Zeit, jene zu beschauen, bei denen sich die Sitte größerer Verbreitung erfreut. Es war jedoch nicht meine Absicht, diese Bemerkungen in melancholischem Ton zu schließen, und der Himmel weiß, daß die außer Hause Speisenden eine gewaltige Gesellschaft bilden. Es ist das Äußerste an Moralismus, dessen ich mich erkühne, wenn ich einen ganz leisen Seufzer aufs Papier fallen lasse, während ich diese Wahrheit bekräftige. Sind sie alle erleuchtete Geister, und ist ihre Konversation die reifste der Welt? Das ist weder zu erwarten, noch hielte ich es je für wünschenswert, daß ein angenehmes Gemeinwesen es versäumt, häufig Gelegenheit zu geistiger Erholung zu bieten. Ein solcher Mangel gehört im allgemeinen nicht zu den Sünden der Londoner Welt, noch wäre es gerecht, sich, in welcher Hinsicht auch immer, wegen einer Unzulänglichkeit über diese Welt zu beklagen. Nicht was London zu tun versäumt, fällt dem Beobachter auf, sondern die allgemeine Tatsache, daß es alles im Übermaß tut. Übermaß ist sein größter Tadel, und es ist sein unverbesserliches Mißgeschick, daß es wirklich zuviel davon gibt. Es überwältigt einen durch Größe und Zahl – und läßt einem, indem es Zivilisation schafft, das menschliche Leben am Ende wohlfeil erscheinen. Wohin man auch geht, ob zu Gesellschaften, Ausstellungen, Konzerten, ›Privatvorführungen‹, Zusammenkünften, abgelegenen Orten, es sind immer schon mehr als genug Menschen zur Stelle. Welches Verständnis man dadurch für die hohen Mauern aufbringt, von denen so vieles vom englischen Leben umgeben ist, und für die unbezahlbare Wohltat eines Parks auf dem Lande, wo es nichts Beseeltes außer Kaninchen und Fasanen und schlimmstenfalls aufdringlichen Nachtigallen gibt! Und während das Ungeheuer immerdar wächst und wächst, entfernt es sich – wie man zugeben muß – mehr und mehr vom Ideal eines behaglichen Gemeinwesens, in dem Vertraulichkeit möglich ist, in dem die Gleichgesinnten oft zusammenkommen, einander ausloten, auswählen, abwägen und anregen, und in dem Beziehungen und Verbindungen Zeit haben, sich zu bilden. In London wird dies durch den flüchtigen Zusammenprall von einer Million Atome ersetzt. Der Unterschied besteht darin, sehr viel von einigen, oder ein wenig von allen zu sehen. »Wann sind Sie gekommen – sind Sie ›auf dem Sprung‹?«, und schon ist es vorbei; es bleibt nicht einmal Zeit für die Antwort. Das mag wie eine perfide Anschuldigung anmuten, und ich würde sie nicht äußern, wäre ich nicht bereit, oder vielmehr wäre ich nicht darauf erpicht, zwei Einschränkungen hinzuzufügen. Deren eine ist, daß ich die Stadt, so ärgerlich riesig sie auch ist, nicht um eine Haaresbreite kleiner hätte haben oder eine der feinen und fruchtbaren Unduldsamkeiten hätte missen mögen, mit denen sie einen anregt und die, so glaube ich, im Grunde eine aufrichtigere Huldigung darstellen, als jede andere Großstadt sie empfängt. Die andere ist, daß sie aus ihrer Reichhaltigkeit und ihrer unerschöpflichen guten Laune heraus schon in der nächsten Stunde jede Verallgemeinerung Lügen straft, die man in seiner Einfalt über sie angestellt haben mag.

Nachbemerkung des Verlags

Die Reihenfolge der Essays in unserer deutschsprachigen Erstausgabe von *English Hours* entspricht nicht ganz der Ordnung, die dem englischen Original von 1905 zugrunde liegt. Unsere geringfügige Änderung nimmt Rücksicht auf den Reisenden, der mit Henry James in England glücklich werden will; sie ist also konzeptionell bedingt. Der »sentimental tourist« – etwas naiv, recht neugierig und noch sehr jung – soll auch in unserem Band die ersten Schritte machen; erst in gebührendem Abstand folgt dann der »gelernte« Engländer amerikanischen Ursprungs, der seine Wahlheimat mit anderen, erfahreneren Augen sieht.

Auf zwei Essays der Originalausgabe – »Browning in Westminster Abbey« (1890) und »Winchelsea, Rye and ›Denis Duval‹« (1901) – haben wir verzichtet; aus ihnen spricht eher der Literaturkritiker als der Tourist; die Aufnahme der beiden Texte hätte einen kleinen wissenschaftlichen Apparat oder zumindest einen Kommentar erfordert. *Reisen um glücklich zu sein* bedarf aber keines Ballasts. Nur wer entdeckt, daß *English Hours* im Gegensatz zu unserer Ausgabe keine Fußnoten enthält, mag uns der Inkonsequenz zeihen. Wir bedienen uns eben jener Kunst der Abweichung, die Henry James so souverän beherrscht hat.

Register

REISEN UM GLÜCKLICH ZU SEIN

Henry James
Eine kleine Frankreich-Tour
Aus dem Englischen von Jörg Trobitius
320 Seiten, Leinen.

Henry James, der große anglo-amerikanische Romancier, brach an einem regnerischen Oktobertag des Jahres 1882 zu einer sechswöchigen Reise durch die französische Provinz auf. Seine Aufzeichnungen von dieser »Tour de France« sind die Keimzelle eines der eigenartigsten und persönlichsten Reisebücher unserer literarischen Moderne, das jetzt zum ersten Mal deutsch vorliegt.

Seine Reise begann in Tours, dem Geburtsort von Balzac; James besichtigte die wichtigsten Loire-Schlösser; dann setzte er seinen Weg ebenso gemächlich wie genießerisch ins Herz des Midi fort; berühmte historische Städte wie Bordeaux, Carcassonne, Arles, Nîmes und Avignon gehörten ebenfalls zu seinem Besuchsprogramm.

Die Neugier dieses ebenso »naiven« wie gebildeten Touristen kennt keine Grenzen; wo James Menschen begegnet, die ihn faszinieren, vergißt er rasch, daß es sich um Privatpersonen handelt: der Romancier wittert eine Beute; wir werden zu Augenzeugen einer literarischen Metamorphose.

List Verlag

REISEN UM GLÜCKLICH ZU SEIN

Julien Green
Paris
Aus dem Französischen von Helmut Kossodo.
120 Seiten, Leinen.

»Ich habe oft davon geträumt, ein Buch über Paris zu schreiben, das wie ein langer endloser Spaziergang wäre, auf dem man nichts von dem findet, was man sucht, aber vieles was man nicht gesucht hatte.« Eben diese Promenaden kreuz und quer durch seine Heimatstadt unternimmt Julien Green – ein Romancier von europäischem Rang.

»Ein Green-Kenner und Green-Bewunderer nimmt die Paris-Beschreibung wie ein Geschenk entgegen. Andere wird sie vielleicht erst hinführen zu seinen Romanen, die bei uns noch immer nicht genug geschätzt werden. Andere wird allein der Titel reizen, das Buch mitzunehmen auf die nächste Reise an die Seine. Auch ihnen wird es nutzen. Es kann sie lehren, daß man Paris, gerade Paris, besser als Flaneur entdeckt denn als übereifriger, sich selber von Sehenswürdigkeit zu Sehenswürdigkeit jagender Tourist.«
SÜDDEUTSCHE ZEITUNG

List Verlag

REISEN UM GLÜCKLICH ZU SEIN

Julien Green
Meine Städte
Ein Reisetagebuch.
Aus dem Französischen von Helmut Kossodo.
280 Seiten, Leinen.

»Befragt nach dem mir am bedeutendsten erscheinenden unter den noch lebenden Romanciers, würde ich ohne Zögern Julien Green nennen...«: so urteilt Peter Hamm in einer ZEIT-Besprechung.

Green ist zeit seines Lebens viel gereist; die gewonnenen Eindrücke hat er in seinen Tagebüchern festgehalten. Aber die Städte, die Green in einem Zeitraum von mehr als 50 Jahren besucht hat, sind nicht nur reale Orte, wie sie für jeden von uns zugänglich sind. Greens Städte besitzen eine zusätzliche Dimension; die Einbildungskraft eines Dichters sorgt für Entdeckungen, die kein Reiseführer anzubieten hat.

Und das Fazit dieser Städtereise sui generis? „Die Städte in diesem Buch sind meine Städte; und darunter verstehe ich die Städte, wie ich sie entdeckt habe, und wie sie seitdem für mich geblieben sind. Andere werden sie je nach ihrer Laune sehen, denn es gehört zu den Reizen unserer Erde, daß sie jedem das bieten, wonach sein Herz sich insgeheim sehnt.«

List Verlag